适合中国妈妈的权威孕育指南

专家汇聚
孕育经典
高端品牌
精致享受

胎教优生
百科全书

Taijiao Yousheng Baike Quanshu

岳然 / 编著

上海科学普及出版社

图书在版编目（CIP）数据

胎教优生百科全书 / 岳然编著. —上海：上海科学普及出版社，2013.1
（百科全书系列）
ISBN 978-7-5427-5559-9

Ⅰ.①胎… Ⅱ.①岳… Ⅲ.①胎教－基本知识②优生优育－基本知识　Ⅳ.①G61②R169.1

中国版本图书馆CIP数据核字（2012）第254433号

责任编辑　张怡纳
统　　筹　徐丽萍　刘湘雯

胎教优生百科全书

岳　然　编著

上海科学普及出版社出版发行
（上海中山北路832号 邮政编码200070）
http://www.pspsh.com

各地新华书店经销　北京中振源印务有限公司印刷
开本720×1000 1/16　印张24.75　字数480 000
2013年1月第1版　　2013年1月第1次印刷

ISBN 978-7-5427-5559-9　　定价：24.80元

Contents 目录

PART 1 经历胎教的宝宝更聪明

胎宝宝具备学习能力
宝宝出生前的大脑发育和意识产生 …… 2
胎宝宝的听觉发育 …… 3
胎宝宝的视觉发育 …… 4
胎宝宝的记忆力 …… 5
胎宝宝的理解能力 …… 5

了解胎教的科学本质
什么是胎教 …… 7
胎宝宝在子宫内的学习是怎样发生的 …… 8
胎教本意并非培养神童 …… 8
妈妈和宝宝之间天然的"心有灵犀" …… 9
胎教促进宝宝的智力发展 …… 12
胎教培养宝宝的好性格 …… 17

科学胎教的基本内容
环境胎教 …… 20
运动胎教 …… 21
语言胎教 …… 22
音乐胎教 …… 22
情绪胎教 …… 23
美育胎教 …… 23
触摸胎教 …… 24
饮食胎教 …… 24
色彩胎教 …… 26
游戏胎教 …… 28
阅读胎教 …… 29
光照胎教 …… 30

成功胎教一定要科学实施
胎教必须掌握的几个基本原则 …… 32
胎教顺应宝宝不同发育状况 …… 34
节奏强的音乐伤害宝宝大脑 …… 34
妈妈的情绪低落容易造成宝宝精神上的问题 …… 35
夫妻感情差影响宝宝发育 …… 37
孕妈妈情绪影响胎宝宝性格 …… 38
空气污染易使胎宝宝畸形 …… 38
噪声——威胁宝宝生命的杀手 …… 39
胎教不要拘泥于形式 …… 40
实施胎教忌懒惰 …… 41
胎教要和宝宝的成长相协调 …… 41

PART 2 孕1月

胎宝宝的发育和孕妈妈的变化
生命的诞生——形成胚胎 ……… 50
恍然未觉的妈妈 ……………… 50

孕妈妈的饮食营养
从准备怀孕的时候就该注意饮食了 …………………………… 52
怀孕了,为什么要进补和加强营养 …………………………… 53
孕早期的饮食原则 …………… 54
怀孕后不要盲目节食 ………… 55
孕妈妈应注意补充叶酸 ……… 56
帮孕妈妈补充叶酸的食物 …… 57
食补不能替代叶酸补充剂 …… 58
怀孕第1个月营养食谱推荐 … 58

孕妈妈的保健护理
孕前孕期不宜照X射线 ……… 61
来自生活中的辐射源 ………… 62
孕妈妈不宜使用电热毯 ……… 62
准妈妈不宜接触宠物 ………… 63

准妈妈孕前需要作口腔检查 … 64
孕期勤刷牙有利胎宝宝健康 … 64
孕早期注意防治痔疮 ………… 65
孕期感冒应优先调整饮食和起居 …………………………… 66
孕妈妈要避免居室污染 ……… 67
孕期鼻子常出血怎么办 ……… 68

孕妈妈做胎教
美育胎教 ……………………… 69
音乐胎教 ……………………… 70
环境胎教 ……………………… 72
情绪胎教 ……………………… 73
想象胎教 ……………………… 76
美容胎教 ……………………… 77

准爸爸做胎教
给孕妈妈无条件的支持 ……… 78
准爸爸胎教从戒烟做起 ……… 79
布置一个舒适的卧室 ………… 79
每天和胎宝宝打招呼 ………… 80

目录

PART 3　孕2月

胎宝宝的发育和孕妈妈的变化
现在的宝宝像个蝌蚪，已经可以动了 …………………………… 82
妈妈开始有一些早孕的反应了 … 82

孕妈妈的饮食营养
吃海产品补碘帮助宝宝大脑发育 ……………………………… 84
补钙和补磷帮助宝宝发育 ……… 85
补铁可预防孕期贫血 …………… 86
从食物中获取更多铁的方法 …… 87
补锌帮助宝宝神经系统的发育 … 87
早餐是一天能量的来源，主食不可废 ……………………………… 88
妊娠反应时的饮食调理 ………… 89
怀孕第2个月的营养食谱推荐 … 90

孕妈妈的保健护理
缓解孕吐从日常起居做起 ……… 93
怎样缓解晨起恶心感 …………… 93
孕期化妆建议 …………………… 94
孕期接听电话宜开免提 ………… 95
孕期不宜看恐怖电影、书籍 …… 95
孕期怎样看电视更安全 ………… 96
孕期睡觉宜关灯 ………………… 97
什么时候去医院做产检 ………… 97
孕早期性生活宜节制 …………… 98

孕妈妈做胎教
想象胎教 ………………………… 99
音乐胎教 ………………………… 100
美容胎教 ………………………… 102
抚摸胎教 ………………………… 103
美育胎教 ………………………… 104
环境胎教 ………………………… 105
情绪胎教 ………………………… 107

准爸爸做胎教
开始学着跟宝宝说话 …………… 109
帮孕妈妈减压 …………………… 109
积极参与抚摸胎教 ……………… 110

Contents

PART 4　孕3月

胎宝宝的发育和孕妈妈的变化
宝宝已经可以分出男女，是一个爱动的小人了 …………… 112
妈妈平时的衣服开始觉得紧了 …… 112

孕妈妈的饮食营养
减少食物中营养损失的方法 …… 113
多吃些大豆类食品有助宝宝大脑发育 ………………… 114
黄豆是补充蛋白质的理想食物 … 114
全素主义伤害胎宝宝 …………… 115
过食动物肝脏会导致宝宝畸形 … 116
最适合给宝宝补充营养的鱼类 … 117
早孕反应时可多吃核桃和芝麻 … 117
哪些酸味食物对孕妈妈有益 …… 118
孕妈妈吃水果不可过量 ………… 119
孕吐期间怎样保证营养 ………… 120
怀孕第3个月的营养食谱推荐 … 120

孕妈妈的保健护理
孕妈妈要重视腹部保暖 ………… 123
孕期要正确使用电脑 …………… 123
孕妈妈可力所能及做家务 ……… 124
不宜摆放在家中的花草植株 …… 125
怎样去除口腔的异味 …………… 125
孕期私密处的护理方法 ………… 126
孕期如何应对尿频 ……………… 127
如何选择合适的文胸 …………… 127
如何选择合适的内裤 …………… 128
补充钙剂不宜太早、不宜过量 … 129
切忌盲目服用鱼肝油 …………… 129

孕妈妈做胎教
音乐胎教 ………………………… 130
环境胎教 ………………………… 131
美育胎教 ………………………… 133
语言胎教 ………………………… 135
运动胎教 ………………………… 136
情绪胎教 ………………………… 138
想象胎教 ………………………… 140

准爸爸做胎教
家庭和谐很重要 ………………… 141

目录

PART 5　孕4月

胎宝宝的发育和孕妈妈的变化
敏感的妈妈已经可以感觉到宝宝在动了 …………… 143
妈妈的腹部变得明显，食量和体重增加 …………… 143

孕妈妈的饮食营养
进补的大好时机 ………………… 145
饮食要有规律，定时定量 ……… 145
白开水是最好的孕期饮料 ……… 146
孕期怎样喝水更健康 …………… 147
怎样喝蜂蜜更健康 ……………… 147
注意补铁，防止贫血 …………… 148
怀孕第4个月的营养食谱推荐 … 149

孕妈妈的保健护理
孕期不宜戴隐形眼镜 …………… 152
正确使用托腹带 ………………… 153
外出购物时的注意事项 ………… 153
左侧卧的睡觉姿势为最佳 ……… 154
提高浴室设备的安全性 ………… 154
孕妈妈不宜多吹空调 …………… 155
孕期不宜使用口红、指甲油 …… 156
孕中期可适度性生活 …………… 156
孕期皮肤过敏怎样应对 ………… 157
怎样预防、减少妊娠纹 ………… 157
孕妈妈泡脚要注意的事项 ……… 158
谨防孕中期皮肤病 ……………… 158

孕妈妈做胎教
美容胎教 ………………………… 159
情绪胎教 ………………………… 161
音乐胎教 ………………………… 163
语言胎教 ………………………… 166
运动胎教 ………………………… 168
光照胎教 ………………………… 170
环境胎教 ………………………… 171

准爸爸做胎教
与胎宝宝多说话 ………………… 172
孕妈妈唱，准爸爸配舞 ………… 172

PART 6　孕5月

胎宝宝的发育和孕妈妈的变化
胎宝宝已经有巴掌大小了 …… 175
妈妈的小腹明显增大，走路需注意平衡 ………………………… 175

孕妈妈的饮食营养
吃饭要细嚼慢咽 ……………… 176
少吃罐头食品，远离食品添加剂 …………………………… 177
方便食品易造成营养不良 …… 178
孕妈妈不宜吃油条 …………… 178
孕妈妈不宜多吃甜食 ………… 179
如何选择蔬菜、水果 ………… 179
孕妈妈可多吃红枣 …………… 180
孕妈妈怎样吃红枣更健康 …… 181
怀孕第5个月的营养食谱推荐 … 181

孕妈妈的保健护理
预防孕期缺铁性贫血 ………… 185
孕期怎样科学地补钙 ………… 186
孕妈妈不宜睡席梦思 ………… 186
乳头护理的4个要点 ………… 187
乳房按摩要轻柔 ……………… 187
孕中期胎儿可能有的危险信号 … 188
怎样测量胎动 ………………… 189
胎动异常的处理方法 ………… 189
正确对待孕期失眠、头痛 …… 190
怎样做可令孕妈妈轻松入睡 … 190
"静默调息"预防妊娠高血压 … 191

孕妈妈做胎教
运动胎教 ……………………… 192
音乐胎教 ……………………… 193
情绪胎教 ……………………… 196
语言胎教 ……………………… 197
环境胎教 ……………………… 199
抚摩胎教 ……………………… 200
美学胎教 ……………………… 201

准爸爸做胎教
尽力稳定孕妈妈的情绪 ……… 203

目录

PART 7　孕6月

胎宝宝的发育和孕妈妈的变化
宝宝器官发育完全,已经很结实了 …… 206
妈妈的腹部继续增大,乳房开始变大 …… 206

孕妈妈的饮食营养
增加营养预防贫血 …… 207
饮食要定时、定量,搭配要均衡 … 208
少吃盐,预防水肿 …… 209
可以减轻水肿的食物 …… 209
孕妈妈夏季饮食原则 …… 210
孕妈妈切忌因热贪凉 …… 211
每天两三个鸡蛋,营养全面又补脑 …… 211
怀孕第6个月的营养食谱推荐 …… 212

孕妈妈的保健护理
孕中期产科检查 …… 214
作好自然分娩的前期准备 …… 215
孕妈妈要养成睡午觉的习惯 …… 216
孕妈妈走、站、坐的正确姿势 …… 217
挑选一双合脚的鞋子 …… 217
预防妊娠高血压综合征 …… 218
及时作妊娠糖尿病筛查 …… 218
小腿抽筋时如何缓解疼痛感 …… 219

孕妈妈做胎教
运动胎教 …… 220
音乐胎教 …… 222
语言胎教 …… 224
阅读胎教 …… 227
想象胎教 …… 227
抚摩胎教 …… 229
光照胎教 …… 229
情绪胎教 …… 231
环境胎教 …… 233

准爸爸做胎教
坚持每天对宝宝讲话 …… 235

Contents

PART 8 孕7月

胎宝宝的发育和孕妈妈的变化
胎宝宝变得更结实,这个月他会睁眼睛啦 ……………… 238
不仅肚子,妈妈的大腿和腰也明显开始变粗 …………… 238

孕妈妈的饮食营养
盐少一点,油多一点 ………… 239
孕晚期警惕营养过剩 ………… 240
孕妈妈要多吃植物油,少吃动物脂肪 ……………………… 241
孕妈妈不宜多吃热性香料 …… 241
孕妈妈忌饮咖啡、可乐类饮料及浓茶 ……………………… 242
孕妈妈不宜吃山楂 …………… 243
孕妈妈不宜多吃甘蔗 ………… 243
怀孕第7个月的营养食谱推荐 … 244

孕妈妈的保健护理
孕期便秘的调理方法 ………… 246
怎样摆脱孕期水肿 …………… 247
注意预防腰椎间盘突出 ……… 248
多多运动手和脚 ……………… 248
怎样解决失眠苦恼 …………… 249
怎样缓解孕期腹胀 …………… 249
孕期患上痔疮怎么办 ………… 250
孕期眩晕该怎样护理 ………… 251
孕期后背发麻孕妈妈要注意 … 252
孕期最好不用蚊香、花露水 … 252
了解妊娠瘙痒症 ……………… 253
怎样预防孕期抑郁症 ………… 253
孕妈妈怎样预防恶性打鼾 …… 254

孕妈妈做胎教
运动胎教 ……………………… 255
音乐胎教 ……………………… 257
光照胎教 ……………………… 259
美育胎教 ……………………… 259
抚摩胎教 ……………………… 262
情绪胎教 ……………………… 263
语言胎教 ……………………… 265

准爸爸做胎教
按摩消除妊娠纹 ……………… 267
给幸福的大肚留个纪念 ……… 268

目录

PART 9　孕8月

胎宝宝的发育和孕妈妈的变化
到出生前,宝宝开始保持头朝下的姿势 …… 270
孕妈妈的行动更困难了 …… 270

孕妈妈的饮食营养
保证基础热量,限制体重 …… 271
不要忽视粗粮,粗细搭配 …… 272
孕妈妈不宜多吃菠菜 …… 273
孕妈妈不宜多吃刺激性食物 …… 273
孕妈妈宜多吃玉米 …… 274
怀孕第8个月的营养食谱推荐 …… 275

孕妈妈的保健护理
孕妈妈早产的紧急应对 …… 277
孕晚期应避免性生活 …… 278
怎样减轻假宫缩带来的不适 …… 279
怎样应对孕期静脉曲张 …… 279
孕晚期要注意护腰 …… 280
孕晚期需格外保持外阴清洁 …… 280
眼睛干涩慎用眼药水 …… 281
学会判断异常宫缩 …… 282
怎样矫正胎位不正 …… 282
矫正胎位不正的最佳时间 …… 283
避免枕头影响睡眠 …… 283

孕妈妈做胎教
音乐胎教 …… 284
语言胎教 …… 286
美容胎教 …… 288
情绪胎教 …… 290
美育胎教 …… 291

准爸爸做胎教
消除妻子的心理负担 …… 293

PART 10　孕9月

胎宝宝的发育和孕妈妈的变化
宝宝除了瘦点,已经很像出生时的样子了 …… 296
妈妈体重更重了,需要时刻有人陪伴 …… 296

Contents

孕妈妈的饮食营养
饮食宜慢宜少,注意加餐 ………… 297
加餐注意营养均衡 ……………… 298
孕妈妈怎样补水 ………………… 298
孕晚期不宜进补 ………………… 299
怀孕第 9 个月的营养食谱推荐 … 300

孕妈妈的保健护理
孕妈妈最好不用护垫 …………… 302
怎么应对胃灼热 ………………… 303
预防羊水过多或过少 …………… 303
羊水过多怎么处理 ……………… 304
入盆有什么感觉 ………………… 304
临产孕妈妈需要作什么准备 …… 305
注意预防胎膜早破 ……………… 306

避免会阴侧切 …………………… 306
必须做会阴侧切的几种情况 …… 308

孕妈妈做胎教
情绪胎教 ………………………… 309
音乐胎教 ………………………… 311
对话胎教 ………………………… 312
抚摩胎教 ………………………… 314
想象胎教 ………………………… 315
光照胎教 ………………………… 316

准爸爸做胎教
帮助孕妈妈缓和情绪 …………… 317
作充足的孕育准备 ……………… 317

PART 11　孕 10 月

胎宝宝的发育和孕妈妈的变化
宝宝已经作好了降生的一切
准备 …………………………… 320
妈妈体重不再增加,但更需要
心情上的调节 ………………… 320

孕妈妈的饮食营养
孕 10 月饮食要点 ……………… 321

注意别让紧张的心情影响饮食 … 322
顺利分娩宜补锌 ………………… 322
临产前孕妈妈的饮食安排 ……… 323
剖宫产孕妈妈饮食禁忌 ………… 324
怀孕第 10 个月的营养食谱
推荐 …………………………… 324

孕妈妈的保健护理
临产前的 3 个征兆 ……………… 327

目录

临产前孕妈妈身体会有哪些变化 …… 327
在家中发生急产怎么办 …… 328
临产前排尽大小便 …… 329
怎样预防难产发生 …… 329
区分产前真假阵痛 …… 330
如何防止产后疤痕刺痒 …… 330
过期妊娠怎么办 …… 331
月子里要重视个人卫生 …… 332
月子期间怎样洗头洗澡 …… 332

孕妈妈做胎教

音乐胎教 …… 333
语言胎教 …… 335
光照胎教 …… 336
情绪胎教 …… 337
运动胎教 …… 339
想象胎教 …… 339
视觉胎教 …… 340
抚摩胎教 …… 340

准爸爸做胎教

当好出气筒和调解员 …… 341
随时准备待命 …… 342
和胎宝宝玩精神刺激法 …… 342
准爸爸陪产好处多 …… 343
帮孕妈妈缓解产痛 …… 343

PART 12　早教是胎教的延续

婴幼儿早教的相关理念

智能提升的含义 …… 346
婴幼儿的学习能力 …… 347
婴幼儿的学习特征 …… 347
早期教育多早才算早 …… 350
宝宝的资优倾向 …… 352
如何培养资优的宝宝——神童的培养 …… 353
影响智力发育的因素有哪些 …… 355
及早发现智力发育异常儿 …… 356
玩耍在智能提升中的重要作用 …… 356
出生后应巩固胎教成果 …… 358

智能提升的主要内容

语言智能 …… 360
运动智能 …… 361
数理逻辑智能 …… 361
音乐智能 …… 362
空间视觉智能 …… 363
人际关系智能 …… 364

内省智能 …………………… 365
自然观察智能 ………………… 366
记忆能力的开发与培养 ……… 367
关注感觉统合 ………………… 368

PART 13　新生儿的早教

新生儿的成长发育
身体发育 ……………………… 375
动作发育 ……………………… 375
感知发育 ……………………… 376

新生儿的营养保健
一定要让宝宝吮吸初乳 ……… 377
记得给宝宝补充鱼肝油 ……… 378

新生儿的智能开发
语言能力训练 ………………… 379
精细动作能力训练 …………… 380
触觉能力训练 ………………… 380
大动作能力训练 ……………… 380
适应能力训练 ………………… 381
社会交往能力训练 …………… 382
视觉能力训练 ………………… 382
情商培养 ……………………… 383
快速回应宝宝的啼哭 ………… 383

Part 1

经历胎教的宝宝更聪明

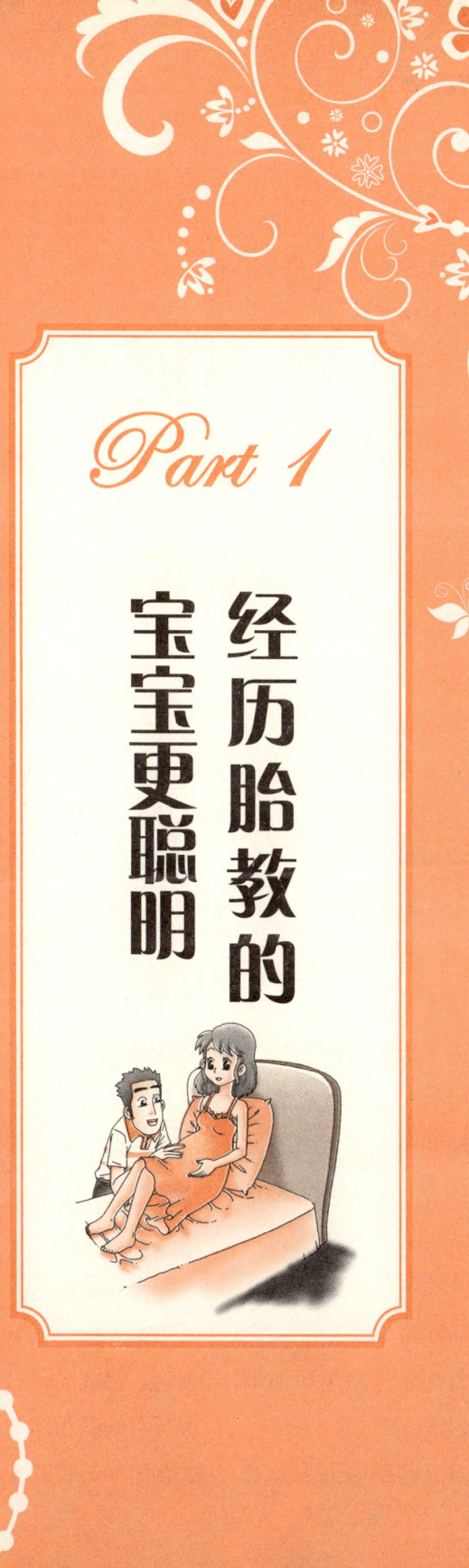

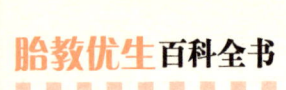

胎宝宝具备学习能力

❋ 宝宝出生前的大脑发育和意识产生

做父母的都想有一个聪明伶俐、活泼可爱的好宝宝。然而，聪明宝宝的前提却取决于胎宝宝时期大脑的发育情况。

人的大脑是逐渐发育成熟的，早在胚胎时期大脑便开始发育。那么在胎宝宝大脑逐渐发育成熟的过程中，脑细胞发育的关键阶段是在什么时候呢？实验表明，宝宝的大脑细胞增殖旺盛期是在宝宝出生前3个月到出生后半年之间，这期间大脑体积增大与脑细胞增殖是同步进行的，而且增殖数量也一次完成。

早在受孕后的第20天左右，胚胎中已有大脑原基存在。

妊娠第2个月时，大脑里沟回的轮廓已经很明显。

到了第3个月，脑细胞的发育进入了第一个高峰时期。

妊娠第4～5个月时，胎宝宝的脑细胞仍处于迅速发育的高峰阶段，并且偶尔出现记忆痕迹。

从第6个月起，胎宝宝大脑表面开始出现沟回，大脑皮质的层次结构也已经基本定型。

第7个月的胎宝宝大脑中主控知觉和运动的神经已经比较发达，开始具有思维和记忆的能力。

第8个月时，胎宝宝的大脑皮质更为发达，大脑表面的主要沟回也已经完全形成。

据有关研究显示，胎宝宝的脑从妊娠第6个月起就已具有140亿个脑细胞，也就是说已经基本具备了一生中所有的脑细胞数量。其后的任务只是在于如何提高大脑细胞的质量，若

Part 1　经历胎教的宝宝更聪明

想再增加一些脑细胞，恐怕是回天无力。由此可见，胎宝宝时期脑的发育是十分关键的时期。因此，这一阶段孕妈妈或者哺乳妈妈要注意多食用优质蛋白质，并科学地进行胎教、幼教，才能使宝宝更加聪明、健康。

当然，胎宝宝的脑发育还不够成熟，尤其起重要作用的脑神经鞘尚未完全形成，大概要到出生后10岁左右才能全部发育完成。准爸妈在胎教过程中应注意到这一问题，切不可急于求成，否则只能是欲速则不达。

❄ 胎宝宝的听觉发育

胎宝宝的听觉早在发育过程中已不断完善并很快发挥作用。早在受孕后第4周，胎宝宝的听觉器官便已经开始发育，第8周时耳廓已经形成，这时胎宝宝的听觉神经中枢的发育尚不完善，所以还不能听到来自外界的声音。到了第25周，也就是第5个月的后期，胎宝宝的传音系统基本发育完成。到第28周时，即第7个月的中旬，胎宝宝的传音系统已充分完成并可以发生听觉反应，至此，胎宝宝就已经具备了能够听到声音的所有条件。孕妈妈和准爸爸们应及时抓住怀孕26周以后的有利时机，每天有计划地对胎宝宝进行听觉训练，以培养胎宝宝灵敏的听力和对外界事物的反应能力。

在胎宝宝的几种感觉器官中，最为发达的就是听觉系统了。在妊娠的前半期，由于其听觉器官尚未发育完善，胎宝宝宛如生活在一个几乎没有任何声音干扰的平静世界中，"两耳不闻宫外事"，过着平静、安闲、舒适的生活。终于有一天，原本恬静、安宁的小天地经常被一些奇妙的声响所干扰。最初只是模模糊糊的感觉。终于有一天清晨，胎宝宝在甜美的酣睡中渐渐地被种种新奇的声响所唤醒，惊奇又欣喜地发现能听清声音了，从此外来的声音开始闯入了胎宝宝的耳膜。其间，除低音能被过滤外，妈妈子宫的血流声、心脏的搏动声、淋浴的水流声、爸爸的说话声以及来自外界的收音机、电视机的声音，统统都被胎宝宝的耳朵所接收。这时胎宝宝已经能对传入耳中的强音产生身体紧张的对应反应，引起胎动和心率的变化，并能对声音的强弱、音调的高低产生不同的反应。

胎宝宝能听到声音之后,父母就可因势利导地把胎教的内容安排得丰富而有趣了。首先,爸爸妈妈应为宝宝起个乳名,让这亲昵的呼唤每天伴随胎宝宝。宝宝出生后,会在很短时间内就能对爸爸妈妈呼唤他的名字作出明确的反应,比起那些出生后才起名字的宝宝显得聪明很多。

此外,给胎宝宝以特别深刻感受的是美妙的音乐。音乐会让宝宝的大脑细胞活跃,心情轻松愉快,身躯、四肢活动敏捷。

❀ 胎宝宝的视觉发育

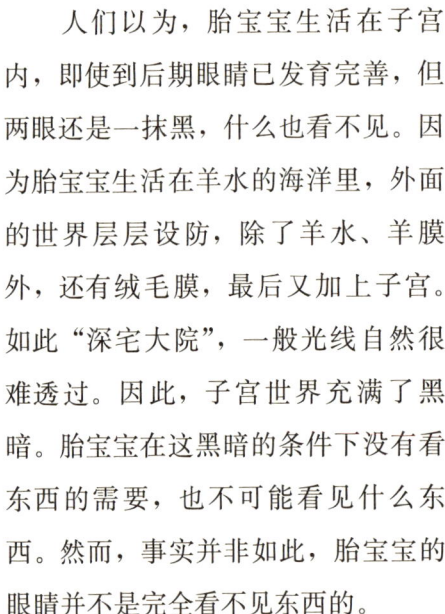

人们以为,胎宝宝生活在子宫内,即使到后期眼睛已发育完善,但两眼还是一抹黑,什么也看不见。因为胎宝宝生活在羊水的海洋里,外面的世界层层设防,除了羊水、羊膜外,还有绒毛膜,最后又加上子宫。如此"深宅大院",一般光线自然很难透过。因此,子宫世界充满了黑暗。胎宝宝在这黑暗的条件下没有看东西的需要,也不可能看见什么东西。然而,事实并非如此,胎宝宝的眼睛并不是完全看不见东西的。

在妊娠第2个月时,胎宝宝的眼睛就已开始发育,到了第4个月时,对光线已经非常敏感。为了证实这一点,有人曾用手电筒的光线有节奏地照射孕妈妈的腹部,发现胎宝宝会睁开双眼,把脸转向光亮的地方,胎宝宝的心率也随之发生有规律的变化。

而且,胎宝宝出生后不到10分钟就能发挥视觉的作用,不但能看见妈妈的脸,并且还具有认识模型和判断图形的能力。有人用强光照射30名妊娠34~41周孕妈妈的胎宝宝,结果显示,胎宝宝的脐动脉、脑动脉血流量增加。实验证明,新生宝宝的视力只关心30~40厘米以内的东西,这恰好与他在子宫内位置的长度相等,说明新生宝宝还保留着子宫内生活的习惯。

同时,这个距离也相当于新生宝宝吃奶时眼睛看到妈妈面庞的距离。因此,新生宝宝的视力基础在胎宝宝时期已经打好,当然,新生宝宝的视神经系统还不够发达,要到出生后7岁左右才能发育完全。所以说胎宝宝的视觉功能还很不完善,但并不等于没有。

胎宝宝的记忆力

胎宝宝的记忆能力并不是一开始就被人们所承认的，许多人还觉得不可思议。记忆是思维活动的一种形式，有人认为，从妊娠第4个月开始，胎宝宝的大脑中已经偶尔会出现记忆痕迹；也有人认为8个月以前的胎宝宝有可能具备记忆功能，同时又认为记忆能力从胎宝宝期就已经开始萌芽。目前医学界多数人认为，胎宝宝具有记忆能力，而且这种能力还将随着胎龄的增加而逐渐增强。

有一个有趣的例子：钢琴家鲁宾斯坦、小提琴家梅纽因及乐团指挥布罗特等人对一些从未接触过的曲子"似曾相识"，即使不看乐谱，乐曲的旋律也会不由自主地在脑海中源源不断地涌现。究其原因，原来是他们的妈妈在怀孕时曾经反复弹奏过这些乐曲。这说明了胎宝宝具有一定的记忆能力。

在出生前数月内，胎宝宝的行为渐趋复杂、成熟。这是因为，迅速增大的记忆储存促进了自我形成，并开始引导胎宝宝行为的发展。在某一阶段，人的对应情绪皆起源于记忆，不管这一记忆是有意识还是无意识的。每个人都有自己所忘却的记忆，而且这种记忆正在无意识地对人们的一生产生着巨大影响。

有人作过这样的实验：在医院产科的宝宝室播放妈妈子宫血流及心脏搏动声音的录音，发现正在哭泣的新生宝宝很快就安静下来，情绪稳定，饮食、睡眠情况好，而且体重增加迅速。这是因为胎宝宝在妈妈的子宫中早已熟悉妈妈的心音，一听到这种音响就感到安全、亲切。

胎宝宝既然有记忆能力，那么孕妈妈就应设法开发胎宝宝的记忆力，把良好的、积极的、有用的、真善美的信息及时传递给胎宝宝，让他输入脑子里，受用一生。

胎宝宝的理解能力

科学家曾经作过这样两个实验，一个孕妈妈每个月都利用超声波同胎

宝宝见面，并以此为乐趣。她怀孕17周时，护士骗她说是羊水破了，其实羊水还很充分，根本用不着担心。这位妈妈惊慌失措地哭了起来，并说："不，不，连胎宝宝的脸都见过了，名字也起好了，可别让他流掉……医生，请您想想办法吧！"医生告诉她："这是假羊水，没关系！"并且花费了很长时间进行说服工作。

其间一直利用仪器监视胎宝宝的动静。从映像来看，胎宝宝活动发生了戏剧性的变化：开始时，动作比较缓慢，接着是吃惊般的动作，后来动作越来越奇怪了，头部、胸部和腹部抽动着，出现了奇怪的动作，也曾出现了轻微的痉挛，最后全身抽搐起来。动作是突发性的，没有连贯性，各部分还有微小的活动。

另一位孕妈妈是一位37岁的妇女，一直想要宝宝，经过10年，好不容易怀了孕。当她利用超声波装置第一次看到胎宝宝活动的情景时，高兴得哭了起来。这时，胎宝宝总是缓慢而不停地活动着，脉搏跳动也逐步加速，却没有出现痉挛或其他特殊的动作，一直是比较舒畅的大动作。

由此可见，妈妈接受了惊恐的刺激，胎宝宝也会出现受惊反应，而妈妈高兴则胎宝宝定心，真是母惊儿担忧，母安儿舒畅啊！

据观察，妈妈哭泣后心跳加速，它虽和横膈膜摇荡状态相同，但是，胎宝宝活动状态却有着戏剧性的不同。

关于连接妈妈与胎宝宝的复杂神经激素的"通路"问题，人们现已获得大量的有关知识。

妈妈与胎宝宝在生理上并非只有一个大脑和自主神经机构，而是分别有其独自的神经系统和血液循环功能。所以，这些神经激素的通路，是妈妈与胎宝宝交流情感的一种不可多得的手段，它具有极其重要的作用。

对于行为和思维的指令机构，那当然是人的大脑。但其下达指令的过程却是在大脑的表层——大脑皮质内进行的。而且值得注意的是，大脑中所感觉、所思考的事情，在与大脑皮质直接相连的下丘脑本身的作用下，在下丘脑内转化为情感，继而转化为躯体的感觉。

关于胎宝宝的神经系统在何种情况下最容易接受妈妈应激反应时分泌出的剩余神经激素问题，目前尚不清楚，而且由这些神经激素引起的变化也未查明。但是，从最近的研究结果中获知，胎宝宝的下丘脑以及受此控制的内分泌系统和自主神经系统最易受到影响。

Part 1 经历胎教的宝宝更聪明

了解胎教的科学本质

❋ 什么是胎教

胎教,一方面是胎,一方面是教,它是胎与教相结合的学问。胎是受教育的实体,教是指胎宝宝在母体内能受到各方面的感化并接受教育、教养之意。胎教是指孕妈妈在各方面有意识地、主动地采取一些相应的措施,对胎宝宝进行良好影响的方法。

胎教专家宋维炳教授认为,胎教有广义和狭义之分。

广义的胎教,是指为了促进胎宝宝生理和心理健康发育成长,同时确保孕妈妈能够顺利度过孕产期,所采取的精神、饮食、环境、劳逸等各方面的保健措施。因为没有健康的妈妈,就不能生育出健壮的宝宝。

狭义的胎教,是指妊娠期间,在加强孕妈妈的精神、品德修养和教育的同时,重点通过母体,利用一定的方法和手段,刺激胎宝宝的感觉器官,以激发胎宝宝大脑和神经系统的有益活动,从而促进身心健康发育。通常所说的胎教,一般是指狭义的胎教。然而,广义和狭义的胎教是统一的,不可偏废,通过孕妈妈保健和对胎宝宝感官有益的刺激是胎教的两个方面,是不可分开的。故本书从这两方面加以论述。

欧美一些国家纷纷成立了胎教研究机构和胎教中心,致力于对胎宝宝智力、体力的全面开发,取得了令人瞩目的成绩。

而今,专家们一致认为,胎教就是对胎宝宝的感官教育,这种教育是通过母体对胎宝宝的综合影响来实施的。它是通过有意识地控制、调整母体内外环境,避免各种不良刺激对胚

胎和胎宝宝的影响，使胎宝宝智力、行为的形成和发展有一个良好的基础。

有意胎教是指有心思、有目的和有计划地在怀孕期间，采用某些方法，创造某些条件，让孕妈妈和胎宝宝的身心都得到调养。无意胎教是说没有特意采取某些方法，创造某些条件，但某些日常生活中的情况也能够使孕妈妈和胎宝宝的身心得到调养，在无意中产生了有意的效果。事实上还是无意胎教所占的比例大。

胎宝宝在子宫内的学习是怎样发生的

胎儿借由子宫内外环境进行学习。

内环境，包括母亲的精神状态、母亲的自身品格和修养、思想意识活动、母亲自身营养状况以及母亲的内脏器官、内分泌系统等。内环境直接作用于胎宝宝。

外环境是指母体之外的能够对母体产生影响，引起母体内环境发生变化，进而对胎宝宝产生影响的自然和社会环境。外界环境，正是通过孕妈妈的眼、耳、口、鼻等感觉器官，以及大脑的思维活动，间接地对胎宝宝产生影响。积极的、高尚的、乐观的事物有有利的影响，消极的、低俗的、悲观的事物有不利的影响。

孕妈妈与胎宝宝之间虽无直接的神经联系，但胎宝宝可通过母体中化学物质的变化来感受母亲的情感和意图。母亲的情绪会直接影响胎儿神经系统的发育和性格的形成，这正是优境养胎的原理。

胎教本意并非培养神童

常常听到一些父母埋怨："我们当初积极胎教，又是唱歌又是听音乐，忙活了半天也没生出个神童来。"有不少人有一种误解，认为胎教的目的是为了培育小天才，创造奇迹。这些言语和想法都对胎教产生了不切实际的奢望。那么应该怎样看待这个问题呢？

"神童"（即智力超常儿童）是良好的先天遗传和后天教育综合影响的

结果，胎教虽然能在一定程度上促进胎儿大脑发育，但是如果说只要实施良好的胎教，就能孕育出神童，这显然是不切实际的。

我们提倡胎教，并不是因为胎教可以培养出神童，而是胎教可以尽早地发掘个体的素质潜能，让每一个胎儿的先天遗传素质获得最优秀的发挥；胎教可以让胎儿的大脑、神经系统及各种感觉机能、运动机能发展更健全完善，为出生后接受各种刺激、训练打好基础，使孩子对未来的自然与社会环境具有更强的适应能力。按自然的发展规律，按胎儿的月龄及每个胎儿的发展水平进行相应的胎教，进而促进胎儿大脑机能、躯体运动机能、感觉机能及神经系统机能的成熟，为出生后的早期教育奠定基础，这就是胎教所要达到的主要目的。

要有健康、聪明的孩子，不应急于求成，而要选择最佳的方案进行科学胎教。科学的胎教需要爸爸妈妈对胎教有正确认识，学习相应的知识、技能，用科学的方法进行。应按自然的发展规律，按胎儿的月龄及每个胎儿的发展水平进行相应的胎教。做到不放弃施教的时机，也不过度人为干预。在自然和谐中有计划地进行胎教，这样才可能获得最大的效果。

❉ 妈妈和宝宝之间天然的"心有灵犀"

胎宝宝借由母亲获取精神营养

过去人们认为胎宝宝处于被动状态，没有任何精神和感情活动。而最近的心理学研究证明，胎宝宝有看、听和感觉的能力，能够理解妈妈的思想和感情。

甚至在妊娠4个月前，胎宝宝就产生了自我意识的萌芽。当孕妈妈极度不安时，胎宝宝会感到与周围环境保持联系的整体感遭到破坏，处于一个孤立无援的境地。孕妈妈的不安使胎儿紧张、恐慌、困惑，他会蹬腿、扭动身体想摆脱不安，这就是在建立一种原始的自我防卫机制。

几个月后，胎宝宝应付不安的体验日益丰富，他不仅能很快理解母亲，还知道他该怎么对待。所有孕妈妈的不舒适、不愉快、异常的、出乎意料的变动，都会带给胎宝宝一定的刺激，给他留下记忆的痕迹。

经过实验可以发现，妊娠6个月以前的胎宝宝的反应，大部分是躯体上的，这时的大脑尚未成熟到将母亲的情感转换为情绪的程度。

妊娠6个月以后，胎宝宝开始能把感觉转换为情绪。这时，胎宝宝的性格逐渐根据母亲的情感信息得以形成。最初，他只能接受极简单的成分，但是随着记忆和体验的加深，胎宝宝变得越来越复杂，逐渐形成自己独特的精神世界。

母子之间生理信息的传递

母胎本为一体，胎宝宝在妈妈的子宫中孕育长大，并经常发送信息给妈妈，使孕妈妈的生理、心理产生相应的变化；孕妈妈则把胎宝宝所需养料、氧气通过血液循环及时供给他，并把胎教信息传送给他。因此，孕妈妈与胎宝宝在十月怀胎期间血肉相连、息息相关，他们之间不仅有着肉体的联系，而且还存在着各种诸如生理信息、行为信息、情感信息的传递和沟通。那么其中的生理信息是如何传递的呢？

胎宝宝的存在和发育促进孕妈妈分泌维持妊娠所需要的各种激素，并使母体发生孕育胎宝宝所必需的生理上的变化，如子宫增大、变软，乳腺增殖、乳房增大，基础代谢加快，激素活动增加，以及全身各器官的生理功能增强等，胎盘分泌的一系列激素可以维护妊娠的正常进行。总而言之，胎宝宝在积极地促使身体分泌一些物质，协助妈妈维持自己的生命，就是说，胎宝宝已经能够对自己的生命产生一定的影响。

同时，母体也在积极地向胎宝宝传递生理信息。当孕妈妈遭受精神刺激，情绪不安时，分泌出来的激素使血液中化学成分发生变化，从而通过胎盘对胎宝宝的生长发育产生影响。当孕妈妈有嗜烟、酗酒、滥用药物、暴饮暴食以及遭受外伤等情况时，可使胎宝宝的生长环境发生有害的变化，进而使胎宝宝产生恐惧心理，表现为胎动异常、心跳过速等。

就这样，从胎宝宝到妈妈，又从妈妈到胎宝宝，彼此间完全对等地传递、交流着生理信息，相互影响，相互作用。例如，当一个孕妈妈生活在极为恶劣的环境中，怀孕显得十分困难时，身体分泌的有害激素通过生理途径传递给胎宝宝，而胎宝宝接收到这种有害的信息后，意识到生命安全受到影响，从而反过来停止促进母体分泌维持妊娠所需的激素。这种有

Part 1 经历胎教的宝宝更聪明

害信息使胎宝宝产生身心障碍,甚至终止生命。胎宝宝如活下去,可能会发育成"残疾胎宝宝",因此,如果检查出胎宝宝有严重先天缺陷,不如告诉妈妈"丢儿保母",这是符合"适者生存,不适者被淘汰"的自然优生规律的。

母子之间行为信息的传递

行为是一种心理现象,也是一种语言,是一种不说话的语言。由于胎宝宝尚不具备语言表达的能力,所以发生在孕妈妈与胎宝宝之间的这种行为信息的传递就显得十分重要,成为互相提示、通告情况的途径之一。

通过观察发现,每当胎宝宝感到不适、不安或意识到危险临近时,就会拳打脚踢,向妈妈报警。据报道,一位妊娠第7个月的孕妈妈突然感到腹中的胎宝宝猛烈地冲撞自己,并且持续时间较长。经医生仔细检查诊断,结果是属于前置胎盘。这是一种很可能导致胎盘与子宫分离,引起大出血的妊娠。可见,胎宝宝已感到即将降临的危险,于是不得不竭尽全力通知他的妈妈。

另一方面,当孕妈妈因重体力劳动、跌打损伤,或者因种种原因造成巨大的烦恼、气愤和不安时,也会自然而然地传递给胎宝宝,使胎宝宝得到妈妈行为的暗示,从而影响胎宝宝的健康和发育。此外,孕妈妈吸烟、酗酒、通宵打麻将等不良的行为方式也会影响胎宝宝的健康,严重时甚至使胎宝宝感到无法忍受,从而发生流产、死产等意外事故。因此,孕妈妈应重视孕期保健,注意分析来自胎宝宝的行为信息,以保证胎宝宝健康成长。同时也要注意自己的行为应端庄温和,以良好的行为方式影响胎宝宝。

母子之间情感信息的传递

人非草木,孰能无情?外界的各类事件和信息会使人的情绪产生多种变化。人类情感的产生除了要接受有关的外界刺激外,大量的研究结果表明,早在胎宝宝时期,母子之间不但有血脉相连的关系,而且还具有心灵情感相通的关系,孕妈妈与胎宝宝分别通过不同的途径彼此传递情感信息。

孕妈妈的情感诸如怜爱胎宝宝,欢迎胎宝宝,拒绝胎宝宝,以及恐惧、不安等信息也将通过有关途径传递给胎宝宝,进而对其产生潜移默化的影响。比如说,当妈妈在绿树成荫

的小路上散步，心情愉快舒畅时，这种信息便很快地传递给胎宝宝，使他体察妈妈恬静的心情，随之安静下来；而正当妈妈盛怒之时，胎宝宝则迅速捕捉来自妈妈的情感信息，变得躁动不安。据报道，一些毫无医学原因的自然流产正是妈妈极度恐惧和不安造成的。

总之，孕妈妈与胎宝宝之间是存在情感沟通渠道的。至于这条渠道是怎样建立的，这些影响又是如何产生的，目前还是一个令人费解的谜。但是充分的事实已经证明，凡是生活幸福美满、心情愉快的妈妈所生的宝宝大多聪明伶俐，性格外向；而生活不幸福、心情躁郁的妈妈，生的宝宝却可能反应迟钝，存在自卑、怯弱等心理缺陷。

孕妈妈所传递的情感信息对胎宝宝是至关重要的，影响也是极其深远的。因此，请不要忽视孕妈妈与胎宝宝之间这条情感传递途径，要随时想到腹中的小生命是个善解人意的宝宝，多给他一些温暖，多给他一些爱，使他对妈妈及外面的世界充满美好的愿望，让他在爱的情感氛围中健康成长。

胎教促进宝宝的智力发展

胎教与智商的关系

调查表明，受过胎教（包括音响胎教和运动胎教）的宝宝比没有受过胎教的宝宝，其智商和情商有明显的优势。

胎宝宝并非人们原先认为的在母亲腹中没有感觉，而是具有奇异的潜在能力的生命体。妊娠第4个月时，胎宝宝能够皱眉、眯眼，有了脸部表情。第5个月左右开始有听觉，能听到母亲器官的嘈杂声。实验报告指出，胎龄在4~5个月以上的正常胎宝宝，已经具备了人的一些感知能力，特别是听觉、视觉和触觉开始建立。当第7~8个月时，便萌发出意识，具有记忆能力。胎宝宝的这种感觉、思维和记忆能力，使胎宝宝有可能与母体进行感情信息的传递，建立具有导致暗示作用的情绪联系，这在宝宝出生长大后，仍能发挥很大作用。这些都充分说明实施胎教是有科学根据的。

Part 1 经历胎教的宝宝更聪明

胎宝宝的感知和学习能力

多少年来,人们一直认为,胎宝宝处在一片混沌的黑暗中,整天处于沉睡状态,对奇异的大千世界一无所知。果真是这样吗?不,众多的实验和观察证实这一认识不正确,其实,胎宝宝也具有一些能力,胎宝宝除了有听觉能力之外,还具有感知和学习的能力;胎宝宝除了有听力之外,在妈妈怀孕10周左右就已形成压觉、触觉等感受器,并开始具有各自的功能,因而还具有触觉、情感、领悟和记忆的能力。这一切都足以说明,胎宝宝在"宫中"已有感知和学习的才能。

胎宝宝能分辨母亲的心跳声。有学者研究发现,当一个新生宝宝大哭时,如果立即播放预先录制好的妈妈的心跳声,小宝贝便会立即停止哭闹,变得异常安静。

处于母体的子宫中的胎宝宝竟然也能进行"思考",作出"决定"。成人进行思考并决定做出某一动作时,通常心跳频率会略微增加。用摄像仪观察腹中胎宝宝,发现胎动发生前的6~10秒钟,胎宝宝的心跳频率明显增加。这种现象在胎龄6个月起便能观察到,说明此时胎宝宝大脑已发育到能够进行思考的程度。

胎宝宝不但有听觉、感知、记忆能力,还具备一定程度的思考和决定能力。为此我们应该不失时机地做些有利于胎宝宝大脑发育的工作,从而使胎宝宝在大脑发育的关键时期受到良好的早期训练,以促进宝宝先天智力素质或者说潜在能力更好地发育。

胎宝宝运动能促使大脑和肢体发展

让胎宝宝适当运动,可有力地促使胎宝宝大脑及肢体的发展。方法有抚摸胎宝宝、帮胎宝宝"做操"等。

经常抚摸胎宝宝,可以激发胎宝宝运动的积极性,你也许不会明显感到胎宝宝发回的信号,这种信号缓慢而有节奏,只有实践和坚持不懈,才可能有明晰的感觉。而且孕妈妈子宫内胎宝宝活动的差异,能预示胎宝宝出生后活动能力的强弱。在正常情况下,胎宝宝时期活动能力强的宝宝,出生6个月后,要比胎宝宝时期活动能力差的宝宝动作发展更快些。

胎宝宝一般在妈妈怀孕后的第7周开始活动。胎宝宝活动是丰富的,有吞吐羊水、眯眼、吮拇指、握拳头、伸展四肢、转身、翻筋斗等。大约在16周以后孕妈妈就可以感到胎动。

这时，孕妈妈不仅是通过抚摸胎宝宝和他沟通信息、交流感情，还应当帮助胎宝宝做"体操"。在母腹中就进行过体操锻炼的胎宝宝，出生后动作的发展，如翻身、抓、握、爬、坐等，要比一般宝宝早些。特别是小肌肉的发育更加明显。另一方面，手巧与心灵有密切关系，动作的发育间接表明大脑的发育状况。

给胎宝宝"做操"时间，应该选择在胎宝宝精神良好的时候进行。至于什么时间胎宝宝精神状态良好，一般认为是早晚，而且每次时间不要太长，以5～10分钟为宜。坚持给胎宝宝做操的孕妈妈，有时会有意料不到的效果，例如：一位孕妈妈难产，胎宝宝心律不齐，医护人员准备给她剖宫时，孕妈妈突然想起已到了"做操"时间，她立刻抚摸胎宝宝，胎宝宝很快安定下来了，而后自然分娩，胎宝宝平安出生。

光能促进胎宝宝大脑发育

妊娠初期到中期，子宫里漆黑一团。这是因为被肚皮和羊水挡着，外面的光照不进去。有人作过试验，即使用手术室里的手电筒那样的强光照射，子宫里也只能透进模模糊糊的一点光。在子宫里用肉眼看东西根本是不可能的。

但是，胎宝宝的眼睛的最基本部分在妊娠1个月时就开始形成，到妊娠7个月时就已经能感到光了。这实际上不是在用眼，而是在用脑感觉明暗。

到了妊娠第9个月，情况就有了变化，如果从外面用强光照射孕妈妈的腹壁，就会刺激腹内胎宝宝，他就会做出躲避强光、把脸扭到一边去、闭上眼睛等动作。此时由于胎宝宝的视神经、视网膜还未成熟，光线太强，就会给他带来不舒服的刺激。但如果是弱光，胎宝宝就会显出逃走的样子，眨着眼睛盯着光亮的地方。不刺眼的柔和的光，能增强胎宝宝大脑对明暗反应的节奏性，这样就能促进大脑的发育和成熟。

不过，并不是说用光来刺激腹内的胎宝宝，他的脑子就一定聪明。对于胎宝宝来讲，令人舒畅的、透过母亲腹壁照射进来的弱光就足够了。天气晴朗的时候，孕妈妈出去走走，到公园里慢慢地散步，而且，边散步边把手轻轻放在肚子上，对宝宝温柔地说话，对即将出生的宝宝来说，一定是令人愉悦的、美妙的刺激。

胎宝宝记忆训练

对于胎宝宝是否有记忆这一问题曾经引起了不少国内外学者、专家们的许多争议，并对此进行了长期的深入研究。科学家对"腹中胎宝宝的大脑功能会被强化吗"这一课题进行了研究，结果表明胎宝宝对外界有意识的激励行为的感知体验，将会长期保留在记忆中直到出生后，而且对宝宝的智力、能力、个性等均有很大的影响。有关研究表明胎教是教育的启蒙。由于胎宝宝在子宫内通过胎盘接受母体供给的营养和母体神经反射传递的信息，使胎宝宝脑细胞在分化、成熟过程中不断接受母体神经信息的调节与训练。因此，妊娠期母体"七情"的调节与子女才干的发展有很大的关系。

加拿大汉密尔顿乐团的著名交响乐指挥家鲍里斯·布罗特在回答记者问中有这样一段描述："也许听起来有些奇怪，但的确在我出生前音乐就已经是我的一部分了。""噢，那是在我年轻的时候，当我发觉自己有异常的天才时，我感到疑惑不解，初次登台就可以不看乐谱指挥，大提琴的旋律不断地浮现在脑海里，而且不翻乐谱就能准确地知道下面的旋律。有一天，当母亲正在演奏大提琴的时候，我向她说了此事。因为我说脑海里总是清晰地浮现大提琴的旋律，所以，引起了母亲的兴趣。当母亲问我脑海里浮现什么曲子时，谜被解开了。原来我初次指挥的那支曲子，就是我还在母亲腹内时她经常拉奏的那支曲子。"

其实在生活中类似的情况很多，不知年轻的母亲你们是否有过这样的体会，当你刚出生的宝宝哭闹不止时，如果你马上将宝宝的头转向你的左侧胸部，宝宝的耳朵贴近你的心脏，那么你的心脏跳动的声音传到宝宝的耳朵里时，他会立即停止哭闹或安静地入睡。这是什么原因呢？原来胎宝宝在母体内生活已经习惯了那里的声音，包括心脏的跳动声音。胎宝宝虽然出生，但记忆犹新，当他来到一个他完全陌生，而且听不到他所熟悉的声音的地方时就会产生不安和恐惧，因此出现哭闹。可当他一旦又听到了他所熟悉的心脏跳动的声音时，马上又产生一种安全感，认为自己仍然生活在自己的小天地里，故而停止了哭闹，安静入睡。

以上事实告诉人们，胎宝宝并不是无知的生命。宝宝聪明才干的启蒙孕育在胎宝宝期。因此，根据

胎宝宝的这一能力进行及时合理的训练使其进一步地发展与完善是非常必要的。

胎宝宝听力训练

胚胎学研究证明，胚胎从第8周开始神经系统初步形成，听觉神经开始发育。当胎宝宝发育进入5~7个月时听力完全形成，还能分辨出各种声音，并在母体内作出相应的反应。

有人曾作过这样的实验，让新生宝宝吸吮一个与录音机相连的奶嘴，宝宝以某种方式（长吸或短吸）吸吮就可听到自己母亲的声音，而且他们通过辨别声响，表示出对自己母亲的声音特别的敏感。

还有人选择在分娩前的5~6周时让孕妈妈给胎宝宝朗读《戴帽子的猫》，历时5个多小时。当胎宝宝出生后进行吸吮试验，先准备两篇韵律完全不同的儿童读物，一篇是宝宝在母亲体内听到过的《戴帽子的猫》，另一篇是宝宝从未听到过的《国王、小耗子与奶酪》。宝宝通过不同的吸吮方法才能听到这两篇不同的儿童读物。结果发生了让人非常惊喜的事情，这些新生宝宝全都选择了他们出生之前学过的《戴帽子的猫》。

胎宝宝在未出生前已经具备了听力。此外科学家们还发现，如果胎宝宝在母体内患有先天性耳聋，通过听力训练可以作出初步的诊断，当胎宝宝出生后就可以采取相应的措施。

胎宝宝意识诱导

有一个4岁的宝宝，平时不爱说话，怎样开导也不起作用，他的爸爸妈妈都以为他患了孤独症，只好把他送到医院求助心理医生。

一开始医生和宝宝交谈，宝宝一点反应也没有，经过一段时间的治疗和观察，医生偶然间发现了一个奇怪的现象：每当有人同这位宝宝讲英语时，他的兴趣就出现了，表示出既爱听又喜欢开口和别人交谈。

医生发现了这一现象后找来了他的父母了解他们在家里是否经常讲英语，可他们的回答是在家里几乎不讲英语，医生又问他们曾经什么时候讲过英语。这时宝宝的母亲突然回忆起自己在怀孕期间曾在一家外国公司工作，因为那里只允许用英语讲话，所以她在怀孕时一直是讲英语。医生这时才恍然大悟说："胎宝宝意识的萌芽时期是母亲怀孕后7~8个月，这时胎宝宝的

脑神经已十分发达!"

以上这段故事告诉我们由于胎宝宝意识的存在,因此,孕妈妈自身的言语、感情、行为均能影响胎宝宝,直到出生后。

有少数孕妈妈为了一点暂时的身体不适而出现对胎宝宝怨恨的心理,这时胎宝宝在母体内就会意识到母亲的这种不良情感,而引起精神上的异常反应。专家认为,这样的胎宝宝出生后可能出现感情障碍、神经质、感觉迟钝、情绪不稳,易患胃肠疾病、疲乏无力、体质差等。因此,孕妈妈在妊娠期间应排除这些不良的意识,应将善良、温柔的母爱充分体现出来,通过各方面的爱护关心胎宝宝的成长。

胎教培养宝宝的好性格

胎教与胎宝宝的性格关系

人的性格不一,其个体差异早在胎宝宝时期就已表露出来:有的安详文静,有的活泼好动,有的淘气调皮。这既和先天神经类型有关,也和怀孕时胎宝宝所处的内外环境有关。人的性格的形成有着先天和后天两种因素。就先天而言,与父母性格的遗传基因有关,同时也与出生前胎宝宝在子宫内所受的影响有关;后天因素则是在其出生后的社会实践过程中逐步形成的。然而,胎宝宝在子宫内,即"人之初"的心理体验为日后的性格形成打下基础的事实,还没被人们广泛重视。

孕妈妈的子宫是胎宝宝所接触的第一个环境,小生命在这个环境里的感受将直接影响到胎宝宝性格的形成和发展。如果妈妈怀孕期间处在充满和谐、温暖、慈爱的气氛中,那么胎宝宝幼小的心灵将受到同化,意识到等待自己的那个世界是美好的,进而可逐步形成热爱生活、果断自信、活泼外向等优良性格的基础。反之,倘若夫妻生活不和谐,不美满,经常吵架、打骂,甚至充满了敌意的怨恨,闹到要离婚的程度;或者孕妈妈不欢迎这个宝宝,从心理上排斥、厌恶,那么胎宝宝就会痛苦地体验到周围的这种冷漠、仇视的氛围,随之形成孤寂、自卑、多疑、怯弱、内向等性格。显然,这对胎宝宝的未来会产生不利的影响。

"江山易改，禀性难移"，一旦不良性格形成，要想改变是很困难的。与其后天费力纠正，不如在娘胎里就给胎宝宝提供一个形成良好性格的环境氛围。准爸爸孕妈妈们应把握这一关键时期，为宝宝一生幸福着想，从现在起，尽力为腹内的小生命创造一个充满温暖、慈爱、宽松、积极的生活环境，努力减少各种有害刺激，使胎宝宝拥有一个健康、美好的精神世界，使其良好性格的形成有一个理想的开端。

培养胎宝宝好的习惯

我们每一个人都有着各自的生活习惯，有的人习惯于早睡早起，而有的人喜欢晚睡晚起，但不论我们每个人有什么习惯，养成一种良好的生活习惯都是不容易的，有的人可能一辈子生活都是没有规律的。那么这是为什么呢？俗话说，"江山易改，禀性难移"。也就是说人一旦养成了一种习惯想改成另一种习惯是很困难的。

那么，一个人的习惯是什么时候养成的呢？有人说是儿童时期养成的，也有的人说是出生后开始逐渐养成的。如果我们说一个人的某些习惯早在胎宝宝时期受妈妈本身习惯影响，而潜移默化地继承下来，这不是哪个人的凭空想象，而是经过科学家实践证明的事实。让我们通过一项有趣的实验来看一下。

新生宝宝的睡眠类型是在母亲怀孕后几个月内由母亲的睡眠所决定的。实验把孕妈妈分为早起型和晚睡型两种类型，然后对这些孕妈妈们进行追踪调查，结果发现：早起型的妈妈所生的宝宝天生就有同妈妈一样的早起习惯，而晚睡型妈妈所生的宝宝也同其妈妈一样喜欢晚睡。

通过实验我们是否可以得出这样一个结论：新生宝宝出生几个月内，可能和妈妈在某些方面就有着共同的节律。妈妈的习惯将直接影响到胎宝宝的习惯。如果有些孕妈妈本身生活无规律、习惯不良，那么从你怀孕起就要从自身养成一个良好的习惯，才能培养也具有良好习惯的胎宝宝。

培养胎宝宝好的情绪

情绪胎教，是通过对孕妈妈的情绪进行调节，使之忘掉烦恼和忧虑，创造清新的氛围及和谐的心境，通过妈妈的神经递质作用，促使胎宝宝的大脑得以良好的发育的一种胎教方法。

我国传统医学经典《黄帝内经》中率先提出孕妈妈"七情"(喜、怒、忧、思、悲、恐、惊)过激会致"胎病"理论。现代医学研究也表明,情绪与全身各器官功能的变化直接相关。不良的情绪会扰乱神经系统,导致孕妈妈内分泌紊乱,进而影响胚胎及胎宝宝的正常发育,甚至造成胎宝宝畸形。

作为丈夫,在情绪胎教中有着义不容辞的责任,应该注意做好以下几方面:

丰富生活情趣:早晨陪妻子一起到环境清新的公园、树林或田野中去散步,做做早操,嘱咐妻子白天晒晒太阳。这样,妻子也会感到丈夫温馨的体贴,心情舒畅、惬意。

风趣幽默处事:妻子由于妊娠后体内激素分泌变化大,产生种种令人不适的妊娠反应,因而情绪不太稳定,因此,特别需要向丈夫倾诉。这时,丈夫唯有用风趣的语言及幽默的笑话宽慰及开导妻子,才是稳定妻子情绪的良方。

协助妻子胎教:丈夫对妻子的体贴与关心,爸爸对胎宝宝的抚摩与"交谈",都是生动有效的情绪胎教。

科学胎教的基本内容

❁ 环境胎教

对年轻夫妇在准备受孕前6个月就开始进行环境卫生知识指导，以利于优境养胎育儿，称为环境胎教。

胎宝宝的生活环境分为内环境与外环境。内环境是指母体的子宫腔及孕妈妈身体的健康状况。外环境是指烟尘、嗜好、放射线、职业、噪声、污染源及药物等。

内环境对胎宝宝的影响有以下3种因素：

不洁的性生活致胎宝宝宫内感染，又称为先天性感染；

多次人工流产或自然流产；

受精卵的质量不优或孕妈妈体弱多病。其中，多次流产损伤子宫内膜，易导致前置胎盘。

外环境对于胎宝宝的影响也有3种因素：

放射线伤害；

职业或嗜好的不良刺激；

污染源或噪声的毒损。

孕妈妈要避免对胎宝宝发育不利的内、外环境因素，尤其是在妊娠早期，既是孕妈妈内分泌变化产生免疫抑制反应的阶段，又是胚胎器官高度分化与形成的时期。加上胎盘功能尚不健全，故环境胎教显得格外重要。

运动胎教

通过指导孕妈妈及胎宝宝进行适宜的体育锻炼，促进胎宝宝的大脑及肌肉的健康发育，有利于孕妈妈正常妊娠及顺利分娩，称为运动胎教。

运动胎教在漫长的孕期当中必不可少。妊娠期间，孕妈妈因为内分泌激素的改变，致使动作灵敏度降低，反应也较迟缓。妊娠早期，由于早孕反应使精神困乏，浑身无力，容易疲劳而活动少；妊娠中期，因为全身血液循环量增加及增大的子宫压迫下腔血管而出现头晕及下肢浮肿症状，往往使孕妈妈产生"不想动"的心理状态。然而，人的功能是"动则盛、惰则衰"，只有通过运动才能使人吸入新鲜的氧气，排出身体内的废物，以增强身体的抗病能力。所以，运动胎教在整个妊娠期都显得至关重要。

本书中安排的每一项运动胎教，均有各自的功能特色，并且能针对性地预防妊娠期所特有的某种疾病。应用书中指导的运动胎教，能够帮助你健康地孕育出一个聪明、活泼的新生命。同时，使你的孕期生活充满无穷的乐趣。

孕妈妈本人或者准爸爸用手在孕妈妈的腹壁轻轻地抚摩胎宝宝，引起胎宝宝触觉上的刺激，以促进胎宝宝感觉神经及大脑的发育，称为抚摩胎教。

研究表明，胎宝宝体表绝大部分表层细胞已具有接受信息的初步能力，并且通过触觉神经来感受母体外的刺激，而且反应渐渐灵敏。父母都可以通过抚摩的动作配合声音，与子宫中的胎宝宝沟通信息。这样做可以使胎宝宝有一种安全感，使宝宝感到舒服和愉快。

抚摩胎教可以安排在妊娠第20周后，每晚临睡前进行（具体时间由父母的工作性质及作息情况而定，最好定时），并注意胎宝宝的反应类型和反应速度。如果胎宝宝对抚摩的刺激不高兴，就会以用力挣脱或者蹬腿来反应。这时，父母应该停止抚摩。如果胎宝宝受到抚摩后，过了一会儿，胎宝宝才以轻轻的蠕动作出反应，这种情况可以继续抚摩。抚摩从胎头部位开始，然后沿背部到臀部至肢体，轻柔有序。抚摩时间不宜过长，以5～10分钟为宜。抚摩可以与数胎动结合进行，并且将情况记录在胎教日记中。

语言胎教

孕妈妈或家人用文明、礼貌、富有哲理的语言，有目的地对子宫中的胎宝宝讲话，给胎宝宝期的大脑新皮质输入最初的语言印记，为后天的学习打下基础，称为语言胎教。

我们对早期妊娠的胎宝宝进行过形象的介绍。不断生长发育的胎宝宝，由眼镜猴样又进一步发育到类似猩猩的类人猿样，胎宝宝的大脑开始有褶皱，掌管智能和感情的前脑发达起来，即形成了"人脑"。

人脑从内侧往外分古皮质、旧皮质、新皮质3大部分。古皮质起着爬虫类脑的作用；旧皮质起着哺乳类脑的作用。而人类有别于其他动物的特别发达的新皮质，是用来学习知识和进行精神活动的。如果先天不给胎宝宝的大脑输入优良的信息，尽管性能再好，也只会是一部没有储存软件的电脑，胎宝宝会感到空虚的。

据医学研究证实：父母经常与胎宝宝对话，就能促进其出生以后在语言及智力方面的良好发育。

音乐胎教

通过对胎宝宝不断地传输优良的乐性声波，促使其脑神经元的轴突、树突及突触的发育，为优化后天的智力及发展音乐天赋奠定基础，称为音乐胎教。

医学专家的研究证实：音乐胎教可以使胎宝宝脑神经元增多，树突稠密，突触数目增加，甚至使原本无关的脑神经元相互连通。

神经元是神经系统的基本结构单位和机能单位。一个人智力的优劣与脑神经元的发育关系十分密切。脑神经元表面有一大的分枝（即轴突）和很多小的分枝（树突）；两个脑神经元之间依靠轴突、树突相接触而传递冲动（即沟通信息），其接触的部位称为突触。突触越多，人越聪明。

音乐胎教的乐曲分为两类：一类是适宜孕妈妈听的，以轻柔舒缓的E调和C调为主；另一类是让胎宝宝单独欣赏的。

情绪胎教

通过对孕妈妈的情绪调节,使之忘掉烦恼和忧虑,创设清新氛围,让孕妈妈精神愉快,心理健康;并且通过孕妈妈的神经递质作用,使胎宝宝的大脑得到良好的发育,称为情绪胎教。

妊娠后的生理机能变化,孕妈妈本人和家庭其他成员对胎宝宝的期望或者猜想,尤其是婆婆、公公对生男生女比较感兴趣或者偏重,会有形或无形地给孕妈妈的精神蒙上阴影;一些对一般人无不良反应的语言、噪声、气味、颜色,都可以引起孕妈妈的不良反应。因此,家人应该格外注意对孕妈妈精神方面的刺激。

孕妈妈与胎宝宝之间由血液中的化学成分沟通信息。所以,祖国医学有"孕借母气以生,呼吸相通,喜怒相应,一有偏奇,即致子疾"的理论。研究表明,孕妈妈的情绪直接影响内分泌的变化,而内分泌物又经血液流到胎宝宝体内,使胎宝宝受到或优或劣的影响。如果孕妈妈的情绪焦虑有余,其体内肾上腺髓质激素的分泌量会增多,并通过血液影响胎宝宝的正常发育,故情绪胎教非常必要。

美育胎教

美育胎教是指根据胎宝宝意识的存在,通过孕妈妈对美的感受而将美的信息传递给胎宝宝的方法。当然我们知道胎宝宝无法看到、听到和体会到世界上各种各样的美,那怎样进行美育胎教呢?孕妈妈在其中就要发挥关键作用了。孕妈妈把自己对自然、音乐、画等的美好感受,经神经、体液传输给胎宝宝。

孕妈妈可以到大自然中去欣赏美景,以促进胎宝宝大脑细胞和神经的发育。孕妈妈将在大自然中感受到的美通过提炼后传输给胎宝宝,使胎宝宝也能领会到大自然的神秘、高大与神奇等。孕妈妈到大自然中去还可以多呼吸新鲜空气,以利胎宝宝的大脑发育。

可以播放一些欢快、优美动听的音乐或活泼有趣的儿歌、童谣,并跟着轻轻哼唱。孕妈妈还应多接触一些文学和艺术的美，欣赏一些人体摄影、人体绘画和人体塑像，以此陶冶自己的情操，使美妙的艺术融入胎宝宝的血肉之躯。

触摸胎教

触觉能向宝宝提供许多关于人性和互动的教育。妈妈充满爱意的抚摸能给予宝宝受保护和受重视的感觉。大多数在爱抚和拥抱中成长的宝宝，一般会成长为意志坚强、有安全感和自信的人。而长期得不到触摸爱抚的宝宝，长大以后会变得自闭而神经质，甚至可能造成身体发育迟缓。

触觉是宝宝还在子宫中就已经发展起来的一种感觉。他不断地用自己的身体去感受周围环境：感受羊水和衬在子宫壁上的羊膜的爱抚；感受身体的一些部分相互碰撞或相互依靠时，皮肤接触的感觉。每一次碰触都会在宝宝的大脑中建立联系。碰触在丰富宝宝视野的同时，再一次地将其神经系统的发展向前推进一步。宝宝在触摸中探索、学习、成长。

触觉是宝宝最早发育起来的一种感觉。随着宝宝的长大，通过触摸，他可以和你交流。他在子宫中蠕动和踢来踢去回应你的话语。对于刚出生的宝宝来说，触摸不仅仅是一种感情上的抚育，它同时还刺激了皮肤，促进了皮肤、组织和深部肌肉的修复。

触摸——无论宝宝长到多大——始终是妈妈和宝宝沟通的最佳方式。

饮食胎教

想要孕育优质宝宝，就必须在怀孕前开始调养身体，怀孕期也要摄取均衡的营养。宝宝在孕妈妈的肚子里，身体器官系统的发育和日后的饮食习惯都与孕妈妈孕期的饮食有关，所以为了宝宝的健康，为了宝宝的未来，孕妈妈在孕期一定要做好饮食胎教。

饮食胎教的守则

挑选新鲜的食品：在挑选食物材料的时候，应选择新鲜的、季节性食品，外形漂亮干净的、有光泽的东西。与速食食品相比，自己动手做食品，可以了解是否含有添加剂、农药的残留和是否过期等信息。

端正良好的饮食态度：孕妈妈虽然多吃有营养，但是饮食的态度也非常重要。即使是相同的食物津津有味地吃与勉强地吃，对营养的摄取是不同的。孕妈妈津津有味地吃完后的那种满足感会直接传达到宝宝的大脑。

有规律地饮食：在怀孕初期因为妊娠反应可能在饮食上有些困难。但是从形成胎盘的第 3 个月开始，宝宝开始吸收母体的营养，所以孕妈妈应该摄取充分的营养。孕妈妈要做到三顿主餐定时、定量、定点。最理想的吃饭时间为早餐 7～8 点、午餐 12 点、晚餐 6～7 点，不论多么忙碌都应该按时吃饭；不能一边吃饭一边做其他的事情，比如开会或是看电视等。如果希望自己的宝宝以后能够踏实地坐在桌前吃饭，孕妈妈就一定要注意自己此期间的饮食习惯了。

饭桌要整洁：在收拾整齐的餐桌上就餐也是一种胎教。宝宝知道妈妈正在吃什么，正在想什么。宝宝也喜欢妈妈一边品尝一边慢慢地吃饭。妈妈一边吃一边对宝宝说："宝宝呀，这是菠菜，你也吃下去快快地长大。"这样跟宝宝对话，对于营养的吸收效果会更佳。

不吃有刺激性的食物：尽量避免吃过咸、过甜、油性太大的食物。特别是太咸的食物对于孕妈妈是最忌讳的。盐分吸收过多会导致肾脏里的毛细血管收缩过滤功能下降。体内的毒素因为肾脏的过滤功能下降而对母体和宝宝造成损害，并且容易导致怀孕中毒症。所以应尽可能地吃得清淡一些。即使是出去吃饭也要挑选一个干净的餐厅，并且事先告知对方有孕妈妈，拜托食物烹调得不要太咸或太辣。

禁止食用过凉的食物：太凉的食物会使肾脏的功能降低。不能饮用凉水，因为体温的急剧下降会使宝宝感到紧张。

怀孕不同阶段的饮食胎教内容

怀孕早期（0～3 个月）

远离咖啡因。

食用能减轻怀孕反应的食物。从孕妈妈开始产生妊娠反应的时候，就应该食用能减轻怀孕反应的食物。并且在呕吐的时候应多食用牛奶或水果等以保证摄入充足的水分。

摄取维生素 E 以防止流产。在预防流产方面维生素 E 有一定的功效。

糙米、菠菜等含有大量的维生素 E。

应该摄入适当的叶酸。在这个时期虽然不需要摄入什么特别的营养素，但这个时期是婴儿脸部的各器官、腿、性器官等开始发育的时期，因此需要摄取一些细胞分裂所需要的叶酸。含有叶酸的食物有生菜、茼蒿、韭菜等绿、黄色野菜。

怀孕中期（4~7个月）

注意调节自己的体重。

吸收充分的维生素 C。为了预防贫血应摄取含铁元素及有助于吸收铁元素的维生素 C。铁元素主要存在于动物的肝脏、黑芝麻中；维生素 C 存在于各种水果当中。

摄取充足的蛋白质和钙。大脑、肌肉、各个器官发育的时期，也是最需要蛋白质的时期。并且因为宝宝的血管和骨头正在发育，因此急需铁和钙。蛋白质主要存在于肉类、海鲜、豆类当中；钙主要存在于海产品、豆腐当中。

怀孕后期（8~10个月）

摄入充足的纤维素以预防便秘。越到怀孕后期子宫越是受到压迫，导致胃消化功能降低。并且在这个时期孕妈妈的腰痛、便秘、痔疮等症状容易加剧，所以应多食用含纤维素的野菜和水果。并且为了预防怀孕中毒，盐分的摄入也要减少。再有，这个时期宝宝的脑部发育非常快，必须均衡地摄取营养。

色彩胎教

人接受外界刺激及从外界获取信息绝大部分是由眼完成的，因此可以说人的第一感觉是视觉。对视觉影响最大的就是色彩，也就是人们所说的红色、橙色、黄色、绿色、青色、蓝色、紫色等。色彩能影响人的精神和情绪。色彩对于人来说是一种间接的刺激，不同的颜色所引起的刺激强度不同，因而人的感受也不同。相比较来说：红色、橙色、黄色、黑色给人的刺激强度较大，而绿色、青色、蓝色、白色给人的刺激强度较小，尤其以冷色调的绿色、蓝色刺激强度最小。所以精神的舒畅或是沉闷都与色彩的视觉效果有着一定的关系。一般情况下，红色使人感到激动、兴奋，黄色让人感到温暖，绿色让人感到清新、宁静，蓝色让人感到安静，黑色

Part 1 经历胎教的宝宝更聪明

让人感到压抑、沉闷等。

而对于孕妈妈来说，色彩的意义就更加重大了。因为色彩的冷暖不仅关系孕妈妈自身的情绪好与坏，还间接影响着腹中宝宝的现状和未来。所以，为了使孕妈妈和宝宝双双健康，给你提出以下建议，请参考。

孕妈妈的穿衣问题：孕妈妈穿对了色彩，可以让孕期心情特别好；穿错了色彩，反而容易急躁不安，所以孕妈妈在怀孕期间应特别注重穿着的色彩，把好的光源色彩穿在身上。久而久之，不仅会让孕妈妈的情绪稳定，也能让孕妈妈的身体更健康，通过色彩营造出来的好心情，无形中也会传达给宝宝，这正是良好胎教的开始。孕妈妈在怀孕初期，最适合的颜色是粉红色，粉红色能够引起大家的关爱与照顾。到了怀孕中期，可以选择黄色，除了让自己心情开怀之外，黄色属于沟通的色彩，可以让孕妈妈和宝宝轻易地沟通交流。到了怀孕晚期，可以选择绿色来放松待产。此外，浅蓝色、白色都是孕期可以选用的颜色。值得强调的是，穿对了色彩，无形中就是在做胎教，只要能够均衡地穿着每一种适合的颜色，宝宝日后发展也会比较均衡。孕妈妈在穿着上应避免黑色，因为它除了会影响孕妈妈的情绪之外，黑色还会挡住宝宝可以吸收的光源，无形中宝宝也会不快乐不健康，出生之后也容易体弱多病。因此，许多孕妈妈想借着黑色来修饰孕期变胖身材的观念就要改变了。

孕妈妈的活动场所布置：家是孕妈妈主要的活动场所，也是孕妈妈实施胎教的主要环境，因此居室的色彩设计就必须着重考虑。总的原则就是：安静、幽雅、舒适、整洁。对孕妈妈来讲，居室的主色调应该以冷色调为主，如浅蓝色、淡绿色等。在主色调的背景上，不妨布置一些暖色调，如黄色、粉红色等，这样一来，当孕妈妈在工作和劳动之余，可以尽快摆脱烦躁情绪，减轻疲惫，在精神和体力上都得到休息。如果孕妈妈还想在其他方面美化的话，也可以从以下几点着手：第一，选择几幅风景优美的画或者是书法作品挂在卧室，从而使孕妈妈获得美的享受。第二，可以在阳台种上几盆花或在客厅摆放几束鲜花，闲暇时可以养花弄草，放松心情。这可让孕妈妈精神振奋，提高食欲。所以，我们应在胎教中让孕妈妈处于某些特殊的色彩环境里，以此来刺激孕妈妈体内的激素发生变化，从而取得较好的胎教效果。如用绿色、蓝色使孕妈妈保持情绪稳定，防止情绪发生波动，使孕妈妈体内的宝宝安然、平和、健康地成长。避免过多接触红色、黑色、紫色等刺激性较强的色彩，以免影响宝宝的生长发育。

事实上，色彩对宝宝有着潜移默化的影响：黄色可以引导宝宝成为科学家；浅蓝色、紫色可以引导宝宝成为音乐家或艺术家；粉红色可以让宝宝成为体贴的孩子；白色会让宝宝成为懂得照顾自己或是比较倾向完美主义的人；绿色会让宝宝的人际关系良好。

游戏胎教

游戏胎教，是一种寓教于乐的方式：通过游戏的亲子互动刺激宝宝脑部的成长。宝宝的成长就如同幼儿发育一样，如果时常以游戏来刺激幼儿手脚的反应，幼儿会在游戏中成长，对脑部发育也有相互回馈的作用。所以，以幼儿的成长来推测宝宝的成长，也是如此。

宝宝发育最重要的是脑部的发育，如果人体处于营养缺乏的状态，那么，脑部是最后一个才会碰到营养的器官，而且，脑部发育关系到宝宝未来的发展。通过外界的刺激，会对脑部发展有帮助。宝宝在3个月左右，听觉、触感神经已经发展，所以，孕妈妈在4个月左右照超声波，可以看见宝宝在子宫中玩耍。通过游戏胎教，可以使宝宝与母亲之间的互动增加，促进彼此的感情，有助于胎教未来的发展，宝宝也有好心情，并且可以增加宝宝与母亲的知识交流。

进行游戏胎教的最佳时间：孕妈妈怀孕7～8个月时是胎动最明显的时候，所以可在此时进行。一般而言宝宝需要8～12小时的睡眠，所以如果在饭后1～2小时陪宝宝玩耍，母亲可以明显地感受到胎动，宝宝的手脚也会随着母亲的动作，而产生不同的反应。

游戏胎教的种类：游戏胎教最好是在团体中、有音乐的良好环境中进行，以不危险、有趣味性为原则。用一只手压住腹部的一边，然后再用另一只手压住腹部的另一边，轻轻挤

Part 1 经历胎教的宝宝更聪明

压,感觉宝宝的反应。这样做几次,宝宝可能有规则地把手或脚移向妈妈的手在的地方,宝宝感觉到有人触摸他,就会踢脚。以有节奏性的东西拍打肚子,感觉宝宝的反应,通常重复几次下来,宝宝会有反射动作。用两三拍的节奏轻拍腹部,如果你轻拍肚子两下,宝宝会在你拍的地方回踢两下;如果轻拍3下,宝宝可能会回踢3下。

游戏胎教对宝宝很有好处,借着听音乐、运动、游戏对宝宝有好的刺激,可以增加宝宝动作的敏感度。通过游戏胎教,使宝宝的胎动明显,以此来判断宝宝健康与否,如果宝宝不爱动、不活泼,就要特别注意。

❋ 阅读胎教

阅读胎教,就是将优雅的文学作品或诙谐有趣的儿童故事等以柔和的语言传达给宝宝,以促进宝宝情感、语言和智力的发育。比如读诗文,诗文能启迪人的心智,特别是我们伟大的祖国是诗的国家,流传下不少让人赞不绝口的精美诗篇,那是前人的智慧宝藏和才华结晶。如此深邃的内涵,如此多变的形式,如此丰富的情感,不仅解答着我们的困惑,更滋润着我们的心田。孕妈妈如果每天有一段时间能沉浸在唐诗宋词或现代诗文那璀璨的文化与优美的意境里,诗的蕴藉悠远、词的瑰丽典雅传到宝宝的大脑里,会成为最深刻的内涵,在潜移默化中改变宝宝的气质,可能孩子生来就会酷爱读书,就会慢慢有儒雅的气质。可见孕妈妈如能每天一卷在手,宝宝则受益匪浅。

一般人都认为孕妈妈是否有求知的欲望,会直接影响宝宝。因此,孕妈妈们最好每天多读一些书,并把书中的事情讲给宝宝听。定时念故事给腹中的宝宝听,可以让宝宝有一种安全与温暖的感觉,孕妈妈若一直反复念同一则故事给宝宝听,会令其神经系统变得对语言更加敏锐。

阅读胎教实施的时间:怀孕第8个月直到生产前,是施行阅读胎教的最佳时机。宝宝的意识萌芽大约发生在怀孕第7~8个月的时候,此时宝宝的脑神经已经发育到几乎与新生儿相当的水平,一旦捕捉到外界的信息,就会通过神经管将它传达到宝宝

身体的各个部位。此时,宝宝脑外层的脑皮质也很发达,因此可以确定宝宝具有思考、感受、记忆事物的可能性。

阅读胎教练习的方式:选一则你认为读来非常有意思、能够感到身心愉悦的儿童故事、童话或童诗,将作品中的人、事、物详细、清楚地描述出来,例如太阳的颜色、家的形状、主人公穿的衣服等,让宝宝融入到故事描绘的世界中。故事要避免过于暴力的主题和太过激情、悲伤的内容。选定故事内容之后,设定每天的"说故事时间",最好是夫妻二人每天各念一次给宝宝听,借说故事的机会与宝宝沟通、互动。

阅读胎教的注意事项:为了让孕妈妈的感觉和思考能与宝宝达到最充分的交流,孕妈妈最好要保持平静的心境并保持注意力的集中。在念故事前,最好先将故事的内容在脑海中形成影像,以便比较生动地传达给宝宝。如果没有太多的时间,只能匆匆地念故事给宝宝听,至少也要选择一页图画仔细地告诉宝宝,尽量将书画上的内容"视觉化"地传达给宝宝。"视觉化"就是指将鲜明的图画、文字、影像印在脑海中的行为。每天进行视觉化的行为,会逐渐增强将信息传达给宝宝的能力。在选择胎教书籍时,不要有先入为主的观念,自以为宝宝会喜欢哪些书籍,而应尽量广泛阅读各类图书。

阅读胎教的初步验收:在练习了"说故事时间"1个月之后,不妨试试看是否有些特别的字或句子可以引起宝宝的特定反应。宝宝听到某一特定的字或句子时是否会踢脚?宝宝是否对不同的故事作出不同的反应?故事的某一段是否特别容易让宝宝感到平静?对妈妈或爸爸的声音是否也有不同反应?借着宝宝的不同反应,可以和他形成良好的互动、沟通,达到"母子情深"、"父子连心"的感情联系作用。

光照胎教

光照胎教,是指当宝宝有胎动时,用手电筒的微光一闪一灭地照射孕妈妈腹部,以训练宝宝昼夜节律,即夜间睡眠,白天觉醒,促进宝宝视

Part 1 经历胎教的宝宝更聪明

网膜光感受细胞的功能尽早完善和脑的健康发育。光照胎教能促进宝宝视觉功能的建立和发育,光能够通过视神经刺激大脑视觉中枢。光照胎教成功的宝宝出生后视觉敏锐、协调、专注力、记忆力也比较好。适当的光照对宝宝的视网膜以及视神经有益无害。光照胎教可选择在每天早晨起床前与每晚看完新闻联播和天气预报之后进行,以便日后养成孩子早起床、晚学习的好习惯。

光照胎教有这么重要的作用,孕妈妈该如何实施呢?具体有哪些情况要注意呢?

光照胎教开始的时间

在宝宝的感觉功能中,比起听觉和触觉,视觉功能的发育较晚,在孕妈妈怀孕第7个月时,宝宝的视网膜才具有感光功能,对光才有反应。光照胎教可以在孕妈妈怀孕6个月以后开始。

光照胎教的实施工具

可以拿手电筒作为光照胎教的工具。手电筒紧贴孕妈妈的腹壁,光线透入子宫,羊水因此由暗变红,而红色正是宝宝比较偏爱的颜色。用手电筒进行光照胎教正可谓

投其所好。

光照胎教的具体时间

要配合宝宝的作息时间进行光照胎教。不要在宝宝睡觉时进行,以免打乱宝宝的生物钟。要在胎动明显时,即宝宝醒着的时候做光照胎教。孕妈妈经过这么长时间和宝宝的相处,也应基本知道宝宝的作息规律。当然也有作息不太规律的宝宝,这就需要孕妈妈细心体察宝宝的情况了。

光照胎教的具体步骤

孕妈妈每天定时用手电筒微光紧贴腹壁反复关闭、开启手电筒,一闪一灭照射宝宝的头部位置,每次持续5分钟。结束时,可以反复关闭、开启手电筒数次。手电筒的光亮度要比较合适,不要用强光照射,而且时间也不宜过长。光照胎教实施中,孕妈妈应注意把自身的感受详细地记录下来,如胎动的变化是增加还是减少,是大动还是小动,是肢体动还是躯体动。通过一段时间的训练和记录,孕妈妈可以总结一下宝宝对刺激是否建立起特定的反应或规律。

光照对宝宝无害,子宫内宝宝能否看到光?利用彩色超声波观察,光照后宝宝立即出现转头避光动作,同

时心率略有增加,脐动脉和脑动脉血流量亦均有所增加。这表明宝宝可以看到射入子宫内的光亮。所以,不必担心自己所下的工夫付诸流水。

不过,并不是说只是用光来刺激腹内的宝宝,他的脑子就一定聪明。他还会受到准爸爸和孕妈妈的各方面因素的影响。

成功胎教一定要科学实施

❀ 胎教必须掌握的几个基本原则

年轻的父母之所以关注胎教,是出于对后代的责任感。他们意识到此生只有一次养育子女的机会,因此"只能成功,不能失败"。这使他们愿意接受胎教、早教,但也往往容易出现操之过急、过度等情况。因此实施胎教的时候一定要注意以下几方面。

科学的态度、正确的目的。胎教是为了使每个普通的宝宝通过培训,身心发育更健康、更聪明,提高其综合素质水平,而不该像某些宣传误导的那样,是为了培养天才、神童。天才在人群中毕竟是少数。而胎教的主要目的是让宝宝的大脑、神经系统及各种感觉机能、运动机能发展更健全完善,为出生后接受各种刺激、训练打好基础,使宝宝对未来的自然与社会环境具有更强的适应能力。

必要的知识、冷静的头脑。现在准备养育宝宝的父母常感困惑——社会上种类繁多的"方案"不断描述着照此培养出的宝宝如何"超常"、"早慧",使年轻的父母们不忍心让自己的宝宝落伍,也纷纷解囊参加培训或购买"方案"。其实这些"方案"中有一些就是打着"科学"、"专家"的旗号在误导父母们,有的指导思想就是遗传决定论,有的明显违背儿童发展的自然过程,有的只是为了经济目的。因此建议父母在准备怀宝宝之前,应从正规的专业单位及渠道学习一些有关儿童发展方面的知识,包括孕期心理卫生、儿童心理与教育学及胎教、早教的有关常识。这能使自己做到心中有数,保持冷静的头脑,善于识别和选择适合自己的方法。

适宜的程度、可靠的方法。到目前为止,我国关于胎教失败的例子还极少见到。但有些情况也引起了有关专家的重视。如有的妈妈在心理咨询中反映,经过音乐胎教后,自己的宝宝虽然聪明活泼,但精力过盛,总是不爱睡觉。问及具体胎教方法,得知妈妈孕期工作较忙,又不愿放弃胎教的机会,所以每日抽空就将胎教器置于腹部。有时妈妈因疲劳很快入睡了,胎教器仍不断刺激着胎宝宝,这很难保证定时、定量。认为多多益善、操之过急的做法,有可能干扰胎宝宝的生物钟。另外,胎教磁带的质量是至关重要的。有的音乐胎教磁带制作条件较差,伴有较强噪声干扰;有的音乐磁带乐曲选择、节奏、配器等都不适宜胎教。一般要求乐曲要平稳、明朗,节奏接近人的正常心率,配器简练考究,频率为500~1500赫兹,使人感到舒适、安静、愉快、优美的才可选用。常有些音乐带中出现高频的乐曲,也许孕妈妈听着还好,但无法穿过腹壁被胎宝宝感受,就不适于做胎教磁带。同样有些胎教器也存在音质不纯等问题。建议选用卫生部门与国家技术监督部门推荐的合格产品。

总之,要有健康、聪明的宝宝,需要进行适时、适度的科学胎教。科学的胎教需要父母对胎教的正确认识,学习相应的知识、技能,用科学的方法进行。科学的方法应按自然的发展规律,按胎宝宝的月龄及每个胎宝宝的发展水平做相应的胎教。做到不放弃施教的时机,也不过度人为干预。在自然和谐中有计划地进行胎教,才可能获得希望的成果。

胎教顺应宝宝不同发育状况

胎宝宝在发育中，逐渐产生各种感觉，即听觉、视觉、味觉、嗅觉和触觉。正是由于胎宝宝具有感觉，才使得胎教具有了可行性。

视觉：胎宝宝的视觉在孕期第13周就已形成。这时候的胎宝宝对光很敏感。在第4个月时，如果用胎儿镜观察，就不难发现，当胎宝宝入睡或有体位改变时，他的眼睛也在活动。怀孕后期如果用光照射孕妈妈的腹部，胎宝宝的眼球活动次数就会增加，而且从脑电图还可以看出胎宝宝的大脑对光的照射产生反应。新生儿出生后不到10分钟，就能发挥视觉作用。但是新生儿的视力只能观察30～40毫米以内的东西，这恰好与他在子宫内与子宫壁间的距离相等。

触觉：相对视觉而言，触觉发育要早一些。由于黑暗的宫内环境限制了视力的发展，所以胎宝宝的触觉和听觉就更为发达。有人通过胎儿镜观察发现，当穿刺针接触到胎宝宝手心时，他马上就能握紧拳头作出反应。运动胎教正是由于胎宝宝有了触觉才来实行的。通过抚摸训练，胎宝宝的身体活动、手脚的灵活性得以锻炼。

听觉：胎宝宝还能听到声音，在整个发育过程中，听觉给胎宝宝带来的影响最大。因此，胎教的内容中，利用胎宝宝的听力实施教育也相应占据重要地位。

味觉：胎宝宝的味觉神经乳头在孕期第26周形成，从第34周起，胎宝宝开始喜欢带甜味的羊水。

知觉能力和记忆能力：胎宝宝除了上述4种感觉外，还具有知觉能力和记忆能力，能够综合不同刺激，识别事物，并产生记忆。正是由于胎宝宝的这两种能力，才使得胎教具有了意义。

节奏强的音乐伤害宝宝大脑

胎教的一个重要任务是给胎宝宝听音乐。但是，音乐如果选择不当，可能会适得其反，给胎宝宝大脑带来不利的影响。

那么，胎宝宝究竟适合听什么性质的音乐呢？研究发现胎宝宝可以听到传入子宫内的音乐声波，而且对传入子宫内的舒缓、轻柔的音乐和强节奏迪斯科音乐，具有不同的表现。研究者选取了 10 名受试样本，即妊娠 6~9 个月的正常妊娠妇女。经 B 超检查测量胎宝宝大小均处于正常值范围。受试孕妈妈午餐后 3 个小时来实验室，平卧在安静房间的床上。休息半小时以后，主试者开始在无音乐的安静状态下，对其进行 10 分钟胎动、胎心率和呼吸情况的观察。

结果为胎心率平均 142 次/分钟，胎动为 6~7 次/10 分钟。测量后，用普通录音机播放强节奏的迪斯科音乐。这时，用同样的方法测量胎心率和胎动次数。结果发现，音乐中的架子鼓声一起，胎宝宝立即出现突发性胎动，一般不超过 0.2~0.4 秒。胎宝宝大幅度摆动和身体扭转。胎动次数达到 26 次/10 分钟。严重者伴有心率增快和抽泣样呼吸。胎心率比安静状态下高出 2~3 倍。强节奏迪斯科音乐刺激 10 分钟之后，马上改播舒缓、轻柔的音乐。同样测量胎动次数、胎心率，发现此时胎心率和胎动情况与安静状态下相似。经统计学分析表明，两种性质不同的音乐的刺激所引起的胎心率和胎动变化具有显著差异。

研究表明，外界音乐的声波可以透入子宫内，被胎宝宝感觉到。同时，有突发中、低频打击乐的强节奏的声音，会引起胎宝宝的惊吓反射，不利于胎宝宝大脑的发育，其有害性不亚于噪声，甚至强于噪声。

所以，每一个孕妈妈都应该特别注意远离强节奏如迪斯科性质的音乐，更应克制自己对迪斯科的爱好，以保护胎宝宝大脑的发育生长。

妈妈的情绪低落容易造成宝宝精神上的问题

孕妈妈的情绪与胎宝宝的发育有着极其密切的关系。对于这一点，许多人不以为然，认为胎宝宝深居宫中，"两耳不闻宫外事，只管吃喝拉撒睡"。事实上，这种看法是十分错误的。

在长达200多天的宫内生活中，胎宝宝一方面通过胎盘和脐带从母体摄取营养，排泄废物；另一方面又通过胎盘和脐带进行情感沟通。这是因为，母体与胎宝宝的神经系统之间虽然没有什么直接的联系，但当母体情绪变化时，能激起其自主神经系统的活动，于是由神经系统控制的内分泌腺就会分泌出多种多样的激素。这些激素又可以经由血液循环进入胎盘，使胎盘的血液成分发生变化，从而刺激胎宝宝的活动。有关专家认为，妊娠期间妈妈心境平和、情绪较稳定时，胎动和缓而有规律；而孕妈妈情绪激动，则可造成胎宝宝的过度活动和心率加快。当这种恶劣的情绪持续较长时间时，胎宝宝活动的强度和频率可比平时增加10倍，并且将持续较长一段时间，从而给胎宝宝带来不同程度的伤害。

据统计资料表明：如果孕妈妈情绪长期过度紧张，如发怒、恐惧、痛苦、惊吓、忧虑或受严重刺激等，将对胎宝宝下丘脑造成不良影响，致使日后患精神病的概率比较大。即使能够幸免，也往往出现低体重儿，此类宝宝好动、情绪欠佳、易哭闹、消化功能紊乱、发病率高。此外孕早期孕妈妈情绪的过度不安，可致胚胎发育不良，导致流产，并可引起胎宝宝唇裂及腭裂等畸形。在妊娠中晚期会引起胎宝宝心率增快或减慢，胎动增加，导致胎宝宝出生后体重轻，心脏有缺陷，身体功能失调；还可造成难产及胎盘剥离，子宫出血，甚至导致胎宝宝死亡。据报道，长期处于情绪焦虑不安中的母亲所生的宝宝往往躁动不安，易哭闹，不爱睡觉，这样的宝宝长大后往往对环境适应不良。

由此可见，胎内教育的第一步，与孕妈妈的心情有很大的关系，可以说孕妈妈的精神状态和情绪的变化与胎宝宝息息相关。一个心悦情怡的妈妈和一个心情紧张、焦虑不安的妈妈孕育的胎宝宝，是完全生活在两个截然不同的胎教环境里的，它将转化为胎宝宝的身心感受，影响胎宝宝的成长过程。因此，每一个孕妈妈都应注意，当你感受到胎宝宝的身体在腹内时时刻刻地进化发育的同时，千万不要忘了他也是一个人，他的心灵也在发育成长。为了宝宝的身心健康，你务必以对腹内胎宝宝的博大爱心，加强自身修养，学会自我心理调节，善于控制和缓解不健康的情绪，始终保持稳定、乐观、良好的心境，使你的胎宝宝能够健康地成长。

❋ 夫妻感情差影响宝宝发育

感情融洽是幸福家庭的一个重要条件，同时也是优生和胎教的重要因素。在幸福、和谐的家庭中，受精卵会得到良好的生长环境，健康、顺利地成长，生下的宝宝往往健康、聪明。反之，夫妻感情不和睦，彼此间长期的精神刺激，过度的紧张、忧愁、抑郁，则会对大脑皮质的高级神经中枢活动产生阻碍，可引起一些疾病，并直接影响胎宝宝。现已证实，母腹中的胎宝宝对来自外界的刺激是有反应的，孕妈妈所感觉的事物都可影响胎宝宝。据报道，在孕早期，夫妻之间经常争吵，孕妈妈情绪极度不安时，可引起胎宝宝兔唇、腭裂等畸形。在孕晚期，如果夫妻感情不和，精神状态不好，则可增加胎动次数，影响胎宝宝的身心发育，而且出生后往往烦躁不安，哭闹不止，睡眠差，消化功能不好，严重时甚至危及宝宝的生命。

据统计，这类父母孕育的胎宝宝在身心方面缺陷存在的概率，比生活美满、和睦相处的父母所生的宝宝高1.5倍，胎宝宝出生后因恐惧心理而出现神经质的机会也比后者高4倍，而且这类宝宝往往发育缓慢，胆小怯弱，生活能力差。

为什么会出现这种情况呢？究其原因，不外乎母体与胎宝宝的信息传递。准爸妈剧烈争吵时，母体受刺激时内分泌发生变化，随之分泌出一些有害激素，通过生理信息传递途径为胎宝宝所接受。同时，孕妈妈的盛怒可导致血管收缩，血流加快、加强，其物理振动传到子宫也会殃及胎宝宝；而且争吵中准爸妈的高声大气，无异于十分有害的噪声，直接危害胎宝宝。准爸妈口角频繁对正在成长发育中的胎宝宝不能不说是一场巨大的灾难。

因此，妊娠期间，丈夫应承担更多的责任，处理好夫妻之间的一些矛盾，与妻子共同分担所承受的压力。夫妻双方应互相尊重，互相理解，耐心倾听对方的意见，理智地、心平气和地对待彼此间的分歧，以极大的爱心共同关注母腹中的小生命，注视他的每一次蠕动，探寻他的每一点进步，讨论对他施行的每一项教育……这样，随着怀孕，夫妻双方将越发互相理解，越发亲密无间，使孕期变成一个相依相伴，充满爱情的又一个"蜜月"时期。

孕妈妈情绪影响胎宝宝性格

胎宝宝在孕育的过程中，个人的性格、气质特点就已经开始萌芽，包括爱、憎、忧、惧等不同情感。虽然性格在一定程度上受到遗传因素的影响，但并非完全取决于遗传因素，也不完全是后天形成的。此时孕妈妈应注意保持良好的情绪状态，使胎宝宝得以健康发展。

孕妈妈的情绪对胎宝宝的影响极为重要。孕妈妈的焦虑、恐惧和不安所引起的一系列生理变化，严重地影响着胎宝宝的生活环境。这些消极因素会导致母体对胎宝宝的供养减少，使胎宝宝也置于不安与恐惧之中。有调查发现夫妻吵架、邻里不和所导致的不良心境对胎宝宝的影响最大。特别是孕妈妈发怒时，大声哭叫能引起胎宝宝不安和恐惧，而且发怒时孕妈妈体内分泌大量去甲肾上腺素，使血压上升，胎盘血管收缩，引起胎宝宝一次性缺氧，从而影响身心健康。

空气污染易使胎宝宝畸形

现在有关大都市及工业地带的空气污染，已经成为一个很严重的公害问题。其原因是工厂将燃烧过后的煤炭、重油、石油、汽油类烟雾大量排出，而在浓黑的烟雾中含有二氧化碳、亚硫酸瓦斯、硫、硫黄化合物、一氧化碳、氮氧化合物、重金属（铅、镉、锌、锰）等有害的物质。除此之外，从汽车排出的一氧化碳、碳化铅、含铅化合物等，也会造成严重的空气污染。这些污浊烟雾，会对我们的呼吸器官和眼睛造成伤害。

工业发达的城市，自然无法避免空气污染，尤其是以炼油厂为主的生产化工产品为重点项目的城市,更是公害的发源地。居住在周围的居民,患慢性支气管炎和哮喘的比率极高。造成呼吸器官受损的原因,主要是因为重油燃烧时,会产生硫黄化合物(亚硫酸瓦斯、无水硫酸等)以及其他易污染空气的物质。

至于空气污染究竟会对胎宝宝及孕妈妈构成何种不良的影响,妇产科曾针对亚硫酸瓦斯污染地区的孕妈妈和非污染地区的孕妈妈,作过一个比较,得出以下的论点:

孕吐和孕妈妈中毒的发生率——两区没什么差别。

孕妈妈的呼吸器官疾病——污染区的孕妈妈染上感冒和支气管炎的比率较高。

孕妈妈贫血——污染地区孕妈妈贫血的程度较高。

分娩时的出血量——剖宫生产及产钳分娩,两区的差异不大。

早产——污染地区的孕妈妈早产率高,但是早产的情形与日常生活习惯有关,所以不能断定空气污染就是促成早产的原因。

未成熟儿及死产——均以污染地区较高。

新生儿严重黄疸——据1999年统计,以污染地区较重。

胎宝宝畸形——污染地区发生率稍高,但是产生畸形有多种因素,所以不能以偏赅全,认为一切病因都是受到空气污染的影响。

❀ 噪声——威胁宝宝生命的杀手

一般来说,噪声会令人焦虑不安,使人容易发怒,引起情绪不稳。强烈的噪声甚至会引起听觉障碍,对人体构成极严重的损害。

每个人对噪声的感受均不相同,有的人甚至短期接触到噪声,也会引起重听、耳鸣、头痛和失眠等。又从性别上来看,女性比男性更容易对噪声产生反应,而且听力也容易减退,这些都经由实验证明过。

噪声除了影响听力以外,并会促成精神紧张,引起自律神经和内分泌系统失调。

自律神经受到影响,末梢血管会加速收缩,血压升高。唾液和胃液的分泌量减少,胃肠蠕动转慢,脉搏与

呼吸会急速增加。

孕妈妈精神紧张会使卵巢作用不良，不孕、流产、胎宝宝畸形的情形会增加，这些都已从动物的实验中获得证明：譬如对可受孕的老鼠，施以长期的噪声干扰（100 分贝），则老鼠的受孕率会降低，而且所生出的幼鼠在数量上会急剧减少，死产率也会相对增高。但是人并不会长期受到强烈噪声的骚扰，所以大可不必担心噪声会增多死产率或使胎宝宝畸形的机会增多。情绪急躁和失眠，或许是由于自律神经失调。胃肠蠕动缓慢，唾液和胃液的分泌量减少，会导致消化不良，不仅孕妈妈本身会疲劳，母体的营养也无法到达胎宝宝体内。如果您有前面列举的症状，就必须多加注意自己的健康状况，以免对胎宝宝造成不良后果。

胎教不要拘泥于形式

现在，小胎宝宝真的是连个影儿都没有呢，仍是分别以卵子和精子的形式寄存在妈妈和爸爸的身上。但是着急的爸爸妈妈已经在想着要给他什么样的教育了，其实，胎教是自由的，不必拘泥于任何形式。你只需把孕期生活过得多姿多彩，给你将来的小宝宝传达最愉悦的情绪，让他健健康康、快快乐乐的。

即使我们将在以后的日子里提供各种各样的胎教素材，但仅是为了你可以选择——你一定要选择里面你真正喜欢的，并完全可以按照自己的习惯，发挥自己的想象，与肚中的小宝宝互动。

人在轻松的环境下，学习东西会非常快，胎宝宝也是一样。只要孕妈妈感到舒适，并且感到胎宝宝在醒着，就可以随时把自己听到、看到的一切与宝宝分享。需要注意的是，如果听胎教音乐，时间不可太长，每次控制在 30 分钟以下，刚开始施行胎教时，时间更要短一些，毕竟小宝宝最需要的是休息。

爸爸妈妈必须明白：胎宝宝不是一个无感觉的物质，而是一个有各种感觉的、鲜活的生命，他的感觉经过不断的外界良性刺激会得到更好的发展。因此，不管你以何种方式关注他，每天早起与他打招呼也好，在他躁动时轻轻地抚摸他也好，一定要让他感觉到你在爱他，每时每刻。

要知道，胎宝宝不怕重复，他更喜欢熟悉的东西，一次又一次，不厌其烦。在将来的某一天你会发现这个秘密——当他听到你为他唱一首熟悉的歌时，会轻轻地蠕动，这就是他正在享受你的爱意呢。

实施胎教忌懒惰

许多女性怀孕后，由于体内激素发生变化，很容易出现倦怠无力、发困的情形，也有的女性认为在怀孕后宝宝尚小，害怕过多的活动会惊动或伤害宝宝，对宝宝不利，有的人还美其名曰"顺其自然"。实际上，这对宝宝是不利的。

根据研究，宝宝能够感知母亲的思想，孕妈妈与宝宝之间是有信息传递的。如果母亲既不思考也不学习，宝宝也会深受感染，变得懒惰起来，这对于宝宝的大脑发育是极为不利的。

因此，怀孕的母亲要始终拥有浓厚的生活情趣，保持强烈的求知欲和好学心，充分调动自己的思维活动，从自己做起，勤于动脑，勇于探索，在工作上积极进取，在生活中注意观察，把自己看到和听到的事物通过视觉和听觉传递给宝宝，使宝宝不断接受刺激，促进大脑神经和细胞的发育。

胎教要和宝宝的成长相协调

宝宝第一次听到声音

听觉是宝宝在子宫内最易受到刺激的感觉，在怀孕第15周的时候，宝宝还不到15厘米长，只有100克重，却已经具有了听力。听觉帮助宝宝收集周围世界的信息，刺激大脑发育，为日后学习语言能力和动作发育作好准备。我们需要做的就是及早地帮助宝宝保护和训练他的听觉。

在生活的环境里丰富多彩的声音中，宝宝首先听到的是妈妈体内的声音：妈妈的心跳，血液通过大动脉和大静脉时形成的交流声，以及来自母亲胃肠道的间歇的咕噜声。

妈妈每次讲话时引起的腹腔共鸣，并根据声调的抑扬顿挫以及吐字时声带的紧张与松弛，隐约感觉声音的不同。

胎宝宝在子宫内已经能听到和分辨各种不同的声音，并能进行"学习"，形成"记忆"，可影响出生后的发音和行为。因此，我们应该利用胎宝宝听觉的重要作用，给予良性的声音刺激，促进胎宝宝听力的发展。

注意保护宝宝的听觉

听力的重要性不言而喻。胎儿是生活在母体内的，作好妊娠期母体的健康保护和分娩时的安全顺利，对保护胎儿的听力有积极的作用。

母亲怀孕的第2～3个月（即胚胎的第8～12周），是胎儿内耳发育形成的关键时期。这个时期母体受伤、患病、用药，都可能导致胎儿听力受损；分娩时产程过长、难产、产伤也可使胎儿因缺氧窒息而导致先天性耳聋。

所以，保护胎宝宝的听力我们要从以下几点做起：

做好疾病的预防和治疗工作：一些传染病或发高烧致使内耳受到损害是造成儿童耳聋的常见原因。怀孕期间母体的抵抗力较低，因此应注意预防疾病，尤其是病毒感染性疾病，如流行性感冒、腮腺炎、风疹等。对已患有梅毒、糖尿病、肾炎者宜先积极治疗，待痊愈或病情稳定后再怀孕。

禁用耳毒性药物：许多耳毒性药物可以通过胎盘直接进入胎儿的血液循环，引起中毒，影响听力。若早期怀孕自己不知道而又服用过某些药物的孕妇，也应及时把情况反映给医生。

避免接触强烈噪声：母亲接触强烈噪声可对胎儿的听觉发育产生不良影响。因此，女性在怀孕期间应该避免接触超过卫生标准（85～90分贝）的噪声。

避免受伤：作好产前检查，如发现有异常情况应及时采取有效措施，避免产程过长、难产、产伤给胎儿带来损伤致聋。

触摸的力量——宝宝皮肤的信号传递

触觉能向宝宝提供许多关于人性和互动的教育。妈妈充满爱意的抚摸能给予宝宝受保护和受重视的感觉。大多数在爱抚和拥抱中成长的宝宝，一般会成长为意志坚强，有安全感和自信的人。而长期得不到触摸爱抚的宝宝，长大以后会变得自闭而神经质，甚至可能造成身体发育迟缓。

触觉是宝宝还在子宫中就已经发展起来的一种感觉。他不断地用自己的身体去感受周围环境：感受羊水和衬在子宫壁上的羊膜的爱抚；感受身体的一些部分相互碰撞或相互依靠时，皮肤接触的感觉。每一次碰触都会在宝宝的大脑中建立联系。碰触丰富宝宝视野的同时，再一次地将其神经系统的发展向前推进一步。宝宝在触摸中探索、学习、成长。

触觉是宝宝最早发育起来的一种感觉。随着宝宝的长大，通过触摸，他可以和你交流。他在子宫中蠕动和踢来踢去回应你的话语。对于刚出生的宝宝来说，触摸不仅仅是一种感情上的抚育，它同时还刺激了皮肤，促进了皮肤、组织和深部肌肉的修复。

胎动——宝宝的自我完善

除了睡觉的时候，宝宝很少安静地待着。他在子宫里滚动、转身、打嗝、伸展胳膊和腿。通过运动，宝宝具有了本体感觉。运动提供了宝宝感知身体各部分是什么以及它们如何连接的机会，促进了宝宝对自己作为一个独立实体的理解。

通过运动，特别是在子宫中的翻滚动作，宝宝视野获得了巨大改变，同时锻炼了自己的协调能力。他开始有了位置感觉，即使在充满水的世界里，他也能感受到自己方位的变化。当孕妈妈走来走去时，当孕妈妈坐、躺、跑、弯腰时，宝宝都能感受到。

我们知道，一个简单的捡起茶杯的动作，都需要大脑提供大量的信息，手的位置、茶杯的位置、手和茶杯的距离等。胎宝宝也是一样，每一个动作都需要激活一个感觉通路，在大脑的许多区域间进行信息的传递；每一次运动，都在令身体各项器官发挥功能的同时促进着这些功能的完善。

孕妈妈感觉到的胎动

尽管胎动很早就有了，但并不是一开始孕妈妈就能感觉到的。每一位孕妈妈的状况不同，对胎动的感觉也不同，有人能很早就明显地感觉到胎动，而有些则不容易分辨。

影响胎动的因素有很多：

妈妈腹壁的薄厚。腹壁厚的人感觉稍稍迟钝一些，腹壁薄的孕妈妈到妊娠后期，在宝宝胎动的时候，都有可能从肚子外面看到鼓了一个小包。

羊水多少。羊水多的孕妈妈，对宝宝胎动的感觉会迟钝一些。

妈妈的敏感度。每个人的感觉灵敏度不同，因此，开始的时候，宝宝的胎动还很微弱，有人会比较敏感，有人就会感觉不到。

胎动对孕妈妈很重要，可以了解胎儿活动情况以及羊水多少、供氧是否充足等。至于胎动到底是什么样的感觉，还需要孕妈妈自己去体会，这种感觉独一无二，属于你自己。

宝宝伸手够东西——感觉和动作联系

随着宝宝身体的发育，骨骼也逐渐变硬。孕6月，胎儿出现了觅食反射，协调性更好了——能伸手去够、抓和敲打脐带，因而一出生便会握住你的手指。

当我们抱起新生的宝宝，可能没有注意过他怎样使用双手。出于本能，他会抓紧碰到的任何东西。而对妈妈的抓握，给宝宝一种被爱和被保护的感觉。就是在这样简单而有力的动作中宝宝接收信息并与大人交流。

一个简单的抓够，宝宝要调动起身体全面的感觉系统，大脑会利用视觉、听觉的信息向肌肉发出指令，这是一个反复练习、不断完善的过程。

所以刺激宝宝的胎动并与之互动，不仅仅是加强与宝宝的交流，更重要的是在不断的刺激中完善宝宝的认知。

宝宝长出味蕾

怀孕6个月之后，宝宝长出味蕾，能尝到羊水的味道。羊水的味道与孕妈妈所吃的食物息息相关。借由羊水宝宝能品尝到苦、甜、咸和酸味。

宝宝的味觉在出生以前便受到妈妈饮食习惯的影响，建立宝宝良好的味觉系统，孕妈妈更要特别注意吃进肚中的食物。过多地摄入人工调味剂会扭曲宝宝的味觉认知，使其失去对天然食品味道的喜爱，从而养成只追求人造味道的不好的食物取舍习惯。

所以，孕妈妈的饮食偏好影响宝宝的味觉偏好。正确的健康的饮食不仅仅培育宝宝健康的体魄，更重要的是影响他的饮食偏好，为他建立良好的饮食喜好打下坚实的基础。

另外，一些味道可能带来某种生理反应，比如，吃过巧克力之后，血糖会升高，短时间内你就会感到精力充沛，宝宝也能感觉这些反应。所以饭后与宝宝嬉戏应该是你们双方最有精神的时候，而在胎宝宝休息的时候，孕妈妈应避免吃刺激性食物。

Part 1 经历胎教的宝宝更聪明

宝宝如何听到外界的声音

4个月的胎儿就有了听觉，6个月时胎儿的听力几乎和出生后相等。

凡是能透过身体的声音，胎儿都可以感知到。这是因为人体的血液、体液等液体传递声波的能力比空气大得多。这些声音信息不断刺激胎儿的听觉器官，并促进其发育。

6个月时，宝宝大脑的听觉皮质已经形成许多通路，能听到一个复杂范围内的音调和响度。宝宝在有了听觉之后，他就会不停地听，只要落在他的听觉范围内，他便收入耳内产生听觉，传入大脑，留下痕迹，一直到入睡为止。

听觉在人体的智力发育中起着非常重要的作用，听觉不仅使宝宝辨认周围环境中的多种声音，而且凭此掌握人类的语言。婴儿期是儿童语言发展最迅速的时期，在这个时期，听觉的发展将为宝宝在婴儿期学习语言打下良好的基础。

宝宝喜欢听妈妈的声音

我们知道，出生几天的婴儿，哭闹是常有的事。但是如果母亲把婴儿抱在左胸前，婴儿会很快静下来，安然入睡。这是因为胎宝宝在母亲体内时，就已习惯了母体血流的声音和血管（心脏）的搏动。

出生后，婴儿的耳朵贴近母亲的左胸脯（即心脏的位置），这种声音和搏动，把婴儿带回昔日宁静的日子和安全的环境中，这种早已体验过的安全感是任何优美的催眠曲都无法比拟的。

许多外界的声音都可以传到子宫里。但在宝宝听到的声音中，最持久的是母亲的声音。一方面，母亲发出的声音通过空气传入宝宝耳内；另一方面，母亲说话时产生的震动通过身体传播进入宝宝耳内。

外界的声音，经过厚厚的腹部、子宫和羊水，大部分声波被反弹回去，或者被衣物和皮肤吸收，而只有母亲的声音是宝宝最能清楚认知的声音。

所以，得天独厚地，胎教乃至出生后宝宝最好的教导者是宝宝的妈妈。

给宝宝全方位的感觉刺激

当胎儿发育到五六个月时，数以百万计的联结在神经元之间形成。每一个新的刺激又会激发起神经元建立新的联结，并通过反复刺激巩固已经存在的联结。

只有大脑形成越来越多的联结时，它才能有效地运转，并在认识世界的过程中存储许多可以作为参考的信息点。这些信息网络的发展促进胎儿的各种感觉器官——听觉、触觉、视觉、味觉、嗅觉日趋成熟。同时，更加成熟的感觉系统能以更强大的功能增长大脑存储的信息点。

总之，大脑在越来越多的神经元网络的覆盖下，形成非常有活力的特殊区域。以各种方式进行胎教，给胎儿全方位的感觉刺激，会让胎儿对于触摸、温度、光线、声音和味道的感觉得到全方位的加工并储存下来，为日后的学习和认知奠定良好的基础。

这就是我们之所以要进行胎教，并且胎教并非纸上谈兵的根本所在。

宝宝能够分辨出节奏强度

孕晚期，宝宝不仅能辨别妈妈的声音，还能辨别经常播放的音乐。每当听到熟悉的音乐就会作出相似的反应，如踢腿、有节奏地运动或静止不动。

音乐响起的时候，宝宝快速发育的大脑中，一系列的复杂联系正在形成。宝宝把自己听到的和自己所作的反应联系起来，了解声音的类型、风格，记住自己的体验。宝宝已经不仅能够跟上节奏，还会在曲调中放松自己。

一位法国产科医生曾作过一项试验。他将一个小麦克风放在正在分娩的母亲的子宫内，记录通过子宫听到的声音强度。结果发现，绝大多数的声音都能穿透子宫和腹壁。在子宫内完全能分辨出声音的强弱，能区别出母亲体内由于呼吸、血流产生的声音和房间内正在播放的贝多芬《第九交响乐》。同时，这些医生还观察了胎儿对声音的不同反应（如心跳快慢、活动等），发现胎儿能适应各种类型的声音。

文学艺术与胎教相结合

各种形式的美都可以通过孕妈妈的感受传递给胎宝宝，文学、艺术更能感染孕妈妈的心灵，使胎宝宝受到美的教育。

孕妈妈可以在闲暇之时阅读文学作品。

古今的优秀散文是最适合孕妈妈阅读的，这些散文思想境界较高，情景交融，感情细腻，易引起共鸣。如朱自清的《荷塘月色》、杨朔的《荔枝蜜》、陶渊明的《桃花源记》、柳宗

Part 1 经历胎教的宝宝更聪明

元的《永州八记》等，都是值得反复阅读体味的。

清新婉约的古代诗词也是陶冶性情的好教材，特别是白居易、王维、温庭筠等人的作品，神采飘逸，落落大方。古代诗歌音韵优美，读起来朗朗上口，低声吟诵，对胎宝宝十分有益。但不要读那些悲怆、伤感的诗词。

如果读小说，应进行选择。长篇小说不适合孕期阅读，因为需要长时间阅读，而且如果其中充满缠绵悱恻的伤感、人生坎坷的境遇、血腥的暴力凶杀，会使孕妈妈的情感陷入其中，情绪失控，加重心理负担，对胎宝宝也不利。

如果有兴趣，孕妈妈可读一些世界著名童话，童话中所描述的善与恶、美与丑的故事表现了人们对美好事物的追求。

美的熏陶与胎教

孕妈妈可尽量多欣赏艺术作品，如参观工艺美术展览、历史文物展览、美术展览等，也可买些画册，在休息时细细品读玩味。西方的人体艺术往往高度融合了人的内在美和形体美，使人产生对完美的人与自由的生命的渴望。

民间有种说法，想要孩子漂亮，就要多看漂亮宝宝的图片。这恐怕没有什么科学依据，但是多看让人身心愉悦的东西，让孕妈妈得到美的享受，宝宝也同样会有相同的感受。

文艺复兴时期的圣母像，以圣母的博爱、恬静吸引着人们，孕妈妈看了更能体会到为人母的幸福和满足。

除此之外，孕妈妈也可以在自己的生活中创造美，领略生活中的艺术。心灵手巧的孕妈妈可以做些手工，为婴儿做鞋、帽、衣服，做几个娃娃等，使母爱静静地流淌，胎宝宝对这些都是能体味到的。

用亲切的乳名呼唤胎宝宝

有人作了这样一个实验：在孕妇妊娠期间，给宝宝起一个小名，并让父母常常向腹中的胎儿呼唤他的小名。胎儿出生以后，当他听到呼唤他的小名时，会突然停止吃奶或在哭闹中安静下来，有时甚至会露出似乎高兴的神情。这说明，对这个在腹中经常听到的发音，宝宝是很敏感的。

怀孕第 6 个月时，准爸妈就应当给腹中的宝宝起一个乳名。要经常用亲切的乳名呼唤宝宝，和他交流，这样可以更好地对宝宝进行感情的传递。

宝宝可以"看到"孕妈妈的微笑

人的情绪变化与内分泌有关，在情绪紧张或应激状态下，体内一种叫乙酰胆碱的化学物质释放增加，促使肾上腺皮质激素的分泌增多。在孕妈妈体内，这种激素随着母体血液经胎盘进入胎宝宝体内，而肾上腺皮质激素对胚胎有明显的破坏作用，影响某些组织的联合。如果孕妈妈长期情绪波动，就可能造成胎宝宝畸形。所以，孕妈妈每天都应该多一些微笑，保持轻松、愉快的心情。

怀孕期间，不仅孕妈妈要常常微笑，准爸爸也要常常微笑，因为准爸爸的情绪常常影响着孕妈妈的情绪。如果孕妈妈快乐，会将这种良好的心态传递给胎宝宝，让胎宝宝也快乐。胎宝宝接受了这种良好的影响，会在生理、心理各方面健康发育。因此，微笑也是一种胎教。

不要让胎教干扰了宝宝的睡眠

胎教并不是越多越好，也不是随时都能进行。胎宝宝绝大部分时间在睡眠中度过，因此为了尽可能不打搅胎宝宝的睡眠，胎教的实施要遵循胎宝宝生理和心理发展的规律，不能随意进行。

准爸爸孕妈妈在进行胎教时需注意以下几点：

观察、了解胎宝宝的活动规律，选在胎宝宝睡醒时进行胎教，且每次不超过10分钟；

每天定时胎教，帮胎宝宝养成规律的生活习惯；

胎教过程中，孕妈妈要注意力集中，情感投入，和胎宝宝身心共鸣。

音乐胎教声音不要超过60分贝，以孕妈妈听来感觉舒畅为准。如使用音乐传声器最好离肚皮2厘米左右，不直接贴住肚皮，这些是为了避免声音分贝过高伤害胎宝宝的听力。

Part 2

孕 1 月

胎宝宝的发育和孕妈妈的变化

❀ 生命的诞生——形成胚胎

怀孕第1个月,宝宝完成受精卵到胚胎的转变,奇妙的生命从此刻开始形成。从此刻开始,宝宝会和妈妈一起共度10个月辛苦又幸福的时光。

在怀孕第1个月中,新生命的成长速度比他一生中任何时候都快,他要长到比受孕卵大1万倍。

到第3周时宝宝长约0.2毫米,重约1.0505微克,是由受精卵形成的小小胚芽。小小的胚芽在第2周末可见到心脏的外形,并在第3周开始跳动。

第4周时脑和脊髓的原型开始出现。

胚芽的身材开始增长,并折成圆筒状,头尾弯向腹侧,有长尾巴。原始的神经孔已闭合,脑泡形成(以后发育成大脑),原肠出现(以后发育成各种脏器),与母体相连的脐带开始发育。随即眼杯、听泡、鼻窝、口门及肢芽一一出现,血液循环建立,胎盘雏形形成,宝宝已能做蚯蚓状爬行蠕动。此时胚芽的身长达0.5~1.0厘米,体重增加至0.5~1.0克。

❀ 恍然未觉的妈妈

怀孕第1个月,妈妈的身体从表面上看没有任何变化。而且你此刻是感觉不到小宝宝的存在的,只能从月经未到来发现自己可能怀孕了。

Part 2 孕1月

但是我们还是建议你经过备孕再受孕，尽管没有了突如其来的惊喜，但准爸爸孕妈妈们可以有充足的心理准备和营养、生活习惯的提早准备，让宝宝更茁壮、健康。

即使称为妊娠第1个月，但在前半个月中人体并未受孕。

女性卵子的形成一般发生在2次月经之间。卵子一旦排出，马上就被离卵巢排卵部位很近的输卵管伞端"拾"入输卵管，在伞端的"手指"即输卵管伞推移下来到输卵管最宽阔的地方——壶腹部；同时，卵巢还产生雌激素，所有这一切都是为受精而作的物质准备。若此时有精子进入，可以与卵子相遇。卵子外围裹着一层透明带和一团放射冠细胞，碰到精子立即释放出一种诱精物质，把众多的精子吸引到它的周围，但其中仅有一个精子进入卵细胞内，形成一个新细胞——受精卵。

受精卵在24小时后开始进行有丝分裂，然后一变二、二变四、四变八地不断分裂，同时逐步向着子宫腔方向移动，大约7天后它来到子宫腔，并由子宫膜把受精卵埋在内膜下，从此开始生长发育。这时，人体才真正开始受孕，一个新生命从此诞生了。

孕妈妈的饮食营养

❋ 从准备怀孕的时候就该注意饮食了

假如夫妻双方有了怀孕的计划，就应在受孕前有意识地加强饮食质量，因为孕前加强营养的目的就是为了提高宝宝的身体素质和智力水平。孕前饮食首先要为男女双方提供合格的精子和卵子服务，其次要为女方作好孕期的营养储备。

男女双方因为精子和卵子不合格而引起受孕失败的例子较为常见。在改善和排除不利因素对精子和卵子的影响时，适当地注意饮食，加强营养，也会改变精子和卵子的某些缺陷。

计划受孕前的食物不要太精细，食用五谷杂粮最好。花生、芝麻等含有丰富的促进生育的微量元素锌和各种维生素，以及适量的含动物蛋白质较多的猪肝、瘦肉、新鲜蔬菜和各种水果，都会对男子精液的产生起到良好的促进作用。同时应注意食物不能太咸，尤其是炒菜应少放盐。过多地摄入盐对孕妈妈不利，易引起高血压和水肿，对宝宝身体的某些器官，如心血管发育留下不良隐患。

孕前饮食还要注意加强营养，特别是蛋白质、维生素和矿物质的摄入。加强营养还可给准备受孕的女性提供储存养分的机会，因为在妊娠早期，胚胎需要的养料还不是靠孕妈妈每日的饮食和胎盘来输送到宝宝体内的，而主要是从子宫内膜储存的养料中取得的。倘若在怀孕前期营养不足，无法储备，怀孕后又因反应较大，呕吐频繁，不思饮食，势必影响宝宝大脑发育时所需要的养分供给。只有夫妻双方身体健康、精力充沛，才能为优生打下良好的基础。注意，在保证营养的同时，避免出现营养过剩的情况。

孕前饮食还要避免各种污染。食物从其原料生产、加工、包装、运输、储存、销售直至食用前的整个过程中，都有可能不同程度地受到农药、金属、真菌毒素以及放射性核素等有害物质的污染，对人类及其后代的健康产生严重危害。因此，孕前夫妇在日常生活中尤其应当重视饮食卫生，防止食物污染。应尽量选用新鲜天然食品，避免服用含食品添加剂、色素、防腐剂等的食品；蔬菜应充分清洗干净，必要时可以浸泡一下；水果应去皮后再食用，以避免农药污染；尽量饮用白开水，少饮各种咖啡、饮料、果汁等饮品。在家庭炊具中应尽量使用铁锅或不锈钢炊具，避免使用铝制品及彩色搪瓷制品，以防止铝元素、铅元素对人体的伤害。

怀孕了，为什么要进补和加强营养

孕妈妈的营养好坏，直接影响宝宝的发育和健康。缺乏蛋白质、维生素、微量元素可能影响宝宝脑细胞的数量，这与出生后的智力发育有密切关系。孕妈妈缺乏营养还会发生流产、早产、死胎，这也是宝宝发育不良、畸形、低体重以及新生儿发病率及死亡率高的原因之一。

孕妈妈营养不良，就不能为宝宝出生后准备喂乳打下基础，结果会造成无乳或母乳不足，使宝宝发育直接受到影响，出现发育不良。

孕妈妈营养不足、身体虚弱会给分娩带来困难，出现难产或延长分娩时间，当然分娩后孕妈妈的身体恢复就会受到很大影响。

孕妈妈到分娩前比孕前体重增加9～13.5千克，这些体重的增加，要以孕妈妈的饮食为来源。所以，孕妈妈需要增加营养的意义在于以下几个方面：

保证孕妈妈的身体健康；

保证宝宝的正常生长发育；

有利于产后哺乳宝宝；

有利于分娩和产后身体恢复。

由此可见，孕妈妈注意饮食营养，是保证孕妈妈自身健康和后代正常发育的必要条件，也是实行优生优育、提高人口素质的重要措施。

孕早期的饮食原则

妊娠早期,孕妈妈往往容易发生轻度恶心、呕吐、食欲缺乏、择食、厌油、烧心、疲倦等早孕反应。这些反应会影响孕妈妈的正常饮食,进而妨碍营养物质的消化、吸收,导致妊娠中、后期宝宝的营养不良。因此,这个阶段的膳食要以重质量、高蛋白、富营养、少油腻、易消化吸收为原则。一日可少食多餐,以瘦肉、鱼类、蛋类、面条、牛奶、豆浆、新鲜蔬菜和水果为佳。可多选择孕妈妈平常喜欢吃的食物,但不宜多食用油腻、油煎、炒、炸、辛辣刺激等不易消化的食物。

保证优质蛋白质的供给。妊娠早期孕妈妈蛋白质的摄入不能低于非妊娠期的摄入量,且应选择易消化吸收、利用率高的优质蛋白质,如肉类、乳类、蛋类、鱼类及豆制品等。每日蛋白质至少摄入 80 克,才能维持孕妈妈的蛋白质平衡。

适当增加热量的摄入。如在孕早期,为孕期提供能量的糖类、脂肪供给不足,孕妈妈会一直处于"饥饿"状态,可导致宝宝大脑发育异常,出生后智商下降。糖类主要来源于面粉、大米、甘薯、土豆、山药等,孕妈妈每天应摄入 250 克以上的糖类。脂肪主要来源于动物油和植物油,植物油中的芝麻油、豆油、花生油等是能量的主要提供者,能满足母体和宝宝对脂肪酸的需要,植物油是烹调的理想用油。

确保无机盐、维生素的供给。无机盐和维生素对保证早期胚胎器官的形成和发育有重要作用。含锌、钙、磷、铜高的食物有奶类、豆类、肉类、蛋类、花生、核桃、海带、木耳、芝麻等,富含B族维生素的食物主要来源于谷类粮食。

补足营养需要量。清晨呕吐严重者可食较干的食物，如烤馒头片、面包干、苏打饼干、甜饼干等，可以减少呕吐。进食时，可将饮食中的固体食物与液体食物分开，在正餐用完后，隔一些时间再喝水或汤。3次主餐外，可另加2~3次辅食，少量多餐，力争不引起呕吐，或一次吃完吐掉后，休息一会儿再吃，以补足一天总的需要量。

❋ 怀孕后不要盲目节食

对于年轻爱漂亮的女性来说，通过节食来保持好身材几乎是一个普遍的现象，吃两个苹果就能当一顿饭。当你怀孕了以后，就应该和这种生活习惯说再见了。

女性怀孕后需要增加饮食，以供给母子营养所需，但也有少数孕妈妈怕身体肥胖会影响自己的体形美或宝宝出生后较难减肥，就采取节食的方法，尽量减少进食，这种做法是非常错误的。

女性怀孕以后，子宫、乳房、胎盘都要发生变化，需要大量饮食营养，而且宝宝出生时体重达3~4千克。总之女性在孕期要比孕前增重9~13.5千克，这些增重是必要的，否则宝宝不能正常生长发育。如果孕妈妈盲目节食，就会使宝宝先天营养不良，俗话说"先天不足，后天难养"。宝宝即便出生，也会身体虚弱甚至发生多种疾病，不但达不到优生的要求，还会给宝宝带来疾患。

另外，孕妈妈盲目节食还会影响宝宝的大脑发育。宝宝大脑发育的重要时期是怀孕第4个月至出生后2周岁，而这当中最关键的一段时期又在孕期的最后3个月至出生后6个月内。人的脑组织发育有个特点，就是细胞增殖"一次性完成"。新生儿的脑神经细胞可达100亿~140亿个，此后其数量不再增加，而且每一个神经细胞的体积也不再增加。假使错过了这段时间，是无法再补偿的。因此，在母亲整个孕期内，要保证营养充足，如果人为节食，势必影响营养素的摄入而使脑细胞达不到最大的增殖数目。

营养不良,对孕妈妈本身危害也很严重,会发生难产、贫血、软骨症等疾患,甚至给后半生带来痛苦和麻烦。

所以,孕妈妈不能盲目节食,只有在达到满足孕妈妈本身和宝宝营养所需的情况下,才能适当控制饮食,以防身体过胖和宝宝过大,出现难产。在正常情况下,孕妈妈身体胖一些,只要分娩后注意身体锻炼,是完全可以恢复原来的体形的。

❀ 孕妈妈应注意补充叶酸

据研究得知,孕妈妈早期缺乏叶酸,可造成宝宝器官形成障碍,引起神经管畸形。神经管及其覆盖物在胚胎发育过程中出现的异常称为神经管闭合不全,是非常严重的先天性缺陷疾病。因为神经管的前端发育成以后的头,其后端发育成以后的脊柱。若前端没有发育闭合好,便会发生无脑畸形;后端未闭合好,会发展为以后的脊柱裂。

据流行病学调查资料表明,我国神经管畸形发病率较高,尤其是北方地区患病率平均为3.2%,在各种出生缺陷中居于首位。因此,预防此类病成为优生工作的一个重点。

据研究认为,叶酸缺乏引发的畸形多发生在妊娠的头28天内,而此时多数女性并未意识到自己怀孕。所以,在美国一般育龄女性叶酸的摄入量仅为0.2~0.25毫克/天,而叶酸的有效摄入量是0.4毫克/天。所以,美国疾病控制和预防中心提出已婚女性在受孕前1个月开始到妊娠第3个月每日应额外补充叶酸0.4~1.0毫克,以降低发生神经管畸形的危险性。这一点很重要,所以提倡孕前女性补充叶酸,孕后还要继续补充叶酸。孕妈妈补充叶酸主要是多吃绿叶蔬菜、小麦、豆类、谷物、花生等食物。

孕妈妈补充叶酸最好的方式就是通过饮食来调节，一般情况下，食物中的叶酸已经足够满足身体的需要。在刚怀孕的时候，准爸爸孕妈妈都十分紧张，对营养上也十分在意，咨询专家、医生或者其他有小孩的父母时，都会建议你补充叶酸。但是，要口服药品来补充叶酸的话，一定要在医生的指导下进行。

帮孕妈妈补充叶酸的食物

含叶酸的食物很多，其中尤以猕猴桃为佳，它含有高达8%的叶酸，有"天然叶酸大户"之美誉，是孕前或怀孕初期补充叶酸的首选食物。孕妈妈可以经常吃，尤其是当季时。

下表中所列的食物，都含有叶酸：

动物食品	动物的肝脏、肾脏、禽肉及蛋类、牛肉、羊肉等
蔬菜	莴苣、青菜、龙须菜、花椰菜、油菜、小白菜、菠菜、胡萝卜、西红柿、扁豆、豆荚、蘑菇等
谷物	大麦、米糠、小麦胚芽、糙米等
豆类	食品黄豆、豆制品等
坚果	核桃、腰果、栗子、杏仁、松子等
水果	橘子、草莓、樱桃、香蕉、柠檬、桃子、李、杏、杨梅、海棠、酸枣、山楂、石榴、葡萄、猕猴桃、梨、胡桃等

由于叶酸是一种水溶性的B族维生素，遇光、遇热就不稳定，容易失去活性，所以，虽然含叶酸的食物很多，但人体真正能从食物中获得的叶酸并不多。如蔬菜贮藏2~3天后叶酸损失50%~70%；煲汤等烹饪方法会使食物中的叶酸损失50%~95%；盐水浸泡过的蔬菜，叶酸的成分也会损失很大。

所以，要想从食物中摄入叶酸，

就必须在食物的储存、烹饪上多加注意。在用食物补充叶酸的同时，准爸妈还可以根据需要，在医生的指导下适当补充叶酸制剂。

食补不能替代叶酸补充剂

"药补不如食补"是中国人的传统观念，然而补叶酸时却是反过来的。由于中国人的传统烹饪习惯容易使食物中的天然叶酸含量丧失，食补的方式被大打折扣，从而达不到替代叶酸补充剂的效果。

中国传统饮食的烹制习惯，将蔬菜等长时间高温炒、煮，会使食物中大部分叶酸被破坏，被准妈妈所吸收的叶酸就可想而知了。有研究显示，人体对叶酸补充剂的吸收，要比对某些食物中包含的天然叶酸的吸收好得多。也就是说，服用叶酸补充剂比食补效果更好。考虑到叶酸对孕期和胎儿的重要作用，孕妈妈就更应该服用叶酸补充剂。

怀孕第1个月营养食谱推荐

水晶橘子

原料：橘子罐头1听，清水1500毫升，冻粉6克，白糖适量。

做法：

❶ 锅内加水750毫升。将罐头中的橘汁加白糖、冻粉放入熬化，用箩沥净渣子。

❷ 把橘子放入方盘内铺匀；将熬化的汤汁轻轻地倒在方盘中，冷却后橘瓣鲜黄艳丽，呈水晶状。

❸ 用清水750毫升加白糖熬化，放冰箱内镇凉；将水晶橘子切成小方块，倒入镇凉的糖汁中。

特点：清凉爽口，橘香味浓。

葱枣汤

原料：红枣20个，葱白8棵。

做法：

❶ 将红枣用水泡发，洗净，放入锅内，中火煮20分钟。

❷ 再加入葱白，继续用小火煮10分钟即成。

特点：此汤用葱白同红枣相配，

香甜可口，吃枣喝汤，对神经衰弱、失眠、胸中烦闷等有一定的辅助疗效，为家庭保健汤。

栗米粥

原料：栗子20个，小米100克，大米100克。

做法：

❶ 将小米、大米混合后淘洗干净放入锅内，添入适量水。

❷ 再将栗子去皮，放入锅内，用慢火煮至熟烂。

特点：栗子号称"干果"之王，中医称为"肾之果"，意思是栗子是补肾之良药。而肾为一身阳气之根，为元气所生之处，补肾即能增阳。而大米、小米可养脾胃之气，故本药膳功能为补肾健脾。

蛋炒饭

原料：大米干饭350克，鸡蛋2个，豆油40克，葱花、精盐适量。

做法：

❶ 把鸡蛋磕入碗内，搅拌均匀。

❷ 锅内放豆油，烧热，倒入蛋液炒熟。

❸ 再放入葱花、大米干饭、精盐，翻炒均匀，即可出锅。

特点：色美味香，富含营养。

栗子煨肫肝

原料：净鸭肫3个，鸭肝3副，去皮栗子250克，水发香菇15克，湿淀粉50克，白糖5克，料酒7.5克，橘汁15克，酱油25克，味精1.5克，清汤250克，熟猪油500克（实耗50克），香油1.5克。

做法：

❶ 将净鸭肫剖开，去掉里面黄皮洗净，每个切成两半，剔除筋膜，分别取肫肉2块，3个鸭肫共取肫肉12块；鸭肝去掉血管洗净，每副大叶切3块，小叶切2块。切好的肝、鸭肫块一并盛在碗里，用酱油（10克）、料酒拌匀稍腌。

❷ 炒锅放在旺火上，倒入熟猪油烧至五成热，将腌好的鸭肝、鸭肫块下锅炸至六成熟，捞起盛于碗内，随即将去皮栗子放入油锅炸熟，起锅滗去猪油。

❸ 将盛有过油栗子的炒锅放到中火上，加入过油鸭肝、鸭肫、酱油（15克）、白糖、橘汁、水发香菇、清汤（50克），炒3分钟；然后将炒锅移到微火上，加入清汤（200克）煨20分钟；最后放入味精，用湿淀粉勾芡，起锅摇晃一下装盘，再淋上香油即成。

特点：色泽黄褐，鸭肫香脆，鸭

肝柔软，栗子松化，芡汁润滑，食之鲜爽可口。本菜肴营养丰富，有利于孕妈妈消除疲劳。

蛋饼

原料： 面粉 100 克，鸡蛋 1 个，植物油适量，精盐少许。

做法：

❶ 将鸡蛋打入碗内，加入面粉，放一点精盐，再加入适量的温水，搅成糊状。

❷ 在平底锅内放入植物油，油烧热后将搅好的糊均匀倒入锅内，将其摊成一张薄饼，烙好后出锅。

特点： 软而香，可卷绿豆芽炒肉丝来食用。

核桃鸡丁

原料： 鸡脯肉 350 克，核桃仁 15 克，枸杞子 8 克，鸡汤 100 克，猪油 150 克，鸡蛋 2 个，精盐 5 克，料酒 25 克，胡椒粉 2 克，湿豆粉 35 克，生姜、葱各 10 克，香油 5 克，白糖 7 克，味精。

做法：

❶ 将核桃仁用开水泡涨，剥去皮；枸杞子用温水洗净；生姜洗净切成小片；葱切成葱花；鸡蛋去黄留清；鸡肉脯洗净，切成 1 厘米见方的丁。

❷ 鸡丁装碗中，用精盐（一半）、料酒、蛋清、湿豆粉拌匀浆好；另碗中放入味精、白糖、胡椒粉、鸡汤、湿豆粉兑成料汁。净锅置火上，放入猪油，待七成热时，下核桃仁炸至微黄，及时捞起待用。

❸ 把浆好的鸡丁倒入锅中，快速滑透，翻炒几下，下姜、盐、葱，倒入料汁快速翻炒，随即加入核桃仁、枸杞子炒匀，淋上香油，装盘。佐餐食。

特点： 补肺益肾，明目，适用于肺肾两虚之神疲乏力、面色无华。无病者常食，可抗衰益寿。

孕妈妈的保健护理

❉ 孕前孕期不宜照X射线

X射线是一种波长很短穿透能力很强的电磁波。它能透过人体组织,使体液和组织细胞产生物理与生物、化学改变,引起不同程度的损伤。不同X射线每次对人体照射的量虽然很小,但却很容易损伤人体内的生殖细胞和染色体。

育龄妇女在月经前不宜作X射线检查。这是因为育龄妇女在月经期前正处于排卵阶段,同时也可能是受精怀孕初期,如果此时接受X射线照射检查,则可使其卵细胞或受精卵受到损伤甚至死亡。所以,现在有些国家的卫生部门已明确规定,育龄妇女作X射线检查时,必须在月经后10天内进行。

X射线对胎儿的影响与照射部位有关:照射在胸部、手脚等远离胎儿的部位比腹部、骨盆离胎儿近的部位好些。卫生部明确要求受孕后8～15周的育龄妇女,不得进行下腹部放射影像检查,尽量以胸部X射线摄影。

在怀孕晚期,X射线检查在观察胎宝宝的骨骼发育方面具有其他检查手段所不可替代的优点,所以孕晚期可以在征询医生建议后适当照片。

来自生活中的辐射源

辐射源可分为天然产生的辐射和人工产生的辐射。天然辐射有的来自太阳及其他星球，而我们的身体本身也会放射辐射线。天然辐射对健康是无害的，至于人工产生的辐射，孕妈妈可以通过以下几点避免：

1. 提高自我保护意识，多了解有关电磁辐射的常识。按照电器应用手册的指导，保持安全操作距离等。如手机在使用时，应尽量使头部与手机天线的距离远一些，最好使用分离耳机和话筒接听电话；眼睛离电视荧光屏的距离，一般为荧光屏宽度的5倍左右；微波炉在开启之后要离开至少1米远。

2. 各种家用电器、移动电话等都应尽量避免长时间操作。如电视、电脑等电器需要使用较长时间时，应注意至少每隔1小时离开一次，采用眺望远方或闭上眼睛的方式，减少眼睛的疲劳程度和所受辐射影响。

3. 不要把家用电器摆放得过于集中，或经常一起使用，以免使自己暴露在超剂量辐射的危害之中。特别是电视、电脑、冰箱等电器更不宜集中摆放在卧室里。

孕妈妈不宜使用电热毯

很多孕妈妈在怀孕以前怕冷，因此冬天喜欢用电热毯，不过怀孕后是不主张孕妈妈使用电热毯的。因为电热毯在接通电源产生热能后会产生电磁场，影响胎儿的细胞分裂，尤其是怀孕前3个月，正是胚胎生长发育的重要时期，更应注意。

电热毯持续的高温是导致流产的因素之一。电热毯电流虽小，但在使用过程中，电热毯是始终紧贴在孕妈妈身下的，这对处于迅速分化阶段的胚胎存在很多潜在危险。

蛋白质变形：电热毯持续的高温会让孕妈妈腹中胚胎的蛋白质变形，从而导致流产。

细胞分裂异常：电热毯通电后会产生电磁场，这种电磁场很容易影响孕妈妈腹中胎宝宝的细胞分裂，使细胞分裂异常，其中胎宝宝的骨骼细胞对电磁场是最为敏感的。

Part 2 孕1月

因此，孕妈妈最好不要使用电热毯，实在需要使用的话，最好能提前打开，在睡觉时一定要关掉，并拔掉插头。

❀ 准妈妈不宜接触宠物

弓形虫是一种肉眼看不见的小原虫，广泛存在于动物中，这种原虫寄生到人和动物体内就会引起弓形虫病。如果孕妈妈在孕前并没有养过宠物，那么孕期最好不要再特意买新宠物饲养了。

如果在孕前就一直饲养宠物，孕期也不想离开宠物的话，就要特别注意宠物的卫生问题。

❶ 在计划怀孕之前，一定要带上你的宠物去检查一下弓形虫，防患于未然。

❷ 不要接触来路不明、卫生状况不明的小动物。

❸ 限制猫、狗在房间内活动，不要让它们上床一起睡，接触宠物后要洗手。在众多的宠物中，猫咪的粪便最易传播弓形虫。

❹ 减少宠物在外游荡及与其他动物接触的机会，特别注意不要让宠物在外面吃不洁食物。孕妈妈自己动手替宠物清洁或喂饲时，最好先戴上手套，用完的手套也要第一时间彻底清洁或弃掉。当完成清洁或喂饲的工作后，切记马上洗手。

准妈妈孕前需要作口腔检查

孕妈妈请千万不要忘记作孕前口腔检查，孕期许多口腔常见病的发生都和你是否进行口腔检查密切相关。保证口腔的健康，是安全度过孕期的前提之一。

❶ 检查是否患有牙龈炎和牙周炎。女性在怀孕后，体内的雌性激素水平明显上升，会使牙龈中血管增生，通透性增强，容易诱发牙龈炎，这被称做"妊娠期牙龈炎"。孕前患有牙龈炎或牙周炎的女性，怀孕后炎症会很严重。如果是中、重度的牙周炎，孕妈妈生出早产儿和低出生体重儿的机会也会大大增加。

❷ 检查是否患有龋齿。孕期对口腔护理保健的疏忽，常常会加重龋齿病情的发展。不但会给孕妇带来难以忍受的痛苦，而且服药不慎也会给胎儿造成不利影响。

❸ 检查是否患有阻生智齿。由于受颌骨和其他牙齿的阻碍，不能完全萌出，造成部分牙体被牙龈及骨组织覆盖。阻生智齿的牙体与牙龈之间存在较深的间隙（医学上称为"盲袋"），容易积留食物残渣，导致细菌滋生而直接引起急、慢性炎症，即通常说的"智齿冠周炎"。要想防止在孕期发生，就应该在孕前加以控制，严重的要考虑拔除。

❹ 是否患有残根、残冠、不良修复体。口腔中残根、残冠和不良修复体的存在，一方面不利于口腔的清洁，损伤口腔内软组织；另一方面可能成为口腔内的感染性病灶，影响全身的健康，所以在怀孕之前应拔除或进行相应的修复治疗，以维持正常的牙颌功能。

孕期勤刷牙有利胎宝宝健康

由于孕妇饮食习惯的改变和激素分泌及代谢水平的变化，孕妇会比其他人更容易患龋齿和牙周疾病。

妊娠期妇女的健康状态直接影响胚胎的形成和胎儿发育。不良的口腔卫生状况和口腔疾病，使咀嚼消化功能下降而影响各种营养的摄入，最终将影响胎儿的生长发育，包括牙齿的形成与钙化。

在患严重牙龈炎的病人中，心脏病病人的比例高于一般人。这是因为温暖和湿润的口腔，是培养致病细菌的温床。如果这些细菌经过牙龈上的伤口进入血液，到达心脏，就很容易引起心脏病。孕妈妈应注意妊娠期的口腔卫生，坚持饭后漱口、早晚刷牙，必要时适当增加刷牙次数，保持口腔良好的卫生状况，可大大减少妊娠期牙龈炎的发生。

孕妈妈一定要勤刷牙，保持口腔卫生，正确的刷牙方法应该是牙刷和牙齿呈 45 度角，上下轻刷，在牙齿咬合面前后轻刷，每个刷牙位置至少应该轻刷 10 次，每次刷牙时间至少持续 3 分钟左右，这样才能彻底有效地清除口腔细菌。对于一些难以清除的部位还可以用漱口水和牙线配合清洁。

另外，如果孕妈妈牙病严重到需要治疗，可以选择在怀孕第 5 个月进行，这时胎宝宝抵抗力比较强。

❋ 孕早期注意防治痔疮

痔疮和便秘是整个孕期都容易遇到的问题，学会防治特别必要。

怀孕期防治痔疮，应注意以下 5 个方面：

❶ 按时产前检查，发现胎位异常，及时纠正，以减轻下肢静脉血液回流受阻的程度。

❷ 不宜多吃辛辣、有收敛作用和刺激性强的饮料及食物，多吃粗纤维的水果、蔬菜和粗粮。

❸ 适当活动。妊娠后期活动不便，仍应坚持多走动，不宜久坐、久站。

❹ 养成定时大便的习惯。即使到规定时间无便意，也应去便桶上坐一会儿。时间一久可形成排便的条件反射，有助于预防便秘。孕妇便秘切

莫擅自使用泻药,以免早产。

❺ 孕妈妈可经常作肛门按摩来改善局部的血液循环,方法是:排便后先用温水清洗局部,再用热毛巾按压肛门,按顺时针和逆时针方向各按摩 15 次。

❈ 孕期感冒应优先调整饮食和起居

怀孕之后,孕妈妈的鼻、咽、气管等呼吸道黏膜肥厚、水肿、充血,抗病能力下降,所以容易感冒。一旦感冒,一定要及时地去医院就诊,分清是普通型的小感冒,还是病毒性的流行性感冒。

如果是一般的小感冒,建议用物理治疗的方式:

❶ 多喝水,多吃一些富含维生素 C 的食物。维生素 C 是体内有害物质过氧化物的清除剂,同时具有提高呼吸道纤毛运动和防御功能。富

含维生素 C 的食物有番茄、菜花、青椒、柑橘、草莓、猕猴桃、西瓜、葡萄等。

❷ 多吃一些富含锌的食物。当人体缺锌时，呼吸道防御功能会下降，孕妈妈则需要比平时摄入更多的含锌食品（如海产品、瘦肉、花生米、葵花子和豆类等食品都富含锌）。

❸ 多锻炼身体。锻炼是提高身体抗病能力的有效途径，孕妈妈在整个孕期都要坚持锻炼。

❹ 多开窗换气，让新鲜空气不断进入室内。

但如果患的是流行性感冒，并伴随出现发烧等现象，则要在医生指导下，进行针对性的治疗，以免胎宝宝受到影响。

❋ 孕妈妈要避免居室污染

居室环境的安全性对母婴健康有更重要的意义。居室污染主要有三大类：第一类是化学类，第二类是物理类，第三类是生物类。

第一类是化学的，主要来自装修、家具、煤气热水器等，包括甲苯、二甲苯、醋酸乙酯、甲醛等挥发性的有机物和氨、一氧化碳、二氧化碳等无机化合物。孕妈妈可养些清除苯的铁树，或去除甲醛的芦荟和吊兰，以及能吸收汞的米兰等，这些都是可以养植在准妈妈室内的。不过在摆放时，一定要以不影响安全活动为前提。

第二类是物理的，主要来自室外及室内的电器设备产生的噪声、电磁辐射等。准妈妈应与各种家用电器保持一定的安全距离。远离微波炉至少 1 米，远离电视至少 4~5 米。不要把家用电器摆放得过于集中，特别是电视机、电脑、冰箱等，更不宜集中摆放在准妈妈的卧室里。

第三类是生物的，主要来自寄生于地毯、被褥中的螨虫及其他细菌等。孕妈妈可以时不时用白醋熏蒸来杀杀菌，也可经常用太阳的紫外线来杀菌。

孕期鼻子常出血怎么办

孕妈妈流鼻血是比较常见的一种现象，在怀孕的早、中、晚期都可能会出现，尤其是在怀孕的中、晚期会更严重。

孕期孕妈妈的血容量比非孕期增高，而人的鼻腔黏膜血管比较丰富，血管壁比较薄，所以容易破裂引起出血。尤其是当孕妈妈经过一个晚上的睡眠，起床后，体位发生变化或擤鼻涕时，就更可能引起流鼻血。

孕妈妈在孕期休息不好、营养不均衡、天气干燥，都很容易出现鼻出血。建议孕妈妈出门的时候随身携带一些纸巾备用。若发生流鼻血，不要紧张，可走到阴凉处坐下或躺下，抬头，用手局部捏住鼻子，然后将蘸冷水的药棉或纸巾塞入鼻孔内。如果不能在短时间内止住流血，则可以在额头上敷上冷毛巾，并用手轻轻地拍额头，从而减缓血流的速度。

预防鼻子出血

❶ 孕妈妈切忌抠鼻子，或使劲揉鼻子，尽量减少流鼻血的发生，也可避免引发鼻炎。

❷ 如果天气干燥，孕妈妈应多吃苹果、梨、西瓜等滋阴的水果，少食辛辣食物，保持大便通畅。

❸ 每天用热水泡脚、凉水洗脸，预防鼻出血。

❹ 对内热较大的鼻出血孕妈妈，可适当用些清热凉血的中草药栀子、金银花、菊花、黄芩，泡水或煎煮喝。若孕妈妈有严重的鼻腔感染，一定要在医生指导下用抗生素治疗。

Part 2 孕1月

孕妈妈做胎教

❋ 美育胎教

由于胎儿无法看到、听到和体会到世界上各种各样的美,所以孕妈妈要将自己的感受,将美的信息经神经、体液传输给胎儿。

孕妈妈每天播放一些欢快、优美动听的音乐或活泼有趣的儿歌、童谣,并跟着轻轻哼唱。孕妈妈还应多接触一些文学和艺术的美,欣赏一些人体摄影、人体绘画和人体塑像,以此陶冶自己的情操,使美妙的艺术融入胎儿的血肉之躯。

孕妈妈还要多到大自然中去欣赏美景,以促进胎儿大脑细胞和神经的发育。孕妈妈将在大自然中感受到的美通过提炼后传输给胎儿,使胎儿也能领会到大自然的神秘、高大与神奇等。孕妈妈到大自然中去还可以多呼吸新鲜空气,以利于胎儿的大脑发育。

选一张漂亮的宝宝像贴床头

孕妈妈看漂亮宝宝的照片时,觉得赏心悦目。要是孕妈妈长期看漂亮的宝宝像,胎宝宝就会长期受到陶冶,更易成为性情中人。

孕妈妈可以在睡房或床头挂上大幅漂亮宝宝的图片,也可以将自己喜欢的各种大小的宝宝像贴在床头。如果可以找到自己和准爸爸小时候的漂亮照片,也可以经常拿出来翻看,或是贴在床头。这样,就可以将它们当做是宝宝未来的样子,每天当你醒来或是睡前,总可以与胎宝宝一起陶醉在这种美好的心情中。

故事：小白兔与小灰兔

小白兔与小灰兔

老山羊在地里收白菜，小白兔和小灰兔来帮忙。

收完白菜，老山羊把自己种的白菜送给他们。小灰兔收下白菜，说："谢谢您！"小白兔不要白菜，说："您送我一些菜子吧。"

老山羊送给小白兔一包菜子。小白兔回到家里，把地翻松了，种上菜子。

过了几天，白菜长出来了。小白兔常常给白菜浇水、施肥、拔草、捉虫。白菜很快长大了。

小灰兔把老山羊送的白菜拿回家里。他天天不干活，饿了就吃老山羊送的白菜。过了些日子，白菜就吃完了。小灰兔没吃的了，又到老山羊家里去要白菜。路上看见小白兔挑着一担白菜，给老山羊送来。他很奇怪，问道："小白兔，你的菜是哪儿来的？"小白兔说："自己种的。只有自己种，才有吃不完的菜。"

小故事里有大道理，让胎宝宝在肚子里就知道"自己动手，丰衣足食"的道理。

音乐胎教

音乐是一种有节奏的空气压力波，对人类的心理活动与生理活动有着极大的影响。音乐的物质运动过程与人体的物质运动过程比较一致。音乐的节奏作用于孕妈妈，也能影响胎儿的生理节奏，使胎儿从音乐当中受到教育。

《荀子·乐论》中指出："夫声乐之入人也深，其化人也速。"说明了音乐容易深入人心，感化人的速度也很快。孕妈妈常听一些优美动听的音乐，对于陶冶情操、和谐生活、加强修养、增进健康，以及激发想象力等方面，都具有很好的作用。

妊娠第3周以后，胎儿的中枢神经和心脏开始形成，尽管妊娠初期胎儿还不能听到声音，但却已经能感知振动了，所以胎儿可感觉到随着母亲的心情变化而出现的心脏波动，而且也能够感受母亲的心情和情绪的影响。在这个时期，孕妈妈的情绪对胎儿的发育有很大的影响。此期孕妈妈情绪容易波动，还可能产生不利于胎儿生长发育的忧郁和焦虑，因此，这个时期孕妈妈适宜于听轻松愉快、诙谐有趣、优美动听的音乐,使孕妈妈不安的心情得以缓解,在精神上得到安慰。孕妈妈的良好情绪还可以传递给胎儿,使胎儿感受到母亲的好心情,从而有利于胎儿的健康成长。

在这个时期,孕妈妈可以选择一些舒缓、柔和的音乐,如《春江花月夜》、《江南好》和《二泉映月》等民族音乐。

洋中汲取营养,培养小宝宝的艺术潜能。还要将它们放到显眼好拿的地方,方便以后拿出来反复欣赏。

这个月,孕妈妈还可以为自己的音乐胎教制订一个计划,比如:

晨起时,播放一首活泼的音乐《布谷》,给你一天的好心情;下班后,先放下一天的疲惫,打开CD,播放一首维瓦尔第的四季中的《春》,品一杯营养的饮品,吃一点小点心,

寻找欢乐的乐曲

选好的乐曲最好可以作个分类整理,让你的小宝宝接触多元的艺术,接触不同演奏形式、不同艺术风格的乐曲。不管是欢快的还是悲伤的,不管是激情的还是沉静的,不管是梦幻的还是淳朴的,让小宝宝在音乐的海

身心会真正地得到放松;入睡前,听着《仲夏夜之梦》,读一读与乐曲相关的小品文,甜甜地入睡,会让孕妈妈第二天神采奕奕。

儿歌:世上只有妈妈好

世上只有妈妈好

有妈的孩子像个宝

投进了妈妈的怀抱

幸福享不了

世上只有妈妈好

有妈的孩子像个宝

投进了妈妈的怀抱

幸福享不了

没有妈妈最苦恼

没妈的孩子像根草

离开妈妈的怀抱

幸福哪里找

没有妈妈最苦恼

没妈的孩子像根草

离开妈妈的怀抱

幸福哪里找

这是一首深情流露的歌曲，词作感人、曲调动听。如今，你已为人母，更加能体会到一个母亲的心情，也更能把孩子对母亲的感情体会得更深刻，将这首歌唱给腹中的胎宝宝听一听，相信会有很好的情感共鸣。

❋ 环境胎教

从受精而后发育成胎儿到出生，这个过程约需要266天。在这个漫长的过程中，胚胎、胎儿能否正常生长、发育，除了与父母的遗传物质及孕前准备等因素有关外，与妊娠期间母体的内外环境有着极为密切的关系，特别是在受孕后的8周内，子宫为了适应受精卵的分裂增殖，以及胚胎期的细胞分裂，尤其是脑细胞的分裂，本能地处于安静状态，若是子宫所处的环境发生突变，则会导致受精卵发生异常变化，影响胚胎的发育。而且胚胎从外表到内脏，从头颅到四肢大多在此期间形成，加上胚胎幼稚，不具备解毒功能，极易受到伤害。所以，在受孕后的2个月是环境致胚胎畸变的敏感时期，孕妈妈一定要注意内外环境对胎儿的影响。

胎儿所处的环境包括子宫内的内环境，还包括母体所处的外环境，如优美的居室环境、污染和噪声、放射线危害等。在妊娠期间，孕妈妈要避免不利于妊娠的内外环境，如多次人工流产或自然流产后受精、夫妻体弱患病受精、不洁的性生活（包括性病）引起的胎儿宫内感染、放射线伤害、职业与嗜好的不良刺激、污染源及噪声等。此外，妊娠期间的性生活与胎儿的发育和健康关系密切。尤其是妊娠早期，为了确保宁静的内环境，防止流产，应该停止性生活。妊娠晚期由于子宫日渐膨隆，子宫收缩逐渐加强，为了防止早产及感染，也应禁止性生活。妊娠中期可以进行性生活，但要适度，动作要轻缓，以保证胎儿的健康发育与成长。

情绪胎教

情绪胎教就是指孕妈妈在妊娠过程中要保持良好的情绪，以此来影响和促进胎儿身心良好发展的胎教方法。

孕妈妈的心理情绪，不仅会影响到孕妈妈本人的食欲、睡眠和精力、体力等，而且还会通过神经、体液的变化，影响胎儿的血液供给、心率、呼吸及胎动等多方面的变化。其中对胎儿心理影响最大的，莫过于孕妈妈的郁闷心情和不良情绪了。孕妈妈悲伤、忧愁、抑郁、大怒、过喜、骤惊等，都对胎儿有着损伤性甚至毁灭性的打击。

在正常情况下，母腹中各种声音的旋律与母亲的心律相吻合，母亲的精神状态良好，心情舒畅，其心律正常，胎儿在子宫里有一种安定、舒适的感觉；反之，孕妈妈精神状态不佳、心情郁闷，其心律不正常，就会给胎儿一种不安的感觉，从而影响胎儿的正常发育。所以，要在准备受孕后就树立起"宁静养胎即胎教"的观点，在妊娠期间要保持稳定的情绪，要心情舒畅、精神愉快，切忌发生大悲大怒，甚至吵架、打斗等不良的行为。

为了鼓励孕妈妈能自觉地对胎儿

进行胎教，家庭成员就应该维护和影响孕妈妈经常处于一种平和、稳定的心理状态，保持精神轻松而愉快，让胎教顺利进行下去。

有好的情绪，才有好的胎教

在日常生活中，语言和大的声响都属于外来刺激，不会伤及胎宝宝。但是孕妈妈长期的情绪烦躁，会对胎宝宝造成伤害。

情绪受人体内外环境刺激的影响，刺激通过人体的感觉器官，经传入神经到各级神经中枢，特别是大脑皮层和丘脑、下丘脑；然后，大脑又发出信号，向外传输，影响植物神经系统和内分泌系统，引起人的表情动作、肢体运动等，还影响内脏器官的活动状况。母体和胎宝宝的内分泌、代谢是通过胎盘联系的。所有这些化学物质，都经血流通过胎盘和脐带，传给胎宝宝。

如果孕妈妈受到惊吓、忧伤、恐惧或其他严重的精神刺激等，会引起胎宝宝加速呼吸和身体移动。如吵架时，有5%的胎宝宝心率加快，80%以上的胎宝宝胎动增强；胎动次数比平常增多3倍，最多时，可达正常的10倍。这样有可能引起子宫出血、胎盘早期剥离，造成胎宝宝死亡。即使胎宝宝顺利出生，也比正常宝宝瘦小。并且宝宝往往身体功能失调，特别是消化系统容易发生紊乱，易躁动不安，易受惊吓。

怀孕早期是胚胎各器官分化的关键时期，母子间虽没有直接的神经联系，但母亲的情绪引起的内分泌变化，可以通过胎盘直接影响胎宝宝的大脑发育。如果孕妈妈情绪不佳，会造成肾上腺皮质激素的增高，这就可能阻碍胎宝宝上颌骨的融合，造成腭裂、唇裂等畸形。

愉快的情绪，可以使人血液中氧气充足，妈妈和宝宝都处于放松、安静的状态，在这种环境下，胎宝宝会更愿意接触外面这个他毫不知情的世界，对一切充满好奇心与期待。因此，孕妈妈应尽量避免情绪激动、精神紧张，遇到不开心的事情多往积极的方面想，或是做做深呼吸、记日记，或是到空气好的地方散散步，就会发现情绪是很容易调节的。

腹式呼吸帮孕妈妈稳定情绪

既然孕妈妈的情绪对胎宝宝有着不可估量的重要作用，那么孕妈妈一定要尽量避免自己的心情杂乱不安，要尽量保持平静、愉悦才对。赶快学习一种呼吸法吧，这种呼吸法在你决定胎教时就开始练习，对稳定情绪和集中注意力非常有效。

自由的姿势

进行呼吸法的练习时，场地可以自由选择，可以坐在床上，也可以是在沙发上，甚至平静地站着。关键是腰背舒展，全身放松，微闭双眼，手可以放在身体两侧，也可以放在腹部，总之你觉得舒服就好。

衣服尽可能穿得宽松。

先吸气，后呼气。

准备好以后，用鼻子慢慢地吸气，在心里默默地慢数5下（大约5秒钟）："1、2、3、4、5。"自觉平时肺活量好的孕妈妈可以数6下。

吸气时，要让自己感到气体被储存在腹中，然后慢慢地将气呼出来，用嘴或鼻子都可以。总之，要缓慢地、平静地呼出来，呼气的时间是吸气时间的2倍。

就这样，你会马上感到心情平静，头脑清醒。

实施呼吸法的时候，尽量不要去想其他事情，要把注意力集中在吸气和呼气上，一旦习惯了，注意力就会自然集中了。

比如在利用发光卡片进行胎教前，进行这样的呼吸，孕妈妈的精神先被集中起来，胎教效果自然大大提高了。

这种简单的练习，操作起来非常简便，将来不仅可在胎教前练习，就是在每天早起或临睡前，有意识地这样呼吸一次，也可使整个孕期的焦躁的精神状态归于平静，对稳定情绪的帮助很大。

不妨开始记胎教日记

《胎教日记》可以记下新生命的全部孕育过程，记下十月怀胎的酸、甜、苦、辣，记下孕妈妈孕育新生命的喜、怒、哀、乐，记下孕妈妈的衣、食、住、行等，甚至偶有的不适、如何就医、如何服药也要记下来。还可以记下对腹中的胎宝宝进行胎教的全过程。因为新生命出世，是一个令人终生难忘的、伟大的时刻。

《胎教日记》还是培养夫妻爱情的记录，日后读起来的时候，会勾起甜蜜的回忆，有利于夫妻感情的深化。当你的宝宝长大了，读到《准爸爸日记》时，他一定会一会儿摇头，一会儿笑得前仰后合，也一定十分喜爱这份"个人成长史"的见证物，会更深刻地体会和领悟父母的养育之恩。

想象胎教

想象胎教是指通过孕妈妈的想象产生一种良好的信息作用于胎儿，在胎儿身上产生作用的胎教方法。

从胎教的角度来看，孕妈妈的想象是通过自身的意念构成胎教的重要因素，转化、渗透在胎儿的身心感受之中。同时孕妈妈在为胎儿形象的构想中，会使情绪达到最佳的状态，而促进体内具有美容作用的激素增多，使胎儿长得丰满、俊美、聪明。

想象胎教可以贯穿于整个妊娠期和所有的胎教方法中。如孕妈妈在欣赏音乐时，就可以借助音乐，对乐曲所描绘的声、景展开想象。孕妈妈在阅读文学作品时，同样能展开诗情画意的想象，将良好的意识信息传递给胎儿，起到影响胎儿的作用。

孕妈妈在展开想象进行想象胎教时，想象内容必须健康、美好，只有这样，胎儿才会收到良好的信息，从而有利于意识的萌芽和心智的发育。

想象宝宝是个小天才

意念是胎教的一种重要手段，从某种意义上来说就是想象力。几乎所有的孕妈妈都希望自己的宝宝非常聪明，那就尝试运用想象的力量，将美好的愿望、祝愿传递给胎宝宝。想象能增加孕妈妈与胎宝宝的联系，这也是意念力对胎宝宝身心发育的促进作用。孕妈妈可以根据聪明宝宝的特征来尽情想象。

❶ 讲话早。宝宝会迅速掌握大量词汇，发音清晰，喜欢刨根问底并具备非凡的理解力，显示出聪明的潜力。

❷ 阅读早。宝宝识字和识图很快，会捡起书本自己阅读。

❸ 喜欢数字。宝宝喜欢数日常生活中的一切东西，如楼梯、来往的车辆，能记住电话号码，并且认识书本上的数字，很早就开始数数，甚至能解简单的数学题。

❹ 善于解决问题。他能玩比他年长的孩子才能玩的游戏，能自主解决游戏中的困惑，对细节特别感兴趣。

❺ 专心致志。宝宝玩拼图游戏的时候非常专心有耐心，能长时间地关注一件事情，自始至终，专心致志。

孕妈妈如果希望自己的宝宝既可爱又聪明，可以多找一些介绍聪

明宝宝的书籍来看，在心里形成具体的聪明宝宝形象，这样才能够产生强烈而有效的想象，使意念发挥作用。

美容胎教

爱美的妇女怀孕了，娇美的体形起了很大的变化。有些人为此而痛苦、烦恼，认为自己失去了原有的苗条的身材，其实大可不必这样。怀孕几乎是每位女性一生当中都要经历的阶段，你可以观察到大多数孕妈妈分娩后不久就会像以前一样体态轻盈、姿容美丽，而且还会增添几分女性的成熟美。

孕妈妈爱漂亮，宝宝最开心

娇好的容颜会给孕妈妈带来许多欢乐，怀孕了，孕妈妈就更应精心打扮。虽然你不再苗条和拥有美丽的身段，但你完全可以变得更可爱。别忘了那句话："可爱的一定是美丽的。"怀孕了，精力、体力都不如以前，又由于信心不足，有些孕妈妈就不像以前那样顾及容貌了。事实上，美容、穿衣也是胎教，孕妈妈完全有必要精心打扮自己。美丽是每一位女性所追求的，娇好的容颜会给你带来许多欢乐。怀孕了，就更应精心打扮。这一方面是自娱的一种方式，对自己容颜、服装的关心会使你忘掉妊娠中不快的反应；另一方面，化妆会使你显得气色很好，你自己看了，心里也会舒服，别人看了，对你赞许几句，你也一定会很高兴的。可见，打扮会使你保持自信、乐观、心情舒畅。因此，美容、打扮无论对自己还是对胎儿都是很有意义的。

仪容美的关键在于整洁，孕妈妈只要注意卫生，保持整洁，形象一定会大为改观的。由于激素的刺激和血液循环的加快，孕妈妈的皮肤较以往会变得更加细腻红润，如果以前额头上有皱纹，这时也会消失。你还会发现发质也比以前好得多。因此，孕妈妈的美自有一番风韵。

准爸爸做胎教

❈ 给孕妈妈无条件的支持

对于现代女性而言，一生很可能只生一次宝宝，怀孕也是初为人母，90％以上的年轻妈妈在得知自己怀孕的时候都会有恐惧的心理。作为她唯一的依靠，不管你们是不是计划内怀孕，准爸爸都应该给你的爱人无条件的支持。

学习胎教、孕育知识

怀孕、生宝宝不是女人一个人的事情，准爸爸要和孕妈妈一起承担。而且生活上的事情要更多地承担一些。得知妻子怀孕以后，就该了解一些孕育、胎教知识了，可以问有经验的同辈和长辈，也可以买一些这方面的书看，条件允许的可以咨询专业的妇科大夫或专家。

重新修订生活、工作计划

家庭要新增加小成员了，不要忘了重新修改一下你们的工作、生活计划。比如，怀孕期间准爸爸最好不要到外地工作，取消两个人的长途旅行计划，喜欢自助游的夫妻要避免运动量大的旅行活动等。

记录宝宝成长的每一天

用日记、相机、博客等形式记录宝宝长大的每一天，将来会成为全家的美好回忆。

准爸爸胎教从戒烟做起

吸烟有害健康已尽人皆知，不仅危害自己的健康，还影响着吸你二手烟人的健康。已经晋升为准爸爸就更要注意了，这个时候危害的可不仅仅是一个人的健康。

戒烟方法：

1. 一定要自己下定决心。这一点是至关重要的，准爸爸烟瘾上来的时候，要多想想对胎宝宝可能造成的不良影响，多幻想一下以后宝宝可爱的模样，以此来告诫自己。

2. 使用一些辅助的工具。如吃戒烟糖或戒烟药，往鼻子里喷戒烟药水，使用戒烟牙膏或戒烟贴等。另外市场上有一种专门针对戒烟的烟，如"烟敌泰"等。借助外力来戒烟的成效，是由每个人烟瘾的程度来决定的，但更主要的是需要准爸爸的毅力来支撑。

3. 主动避开有烟的环境。如果经不住诱惑，抽了一支，那么以前的一切戒烟行为都白费了，所以要尽量避开烟雾缭绕的环境。

布置一个舒适的卧室

孕期开始了，一个舒适的卧室使孕妈妈的情绪稳定，并有利于促进宝宝的发育成长。准爸爸也行动起来吧，为孕妈妈打造温馨的卧室。

床：孕妈妈适宜睡木板床，铺上较厚的棉絮，避免因床板过硬，缺乏对身体的缓冲力，从而转侧过频，多梦易醒。还可以在床边加一张活动式桌子，让孕妈妈坐在床上看书或享受美餐。

枕头：枕头高度以 9 厘米（平肩）为宜，过高会迫使颈部前屈而压迫颈动脉，进而使大脑血流量降低而引起脑缺氧。

棉被、床单：理想的被褥是全棉布包裹棉絮，床单也应是棉织品，不宜使用化纤混纺织物做被套及床单。

家具摆放：家具要尽可能靠墙放，棱角不要突出太多，尽量让空间相对增大，孕妈妈需要一个宽敞的空间进行活动。

色调与装饰：色调要朴素、典雅、优美；装饰品主要以简单明亮、令人愉悦的图画、照片为主，如美丽的山水画、风光图、宝宝微笑的照片等。不要出现动物图案，不要选择太花或是太杂的颜色。

温度及湿度：室温夏季以 27℃～28℃，冬季以 16℃～18℃为宜，室内外温差不要超过 5℃。空气湿度应为 30％～40％。

每天和胎宝宝打招呼

胎宝宝不仅喜欢妈妈温柔、甜美的声音，同时对准爸爸低沉、浑厚的嗓音也非常热爱。准爸爸每天固定时间摸着准妈妈的肚子和宝宝打招呼、说童话故事或念儿歌给胎宝宝听，或者跟胎宝宝讲讲这天发生的有趣事情等，这些都对胎宝宝脑部发育有很大的帮助。

准爸爸对胎宝宝讲话，这首先是父爱的一种具体表示。胎宝宝通过听觉和触觉，感受到不仅有母爱，而且还有父爱的温暖，这对于胎儿的感情发育具有莫大的好处。

准爸爸坚持每天对子宫内的胎儿讲话，让胎儿熟悉准爸爸的声音，能够唤起胎儿最积极的反应，有益于胎儿出生后的智力及情绪稳定。

要讲的话题最好事先构思好，先拟定一篇小小的讲话稿，稿子的内容可以是一段优美动人的小故事、一首纯真的儿歌、一首内容浅显的古诗，也可以谈自己的工作及对周围事物的认识。用诗一般的语言，童话一般的意境，告诉孩子外面的这个美丽新世界。

Part 3

孕2月

胎宝宝的发育和孕妈妈的变化

❋ 现在的宝宝像个蝌蚪，已经可以动了

到妊娠第2个月时，宝宝生长发育已由分化前期（受精到形成胚卵）进入分化期（器官形成期），即受精后的15～56天是胚胎器官高度分化和形成期，表现为：

第5周时，头大但松弛无力地垂下，已具有萌芽状态的手、脚和尾巴。

第7周时，头、身体、手脚开始有区别，尾巴逐渐缩短。胚胎似乎已有人形模样。

脑、脊髓、眼、听觉器官、心脏、胃肠、肝脏粗具规模，并因心、肝、消化管的发育，胚胎的腹部膨隆；眼睛出现轮廓，鼻部膨起，外耳开始有小皱纹，颜面已似人形；内外生殖器的原基能辨认，但外表上还分辨不出男女性别。

羊膜和绒毛膜构成的双层口袋中充满了羊水，胚胎浸泡在羊水中，可以自由流动。子宫如拳头大小，质柔软。

到了第7周末，胚胎身长已有2～3厘米，体重3～4克，头部占身体总长的一半。

❋ 妈妈开始有一些早孕的反应了

怀孕第2个月，孕妈妈身体会有很多明显的变化征象，其中最为明显

的有：

月经过期不来潮。一向很有规律的月经，突然不来了，并且超过以往月经周期 10 天以上，或者平常月经不规律的，此次会超过 2 个月以上，这就表明可能是怀孕了。但这不是绝对的，还应留意是否有其他情况，如气候的突变、生活环境的变化、精神受到刺激、身心疲劳或患子宫疾病、贫血或内分泌紊乱等。因此，还应从多方面诊断是否受孕。

出现妊娠反应。月经超过 10 天后不来，许多女性常在清晨起床后感到恶心，或者伴有频繁的呕吐，同时觉得头晕，总感疲倦和想入睡，不想吃东西，特别是厌恶油腻食物。这种反应被称为早孕反应，一般在怀孕第 12 周后自行消失。

乳房有胀痛感。平时自觉或不自觉地感到乳房胀，稍一碰触乳房或乳头，就有疼痛感。这种表现初次怀孕者更为明显，并伴有乳头和乳晕的颜色逐渐变深。

白带增多，小便次数增多。白带比平时量稍大。尿比平时次数增多，这是因子宫受孕后膨大刺激膀胱所致。

经常测量基础体温的女性，到妊娠 2 个月时，会发现体温上升。

孕妈妈的饮食营养

❀ 吃海产品补碘帮助宝宝大脑发育

妇产科专家提醒孕妈妈，为了优生，孕妈妈在妊娠期间宜多吃海产品。

碘是人体不可缺少的一种矿物质，碘在人体中的主要作用就是参与甲状腺素的合成。甲状腺素对身体发育是必需的，正常的体格、认知行为和神经运动系统的发育均依赖于甲状腺素。

孕妈妈缺碘，会造成死胎、流产、早产和宝宝先天性畸形，宝宝出生后会出现智力低下、体格矮小、面容呆傻，以及瘫痪、又聋又哑等克汀病表现。为了下一代的优生，给孕妈妈补碘既是必需的，又是重要的。在缺碘区，盐中加碘是一种经济、安全、方便和有效的补碘措施。补碘的关键时间是在妊娠早期3个月，尤以妊娠前为好。若怀孕后5个月再补碘，作用已甚微，起不到预防后代智力缺陷的作用了。

孕妈妈每日碘的适宜摄入量为200微克，一般日常饮食不能满足孕妈妈对碘的需要,海产品中含有丰富的碘,如海带、紫菜、贝类、鱼、虾等,孕妈妈可适当多吃一些。若是孕妈妈每2~3天吃一次海鱼,即可满足人体对碘的需要量,故孕妈妈不妨多吃些海产品。

❀ 补钙和补磷帮助宝宝发育

钙是构成人体的重要成分,仅次于水、碳、氧、氢和氮,排在第6位。钙是人体含量最多的矿物质,占人体体重的1.5%~2%,成年人体内钙为850~1200克,其中99%集中于骨骼和牙齿,1%参与人体各种生理活动。

钙是构成骨骼和牙齿的重要成分,也是宝宝骨骼发育所必需的物质,如果孕妈妈身体内钙充足,可促进宝宝骨骼及牙齿的生长发育。缺钙,会导致孕妈妈小腿抽搐及宝宝软骨病或小儿佝偻病。孕妈妈严重缺钙,会致骨质软化、骨盆畸形而诱发难产。

宝宝的乳牙胚在妊娠6周开始发育,妊娠4~5个月时恒牙胚开始发育。这一过程较长,直至乳前牙根完全形成约需2年的时间,而恒前牙根约需10年才能发育完全。所以,孕期钙的摄取与乳牙的发育及钙化关系密切。妊娠期间孕妈妈每天需补钙1.5克。

食物中钙的丰富来源是奶和奶制品,不仅含量丰富,而且吸收率高,发酵的酸奶更有利于钙的吸收,是孕妈妈最理想的钙源;虾皮、鱼类(特别是带骨头的小鱼)和芝麻酱含钙也特别丰富;蔬菜和豆类含钙量虽较多,但吸收较差;硬水中也含有相当量的钙。

磷和钙一样,也是构成骨骼和牙齿的重要矿物质。

磷约占人体体重的 1%，成人体内含有 600～900 克的磷，是人体含量较多的元素之一。磷不但是构成人体的成分，而且参与生命活动中非常重要的代谢过程。人体内总磷量的 85%～90% 存在于骨骼和牙齿中。磷和钙结合形成磷酸钙，是构成骨骼和牙齿的重要成分，其中钙与磷的比值约为 2:1。磷广泛存在于动植物食品中，豆类、硬果类、蔬菜、水果中都含有磷；动物性食品如蛋、乳、肉、鱼和禽类中磷含量都比较高；鱼脑中含有丰富的脑磷脂和卵磷脂，是补脑佳品，孕妈妈不妨多吃一些鱼，这对孕妈妈本人和宝宝都是有好处的。人体一般不会出现磷缺乏。

❈ 补铁可预防孕期贫血

人体内 2/3 的铁是功能性铁，主要以血红蛋白形式存在于红细胞中，铁与红细胞的形成和成熟有关；血红蛋白在从肺输送氧到各组织的过程中起着重要作用；铁作为细胞色素和某些呼吸酶的成分，对呼吸和能量代谢有非常重要的影响。

铁是造血原料，孕期铁的需要量大大增加。铁在机体代谢中起着非常重要的作用，食物中铁的吸收率和利用率不高，容易缺乏。民间常说的"贫血"，大部分都是因为缺铁而引起的。如果孕妈妈摄入的铁不足，就会直接影响到宝宝的生长发育。临床上经常出现的宝宝期贫血与出生时体内铁的储存量有密切关系。如果孕妈妈和母乳的膳食中铁供给不足，就会发生营养性贫血。

妊娠时母体血液量比平时增加 40%～50%，加上宝宝发育所需铁，因此，孕妈妈每日需补铁 20～40 毫克。假如不注意补铁，孕妈妈常常会发生贫血，导致早产、宝宝低体重以及宝宝生长迟缓。宝宝缺铁还会干扰胚胎的正常分化、发育和器官的形成。孕妈妈补铁可多吃动物肝脏、肉、禽蛋、蔬菜等。已发生缺铁，血红蛋白在 100 克/升以下者，需要服铁剂，如硫酸亚铁丸等。同时注意维生素 C 的摄入，以利于铁的吸收。

含铁丰富的食物有猪肾、猪血、

猪肝以及其他动物的肾、血、肝等。此外，含铁多的食物还有黄豆、豆制品、银耳、黑木耳、淡菜、海带、海蜇、芹菜、荠菜等。

从食物中获取更多铁的方法

孕妈妈饮食习惯的不同，可影响孕妈妈从食物中吸收铁的分量。以下几种方法可以帮你从饮食中获得尽可能多的铁：

1. 用铁锅做菜。由于铁锅导热度适中，在烹饪中易与酸性物质结合，使食物中的铁元素含量增加10倍。由于盐、醋在高温状态下与铁的作用，加上锅与铲、勺的相互摩擦，使锅内层表面的无机铁脱屑成很小的粉末。这些粉末被人体吸收后，在胃酸的作用下转变成无机铁盐。如番茄酱等多汁的酸性食物特别容易通过这种方式吸收铁元素。
2. 少喝咖啡和茶，或者在两餐之间喝。因为咖啡和茶中含有酚类的化合物，会影响铁的吸收。
3. 菠菜、豆制品和奶制品同食也会降低铁的吸收率。因为菠菜中的铁是非血红素铁，谷类中的磷酸盐、植酸、草酸、鞣酸等会与非血红素铁结合，形成不溶性的铁盐而使身体无法吸收。
4. 钙本身会降低铁的吸收。因此，如果你在服用钙补充剂或含钙的抗酸剂时，要在两餐之间服用。

补锌帮助宝宝神经系统的发育

人体中锌含量为15～25克，体内的锌主要分布在头发、皮肤、骨骼、肝、肾、肌肉、胰、脾、胃肠道、红细胞以及男性的睾丸中。锌是促进生长发育的重要元素之一，是体内物质代谢中很多酶的组成成分和活化剂。锌在核酸、蛋白质的生物合成中起到重要作用。锌参与糖类和维生素A的代谢过程。锌还具有维持胰腺、性腺、脑垂体、消化系统和皮肤正常功能的作用。锌也是胰岛素的成分之一，与胰岛素的活性有关。如果妊娠早期缺锌，会干扰宝宝中枢神经系统的发育，严重的会造成中枢神经

系统畸形；妊娠晚期缺锌，会使宝宝神经系统的发育异常。

孕早期女性每日宜摄入锌15毫克，孕中期、孕晚期女性每日需摄入锌20毫克。锌的来源广泛，但动植物性食物的锌含量与吸收率有很大差异。牡蛎含锌量最高，每千克可达1克以上；动物性食品含锌量也较高，如牛肉、猪肉、羊肉及肝脏、蛋类每千克在20～50毫克；鱼类和其他海产品每千克在15毫克左右；牛乳及乳制品每千克在3～15毫克；豆类及谷类每千克在15～20毫克；而蔬菜和水果含锌较低，一般每千克在10毫克以下。过细的食品加工过程可导致锌大量丢失，例如将小麦加工成精面粉约去掉80%的锌。目前含锌药物主要有硫酸锌、氧化锌和葡萄糖酸锌等，但人体对药物性锌的吸收率较低，仅为10%左右，所以补锌时以不超过正常人每日需要量（成人为15毫克）的10倍为限，即每日不超过150毫克。

❋ 早餐是一天能量的来源，主食不可废

主食是各种米、面等食品的总称，历来是人们餐桌上必不可少的食物。但由于近些年来人们生活水平的提高、生活节奏的加快以及营养知识的欠缺，很多家庭的早餐只喝一杯牛奶、吃一个鸡蛋，早餐中不再有谷类食物，这种食谱不利于健康。

主食的主要成分是淀粉，营养成分是糖类，是人类获取能量的最经济和最主要的来源，人类膳食中有40%～80%的能量来源于糖类。所有糖类在体内被消化后，主要以葡萄糖的形式被吸收，并能迅速氧化供给机体能量。糖类也是构成人体组织的重要物质，参与细胞的多种活动，参与某些营养素的正常代谢过程。糖类还具有解毒、增加胃充盈感和改善胃肠道功能的有益作用。

主食，尤其粗粮是膳食中B族维生素的重要来源，这些成分中的泛酸尼克酸、硫胺素及少量的核黄素等，是宝宝神经系统发育所必需的。谷类食物也含有一定的植物固醇和卵磷脂，可促进宝宝神经发育。B族维生素对孕期反应如妊娠剧吐，具有很好的减轻作用，能够促进消化液的分

泌，增进食欲。

孕妈妈一般白天上班工作量较大，需要的精力和能量都比较多，如果食物中缺乏谷物糖的供给，就容易导致疲劳、头昏和体重减轻。如果仅依靠牛奶、鸡蛋这种高脂肪、高蛋白食物，不仅会因其代谢产生对人体有害的代谢产物，而且会加重孕妈妈肝、肾的负担。

妊娠反应时的饮食调理

妊娠早期发生恶心、呕吐、食欲低下，当然影响孕妈妈的进食和营养素的摄取，严重的会不利于孕妈妈健康和宝宝发育，所以要注意饮食调理。

为了防止呕吐严重时引起脱水，可选食一些含水分多的食品，如各种水果、新鲜蔬菜等。这些食品不仅含有大量水分，而且含有丰富的维生素C和钙、钾等无机盐。

也可以在烹调食物时使用一些香辛料，如姜、辣椒、紫菜等，使食物略有刺激性，可增进食欲。

热食气味大，妊娠呕吐者比较敏感，可以适当食用些冷食或将热食凉凉后再食用。

可多食用些蛋白质、维生素含量高的食物，如乳酪、牛奶、豆浆、藕粉、鸡蛋、水果、蔬菜等。

少食多餐。恶心呕吐时间多在早晨起床或是傍晚，也就是说胃中太空或太饱时对孕妈妈都不利。孕妈妈可采用少食多餐的方法，不拘泥一日三餐的规定习惯，想吃就吃。晚上可准备一些容易消化的食品，如面包干、馒头片、乳儿糕、饼干等。在早上起床前先喝一杯白开水，再将食物吃下去，稍躺一会儿再起床，可减少恶心与呕吐。

在膳食和食物烹调中，少吃油腻食物，烹调中多采用植物油，少用动物油，以减少油腻。

汤类和油腻食物特别容易引起呕吐，吃饭时孕妈妈不要喝汤、喝饮料及吃油腻食物。孕妈妈应避免吃过油或刺激性强的食物，如辛辣食品。

孕妈妈在清晨起来若有恶心感，可吃些咸饼干、烤馒头片。此时不必因考虑营养而去吃自己不喜欢或不易消化的食品，多吃些蔬菜和水果，有利减轻呕吐，适当服用维生素 B_6、维生素 C，防止体内酸中毒。

怀孕第2个月的营养食谱推荐

牛肉脯

原料： 牛肉 2500 克，砂仁 6 克，胡椒 15 克，良姜 6 克，荜拨 15 克，陈皮 6 克，生姜 50 克，草果 6 克，大葱 50 克，精盐适量。

做法：

❶ 牛肉剔去筋膜，切成大片；胡椒、荜拨、陈皮、草果、砂仁、良姜研为细末，生姜、大葱捣成汁，入诸料末，加精盐，调成糊状。

❷ 把切好的牛肉片，放入调味糊内，拌匀，腌 2 小时后取出，入烤炉中烤熟即可。或上火煨 1 小时。经常少量食用。

特点： 温中健脾，益气和胃，开胃消食，可减轻妊娠反应。

姜枣汤

原料：大枣 250 克，生姜 250 克，甘草 30 克，精盐适量。

做法：

❶ 大枣去核，生姜切片，二者焙干待用。

❷ 甘草与精盐炒制后，与大枣、生姜研为细末，装瓶收储备用。每次 10 克，开水冲服，每日 2 次。

特点：大枣性味平和，补中益气，为调气、补脾胃的常用佳品，与辛温之生姜配伍，可开胃调中，并配以补气的甘草，更助大枣补脾和胃之力。诸料合用，具有"和脾胃、进饮食"的作用，适用于脾胃虚弱、不思饮食或食之呕吐者服食。

菠萝菜卷

原料：菠萝 100 克，胡萝卜 200 克，白菜 100 克，精盐、白糖、菠萝汁、醋各适量。

做法：

❶ 将白糖熬化，过滤后加醋和菠萝汁搅匀，做成味汁。

❷ 将菠萝切丝；白菜烫后撒精盐，胡萝卜切丝烫后撒盐。两种菜腌渍几分钟后洗净，挤干，放味汁内浸渍 3 小时。

❸ 取出腌好的胡萝卜、白菜，把白菜推平，用 4 根胡萝卜丝、2 根菠萝丝放在白菜的一侧，裹成卷，食用时改刀成菱形即成。

特点：口味甜酸，颜色美观。

米露

原料：新鲜粳米 1000 克。

做法：

新鲜粳米置于蒸馏瓶内，加水适量蒸馏，收集蒸馏液 1000 毫升，装瓶储存备用。每次食用 50 毫升，每日 3 次。

特点：稻米品种较多，皆具有补脾胃、益五脏的作用，唯粳米之功最佳。善补中益气，健脾和胃。

豆腐馅饼

原料：豆腐 250 克，面粉 250 克，白菜 1000 克，肉末 100 克，虾米 25 克，植物油 25 克，姜、葱、味精、精盐各少许。

做法：

❶ 豆腐抓碎；白菜切碎用开水焯一下，挤出水分；虾米切碎；将豆腐、白菜、肉末、虾米加入调料与之调成馅。

❷ 面粉 250 克，加水 10 克，调成面团，分成 10 等份，每一等份擀

成小汤碗大的皮子。

❸ 菜馅分成 5 份，两张面皮中间放一团馅，再用小汤碗一扣，去掉边沿，即成一个很圆的豆腐馅饼，共做 5 个。然后将炒锅烧热，放植物油 25 克，将馅饼煎成两面金黄即可。

特点：营养丰富，健脾和胃。

宫保肉丁

原料：瘦猪肉 250 克，花生仁 50 克，干辣椒 2 克，生姜 5 克，葱 25 克，花椒 2 克，酱油 10 克，料酒 15 克，水淀粉 10 克，精盐 1 克，花生油 500 克（实耗 50 克）。

做法：

❶ 瘦猪肉用刀背拍松，切成 0.9 厘米见方的丁，放入碗内加精盐、料酒及酱油少许，水淀粉拌匀。

❷ 花生仁用油炸酥脆；干辣椒切成 1.5 厘米长的节。

❸ 炒锅上火，入花生油烧至六成热，下干辣椒炸成棕红色，速下花椒、肉丁炒散后，入料酒、葱、生姜快速炒匀，烹入兑好的芡汁，速炒几下，加花生仁颠匀后速出锅盛盘。

特点：猪肉有滋补身体的功效；花生仁清香舒脾，调中开胃。有报道花生衣对于血小板减少性紫癜、胃、肠、肺、子宫等内脏出血症有较明显的止血效果。宫保肉丁佐以花生、干辣椒香味浓郁，开胃助食，营养丰富，是四川有名的风味佳肴。

孕妈妈的保健护理

❈ 缓解孕吐从日常起居做起

怀孕早期，大多数孕妈妈会有孕吐经历，如果想要缓解这种不快的事情，在日常生活方面需要多加留意。

❶ 远离厨房的油烟味，那种气味会加重孕妈妈的早孕反应，让孕妈妈更加没有进食欲望。利用微波炉烹调，会减少油烟等气味的产生。

❷ 刚吃完饭时不要马上躺下，可以适当参加一些轻缓的活动，如室外散步、做孕妇保健操等，都可改善心情、减轻压力、缓解早孕反应，但是孕妈妈应注意避免过激的运动或嘈杂的环境。

❸ 不要过度劳累，因为在疲惫的情况下，孕吐状况会加剧。建议孕妈妈要多注意休息，最好能在中午小睡片刻。晚上也要充分休息，早点就寝。睡觉的时候保持室内的空气清新。

❹ 尽量避免待在温度过高的地方，太热的空气会增加恶心的感觉。

❺ 心情的变化也起着很大的作用，压力会加剧孕吐情况。所以，孕妈妈应让自己保持心境平和，不要太紧张、焦虑。

❈ 怎样缓解晨起恶心感

多数孕妈妈在早晨起床后会出现不同程度的恶心感，也叫晨吐，这是

孕期的正常反应，孕妈妈不必太过担心。虽然晨吐无法避免，但通过一些方法是可以缓解的。

❶ 孕妈妈首先要在心理上放轻松，可以把晨吐看做是身体对胎宝宝生长的一种保护机制，这样可以避免晨吐时的情绪低落。

❷ 早晨起床时动作要慢。

❸ 在床边放一些小零食，如饼干、全麦面包等，每天在睡前以及起床前都吃一点，可以减轻晨吐。

❹ 清晨刷牙经常会刺激产生呕吐，不妨先吃点东西再刷牙。

❺ 喝水时加些苹果汁和蜂蜜，或者吃些苹果酱，可以起到保护胃的作用。

❻ 觉得恶心的时候吮吸一片新鲜的柠檬；吃姜也可以缓解恶心的症状，不过每天吃姜不可超过3次；香蕉也有不错的镇定功效，可以减轻恶心、晨吐。

❀ 孕期化妆建议

怀孕之后的孕妈妈可以偶尔化淡妆，但是尽量少浓妆艳抹。

如果孕妈妈孕期必须得化妆，在挑选化妆品和化妆的时候，可以参照以下的建议：

❶ 最好使用同一个品牌的化妆品。建议孕妈妈用婴儿系列的安全护肤用品。像一些高科技生化产品、祛痘祛斑的特殊保养品、含激素及磨砂类产品，最好都不要使用。

❷ 选择安全性强、透气性好、油性小、含铅少、不含激素且品质优良的产品，否则在天气热的时候不利于排汗，影响代谢功能。

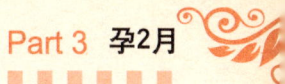

❸ 不纹眼线、眉毛，不绣红唇，不拔眉毛。孕妈妈在修眉毛的时候，可以改用修眉刀。

❹ 尽量不涂抹口红，如有使用，喝水时、进餐前应先抹去，防止有害物质通过口腔进入体内。

❺ 每次妆容的清洗一定要彻底，防止色素沉着。

❉ 孕期接听电话宜开免提

一般我们是避免不了受到手机辐射的影响的，但是孕妈妈怀孕早期，胎宝宝受辐射影响的危险比其他时期要大得多。因此，孕妈妈使用手机的时候要注意减少辐射。

避免手机辐射最有效的办法就是不使用手机，如果不能做到这一点，那就在通话时尽量远离手机，电磁场的辐射强度会在距离人体 5 厘米处减弱至 1/4，在 0.9 米处仅为原来的 1/50。

实际上距离太远是不现实的，因为会影响通话质量，但手机上有一个十分好的功能，就是免提功能，它可以切换到扬声器模式。使用免提耳机或使用无线蓝牙耳机，可以使普通手机的电磁辐射降至原来的 1/100 以下。

孕妈妈如果接听手机电话，一定要记得开免提功能。

❉ 孕期不宜看恐怖电影、书籍

有的孕妈妈在孕期容易变得焦虑起来，于是会寻求一些比较刺激的感受，比如看恐怖电影、书籍。但是恐怖、悬疑情节，会造成孕妈妈精神紧张，过度刺激对孕妈妈和胎宝宝是没有好处的。

尤其是怀孕前 3 个月，精神刺激的伤害性是最大的，孕妈妈情绪紧张可能引起胎宝宝循环系统的紊乱，还会导致胎宝宝发育缓慢，另外，紧张还很容易引起流产。长期情绪紧张，孕妈妈的身体会变得虚弱，而身体虚弱的人很容易感染疾病，受到紧张情绪刺激后，产生的抗体会减少，大大削弱了孕妈妈对疾病的免疫力。

所以，在孕早期，为了宝宝的安宁，孕妈妈保持一个好心情是很重要的。

孕期怎样看电视更安全

电视机在工作时，显像管会释放出大量的正离子，正离子会吸引空气中带负电的尘埃，使得荧光屏周围飘浮着含大量微生物的灰尘。另外，还会产生一些肉眼看不到的射线。虽然这些射线和静电引起的灰尘对普通人没有什么影响，但是长时间的积累对孕妈妈和胎宝宝会产生不利的影响。

孕妈妈看电视要注意的问题

① 控制看电视的时间。孕妈妈一次看电视时间不宜超过2小时，避免过度使用眼睛，中间最好能够起身活动一下。

② 与电视机保持一定的距离。孕妈妈看电视的时候至少应远离电视机2米以上，这样可以减少射线和静电的影响。当然也可以穿上防辐射服将危险降到最低。

③ 保持空气流通。可以减少播放电视时所产生的浮尘等。

④ 不要饱食后看电视，以免使食物积滞。也不要边看电视边吃零食或蜷着身体看电视，以免使得孕妈妈腹腔内压增大，胃肠蠕动受限，不利于食物的消化吸收。

⑤ 看完电视后用清水洗脸洗手，保障胎宝宝的健康。

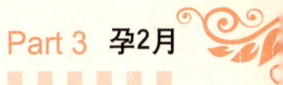

❄ 孕期睡觉宜关灯

灯光对孕妈妈的情绪和身体产生影响，也会对胎宝宝的发育产生影响，孕妈妈在睡觉前要养成关灯的好习惯。

白炽灯：这种光中只有自然光线中的红、黄、橙三色，缺少阳光中的紫外线，不符合人体的生理需要。

荧光灯：它发出的光线带有看不见的紫外线，短距离强烈的光波能引起人体细胞发生遗传变异，可能诱发畸胎或皮肤病。

因此，孕妈妈在睡觉前要养成关灯的好习惯。此外，宝宝出生后，不少父母担心宝宝怕黑，会给他在床头留一盏灯，这实际上却蕴涵了不健康的生活习惯，床头的灯光不仅会影响宝宝的睡眠质量，而且会影响他的视力发育。

❄ 什么时候去医院做产检

产前检查是保证孕妈妈和胎宝宝孕期健康的最佳保障，医生会根据孕妈妈的情况提供孕期的保健建议，让其安全地度过孕期。这也是优生、优育的前提保证。

孕期具体的产检时间表：

检查时间段	检查次数	检查目的
12周以内	检查1次	及时识别早孕症状，及早开始保健
13～27周	每月检查1次	及时筛选高危妊娠，发现有高危因素应酌情增加检查次数，并给予必要的纠正治疗
28～35周	每半月查1次	及时发现影响正常分娩的各种因素及妊娠期并发症、合并症
36周至足月妊娠	每周检查1次	密切观察孕妈妈和胎宝宝的情况，更好地为接生作准备

孕妈妈去医院进行产检的时候，一定要穿宽松的衣服，尤其是到孕中期测宫高、腹围开始，更是要选择方便检查的衣服。下装最好是穿容易穿脱的裤子，也可以是宽裙子。这样，内诊时候就不会给自己造成太大的麻烦。

孕早期性生活宜节制

怀孕第 2 个月，准爸爸准妈妈一定要节制房事。一般来说，在妊娠早期的头 3 个月里，房事都是要节制的，尤其是婚后多年不孕和曾经有过自然流产史的孕妈妈更应避免同房。

在怀孕早期，胚胎正处在发育阶段，胎盘还未完全形成，特别是胎盘和母体子宫壁的连接还不紧密，胚胎"扎根"不牢，如果同房做爱，子宫就会受到震动，很容易使胎盘剥离引起流产。另外，同房做爱时，孕妈妈的盆腔会充血，引起子宫收缩，也会造成流产。此外，精液中含有前列腺素，这种激素也可以导致子宫收缩，从而可能引发流产。

所以，孕妈妈可别盲目贪图房事，简单地说，爸爸妈妈行房事是会威胁到胎宝宝安全的一个因素。为了胎宝宝能安稳地度过早孕期，一定要将安全放在第一位。

孕妈妈做胎教

❋ 想象胎教

创造性审美想象

创造性审美想象,是一种能充分发挥和调动主观能动性的心理活动,它可以使任何一个人的生活变得充裕和快乐。对孕妈妈们来说,她们更需要快乐、满足和美感。下面就简要介绍一下创造性审美想象的方法和技巧。

首先,孕妈妈要进行想象,想自己向往和喜欢的事,如想着自己抱着未来的宝宝,逗着宝宝玩的情景。

孕妈妈自己置身于一个舒适的环境中,或是坐着,或是躺着。使身体完全放松,从脚趾开始,一直到头顶,想着一步步地放松身体的每一块肌肉,让所有的紧张从身体中流出。用腹部又匀又长地呼吸,慢慢地从10倒数到1,每数一下都觉得自己是更深地放松了。

当孕妈妈感到自己深深地放松了之后,开始想象自己逗玩宝宝的情景。想象宝宝是多么活泼可爱,自己的心情是多么愉快欢乐,胎教成功的喜悦充溢在自己心头。

在大脑里保留这些美好的情景的同时,在内心对自己作一些十分积极的、肯定的陈述(出声或不出声都可以)。例如:

"我正在和可爱的宝宝度过一个美好的晚上。"

"宝贝,我永远爱你,我们永远在一起。"

在结束想象时,自己再说一段坚定的话:

"这，美好的情景，

多么和谐，多么令人满意。

现在我充分感到了初为人母的幸福，

也感到了为社会贡献一个健全的宝宝，

是多么骄傲，多么光荣。"

孕妈妈要觉得这一过程是欢快有趣的，要坚持做下去，可以是5分钟，也可以是半小时。每天都反复做，或尽你所能地经常去做。

要想练习创造性审美想象，就一定要做到深深地放松。孕妈妈的身体和头脑都深深放松了，脑电波就会真正产生变化，变得慢下来。

孕妈妈要进行肯定的练习，用一些更积极的思想、概念来替代过去陈旧的、否定性的思维模式。这是一种强有力的技巧，它能在短时间内改变孕妈妈对生活的态度和期望。孕妈妈可以不出声地进行，可以大声说出来，也可以写在纸上，甚至可以歌唱或吟诵。一天只要有10分钟有效的练习，就能抵消孕妈妈许多年的思想习惯。孕妈妈在自己告诉自己一切时，要进行积极想象，选择积极的语言和概念，一个积极的现实就会被创造出来。

放飞想象的翅膀

想象你自己置身在清新的大自然中——也许是片开阔的绿色草地，旁边是潺潺的小溪，也许是在海边细软的沙滩上，能看到波浪起伏。花一些时间想象所有美好的细节，意识到自己正充分享受并经历着这一切。你继续漫步、探索，越来越多地看到丰富多彩、美不胜收的景色——山麓、树林，在每一个地方流连、欣赏一会儿……

把这个世界想象成一个辉煌的乐园，在这个乐园中你正完满与丰裕着你的经历。

音乐胎教

胚胎学研究证明，胚胎从第8周起神经系统初步形成，听觉神经开始发育，尽管发育得还很不成熟，但宝宝已具有可以接受训练的最基本条件。故从妊娠第2个月末起，孕妈妈和宝宝可以听一些优美、柔和的曲目。每天在室内放1～2次，每次10分钟左右，乐曲不要选得太多，3个曲子就差不多了。音乐胎教不仅可以激发孕妈妈愉快的情绪，同时可以给宝宝的听觉以适应性的刺激，为下一步的音乐胎教与语言胎教、对话胎教开个好头。

根据孕妈妈性格选取乐曲

选择乐曲时要根据孕妈妈的不同性格特点选取不同曲词、节奏、旋律和响度的乐曲。如孕妈妈情绪不稳、性情急躁、胎动频繁不安，则宜选择一些缓慢柔和、轻盈安详的乐曲。如二胡曲《二泉映月》、古筝曲《渔舟唱晚》、民族管弦乐曲《春江花月夜》等。这些柔和平缓，并带有诗情画意的乐曲，可以使孕妈妈及宝宝逐渐趋于安定状态，并有益于母子的身心朝着健康的方面发展。

如果孕妈妈的性格抑郁迟缓，胎动也比较弱，则宜选择一些轻松活泼、节奏感强的乐曲。如《春天来了》、《江南好》、《步步高》及奥地利作曲家约翰·施特劳斯的《春之声圆舞曲》等。这些乐曲旋律轻盈优雅，曲调优美酣畅、起伏跳跃，节奏感强，既可以使孕妈妈振奋精神、解除忧虑，也能给腹中的宝宝增添生命的活力。

其他的如《江南好》、《春风得意》等乐曲，轻松悠扬、节奏明朗、优美动听，使人赏心悦目；《锦上添花》、《矫健的步伐》以及奥地利作曲家海顿的乐曲《水上音乐》等乐曲，清丽柔美、抒情明朗，可以消除孕妈妈的疲劳；《花好月圆》、《欢乐舞曲》等乐曲，可促进孕妈妈的食欲；德国音乐家勃拉姆斯的《摇篮曲》、德国浪漫派作曲家门德尔松的《仲夏夜之梦》等乐曲，旋律轻盈灵巧、美妙活泼，情调安神柔和，具有催眠的作用。此外还可选择约翰·施特劳斯的华尔兹或其他古典的名曲。

胎教音乐：欢乐颂

这首众所周知的《欢乐颂》，其实是《贝多芬第九交响曲》的终曲乐章。作品是贝多芬于1819～1824年间创作的，也是他全部音乐创作生涯的最高峰和总结。

这首乐曲的主旋律进场是由大提琴和低音提琴演奏的，浑厚、低沉的声音在寂静中响起，给人一种深沉、平静的感觉；旋律演奏了一次之后，中提琴进场重复旋律，旋律行进到中音部，主题曲稍亮的音色给旋律带来一种明快的感觉，低音部则退到后面和木管一起伴奏；中提琴演奏完旋律之后也退到伴奏，接着小提琴加入

了，小提琴如歌般的声音欢唱着，让旋律真的活起来了；小提琴声部简单重复了旋律后，旋律行进到乐队齐奏，这时铜管、木管吹奏主旋律，其他各声部伴奏，场面宏大，由前面的平静、深沉的快乐进入到了万众欢腾的场面，欢乐颂的主旋律贯穿始终。这便是这部伟大的曲子所要歌颂的主题——欢乐，一个简单却又优美的旋律将它表现得淋漓尽致。

❊ 美容胎教

以前人们认为生了宝宝，青春的容貌和苗条的身材就会消失。事实上，只要注意皮肤的美容、护理，就仍然可以保持青春的肤色和苗条的身段。

怀孕后，皮下脂肪日益丰腴，皮肤、黏膜分泌的汗和油脂也比以前增多，如不经常清洗，会使皮肤发痒，很容易得皮炎。因此，要经常洗澡。夏天因为出汗较多，最好每天都洗。

怀孕后，由于皮脂腺分泌很多的油脂，皮肤会变得粗糙、敏感，面部还会长出一些脓疱。这是由于体内的激素分泌失调所致，所以不必乱抹药或是更换化妆品。若情况不是特别严重，不必求医，也不必弄得烦心着急，只要注意多洗脸，保持脸部清洁，充分休息，摄取适当的营养，会慢慢好转的。

由于妊娠反应，孕妈妈往往饭吃得很少，营养跟不上，脸色会失去以往的红润，所以化妆要尽量明亮，给人以爽朗、明快的感觉。这时，你最好不要浓妆艳抹，这样会损害你敏感的皮肤。应该化淡妆，一定要描得仔细、认真。晚上要保养皮肤，用一种不含去垢剂的中性乳液洗脸；然后，用凉水将皮肤洗净。用冷霜敷在脸上，轻轻按摩，最后用热毛巾擦掉，用乳液滋润。这样，可以使你不经化妆，便得到娇好的面容。

在怀孕的头几个月内，孕妈妈没有必要去买孕妈妈装，只需整理一下现成的服装，选出较为宽大的，或把腰部放大就可以穿了。因为怀孕时对寒暑的抵抗力很差，一定要注意保暖，寒冷时要比平常多穿一件衣服。热了，要穿吸汗、凉爽的衣服。再不能只注意好看，而不管穿着是否舒服、合适了。

孕妈妈要养成一些习惯，如不再穿高跟鞋。因穿高跟鞋时身体重心前移，为了保持身体平衡，必须要臀部突起，胸部挺起，这样会使腹腔的前后径缩短，腹压上升，压迫血管，使血液循环受阻，从而会影响宝宝的生长。

每天早上，要用温水清洗乳头，以保持乳房的清洁。另外，胸肌没有办法支撑日渐丰满的乳房，必须要选择合适的文胸托住乳房，使其保持在原来的位置上。即使乳房小而且结实，也要这样做。有些女性以为生育后乳房下垂是哺养宝宝的结果，事实上，用母乳喂宝宝反而会使胸部更美。乳房下垂的原因是孕期没有配戴合适的文胸。胸肌不发达者更应注意文胸的配戴。晚上，为了使胸部肌肉不太紧张，依旧要戴上文胸。

❀ 抚摸胎教

抚摸胎教法是根据宝宝具有触觉，准爸爸孕妈妈通过抚摸来与宝宝沟通的方法，它也是准爸爸孕妈妈早期与宝宝沟通的重要途径。

相对视觉而言，宝宝的触觉发育要早一些，实验证明，2个月的宝宝已经开始有感觉了，准爸爸孕妈妈可以通过对宝宝进行抚摸、拍打等，激发宝宝的积极性。经常抚摸宝宝，可以促进孕妈妈的血液循环，有利胎体的形成和宝宝的智力发育。通过抚摸把触觉刺激传递给宝宝的大脑，加强宝宝感受器和大脑的联系，使宝宝更聪明。

怀孕第2个月抚摸胎教的具体做法是：孕妈妈可用双手轻抚腹部，一边抚摸一边呼唤宝宝的名字，还可以跟宝宝说话，把宝宝当成每时每刻和自己生活在一块儿，把自己正在做的或可以和宝宝一起做的事告诉宝宝。同时，准爸爸也可以选择合适和固定的时间抚摸宝宝，或用手指轻按妻子的腹部，把压力通过腹壁传至宝宝皮肤，以产生压觉和触觉。这样可满足宝宝的皮肤饥饿感，激发宝宝活动的积极性，促使其蠕动。

美育胎教

孕妈妈在欣赏美术作品的时候,通过联想、想象到美好的事物,从而将美的感受传递给宝宝,达到对宝宝的美育胎教。孕妈妈在欣赏美术作品的时候,要在理解美术作品的基础上,用心去体会,引起感情上的共鸣,产生美的感受,从而达到对宝宝进行美育胎教的目的。孕妈妈在欣赏美术作品时,可根据不同的爱好选择不同的作品,喜欢中国画的可欣赏中国画,喜欢西洋画的可以选择西洋画,喜欢根雕的孕妈妈可选择欣赏根雕……孕妈妈要根据自己的喜好和欣赏素质来选择。

欣赏法国画家安格尔的作品《泉》

《泉》是安格尔最著名的裸体油画杰作,尽管这幅画属于希腊画风之作,但画中裸女却有一种自然的生气。画面表现的是一个手托水罐正面站立着的少女形象,尽管她略含羞涩的美丽面庞和优美匀称的体态可以引起人们无限的联想,但画家的匠心则主要体现在他对理想美的思考和追求上。少女的造型在整体上是遵循了古希腊雕刻的三段式原则,左边以高举的手臂组成圆和三角的几何结构,胸部和腹部的转折起落形成波浪式的曲线,与左边的单纯和宁静形成对比。从少女的头部开始,经过耻骨到脚底的S形是中轴线,正是这根无形的中轴线,统一了画面的运动和变化,达到了高度的和谐,寄托了安格尔对美的全部理想。而水罐倾流的泉水,既起着寓意少女青春纯洁的点题作用,又使画面产生匀称和谐的旋律。

《泉》这幅画创造出的不仅是一个纯洁少女的化身,更创造了恬静、典雅、抒情诗般的意境,而这种意境恰恰正是孕妈妈所需要的。

如果孕妈妈在这样一种美的境界中去想象自己腹中的宝宝，这是多么的美好！

故事：财富到底是什么

最大的财富

有个年轻人整天抱怨自己太穷，什么财富都没有。一天，一个老石匠从他家门口路过，又听到了他的抱怨，就对他说："你抱怨什么呀？其实，你有最大的财富！"年轻人惊讶地问："我有什么财富？"老石匠说："你有一双眼睛，你只要献出一只，就可以得到你想要的任何东西。"年轻人说什么也不献。老石匠又说："让我砍掉你的一双手吧，你可以得到许多黄金！"年轻人更是不能同意了。老石匠说："现在你明白了吧，人最大的财富是他的健康和精力，这是用多少钱都买不到的。"年轻人顿时明白了，其实健康才是最大的财富。

你想过你最大的财富是什么吗？是金钱、权利、美貌，还是此刻你生命的全部——胎宝宝？如果是，就把这个故事讲给胎宝宝听吧，告诉胎宝宝，他的健康就是你最大的财富。

孕妈妈在讲这个故事的时候可以拉上准爸爸一起，让他扮演主角，你扮演配角。两个人在说的时候一定要绘声绘色，尽量地融入到角色中去。虽然现在胎宝宝还听不到你们说话，但是愉快、轻松的氛围可以帮助孕妈妈赶走烦躁不安的情绪，这对胎宝宝的成长也是很有帮助的哦！

❋ 环境胎教

美化居室环境

优美的环境，能对人的神经起到调节作用，也能对孕妈妈的性格、心情起到改善、缓和的作用。一个干净整洁、安静舒适的居室还会使孕妈妈从精神上感到愉快。席勒曾经说过："真正美的东西，必须一方面跟自然一致，另一方面跟理想一致。"家庭环境的布置，是孕妈妈的物质、精神生活统一和谐的黏合剂，这不仅能对孕妈妈的精神生活起到一定作用，而且也能促

进宝宝的良好发育。

既然良好的环境对孕妈妈的情绪有着很重要的作用,那么怎样创造优美的环境来促进宝宝的发育呢?

布置一个良好的居室环境

居室的色彩布置应该因孕妈妈工作种类、个性性格等不同而有所变化。一般来说,在纷繁复杂的环境中工作的孕妈妈,居室色彩应该简洁、温柔、清淡,如乳白色、淡蓝色、淡紫色、淡绿色等。因为白色给人一种清洁、朴素、坦率、纯洁的印象,其他如淡蓝色、淡紫色等给人一种深远、冷清、高雅、安静的感觉。孕妈妈从繁乱的环境中回到宁静、优美的房间,内心的烦闷便会趋于平和、安详,心情也会稳定。如果孕妈妈是在紧张、安静、技术要求高、神经经常保持警觉状态的环境工作,家中不妨用粉红色、橘黄色、黄褐色布置。因为这些颜色都会给人一种健康、活泼、发展、鲜艳、悦目、希望的感觉。孕妈妈从单调的色彩环境、紧张的工作状态中回到生机盎然、轻松活泼的环境中,神经可以得到松弛,体力也可以得到恢复。

居室还要进行绿化装饰,而且应以轻松、温柔的格调为主,无论盆花、插花装饰,均以小型为佳,不宜用大红大紫,花香也不宜太浓。孕妈妈在被花朵装饰得温柔、雅致的房屋里,一定会有舒适、轻松的感觉,这有利于消除孕妈妈的疲劳,增添情趣。

在居室的墙壁上还可以悬挂一些活泼可爱的婴宝宝的画像或照片。他们可爱的形象会使孕妈妈产生许多美好的遐想,形成良好的心理状态。另外,悬挂一些景象壮观的油画也是有益的,它不仅能增加居室的自然色彩,而且能使人的视野开阔。试想,茂密的森林、淙淙的流水、蓝天白云、海浪、沙滩……多么令人神往!即使是紧张、劳累了一天,孕妈妈也可以在这优美的环境里得到很好的休养。

除此之外,还可以在居室悬挂一些隽永的书法作品,时时欣赏,以陶冶性情。书法作品的内容常常是令人深思的名句,从中不仅能欣赏字体的美,更能感到有一种使人健康向上,给人以鼓舞和力量的作用在时时激励自己。

在这优美的环境里,孕妈妈还可以培养自己更广泛的兴趣,如可以自己种一些花草,喂养一些漂亮的小鱼等。这些都能够陶冶孕妈妈的情操,感到那种旺盛的生命力是无处不在的，进而产生美好的联想。

要经常到空气清新、风景秀丽的地方游览，多听听悦耳动听的音乐，多看看美丽的图画和花草，以调节情趣。这样不仅可使孕妈妈心情舒畅，体内各系统功能处于最佳，也可以使宝宝处于最佳的生长发育环境，对于希望自己的宝宝聪明、漂亮的夫妻是十分必要的。

情绪胎教

控制自己的情绪

受孕以后，孕妈妈的一举一动都会对宝宝产生影响，为了能让孕妈妈自觉地对宝宝实施胎教，稳定孕妈妈的情绪至关重要。

作为家庭主要成员的丈夫，应当经常关心和体贴妻子，在妻子怀孕期间，应主动承担较多和较重的家务劳动，要经常注意去发现妻子的思想和情绪波动，及时给予适宜的帮助和开导，做好妻子思想上的工作。

孕妈妈应该培养自己心平气和的心境，不要轻易动怒，要学会以宽容的态度对待别人。同时，怀孕的女性都有一种上升了的母爱感、崇高感，这在无形中增强了孕妈妈抵御不良情绪的能力。在此期间，孕妈妈还要注意培养自己处理冲突的良好的心理素质。

孕妈妈自己为了控制和扭转不良的情绪，还可以去看一些轻松愉快的电影，听一曲温馨优美的乐曲，读一些情节乐观的文学作品，甚至可以到旅游胜地散散心。总之，尽量让孕妈妈保持一种平和、稳定和舒畅的心态，对促进宝宝的大脑发育，创造一个良好的环境，起到间接胎教的作用。

调节坏情绪的10个小方法

孕妈妈生气的时候，不妨试一试下面的方法：

❶ 凡事要往好处想，不要生气，不要着急。

❷ 遇到不开心的事情要往别处想，离开不愉快的情境，转移注意力。

❸ 跟自己说话，相信有办法解难，说话慢一点，平和一些。

❹ 坐下来，身子往后靠，使心情平静下来。

❺ 按摩头部和太阳穴。

❻ 用温水洗澡。

❼ 把眼睛闭上几秒钟。

❽ 置身于欢乐的人群中，给自己的情绪以积极的感染，从中得到宽慰。

❾ 到附近草木茂盛的宁静小路上散步。

❿ 听听自己喜爱的音乐，翻翻自己喜爱的书籍，想一想未来小宝宝的模样。

微笑是极佳的胎教

每天清晨，孕妈妈可以对着镜子，先给自己一个微笑，在一瞬间，一脸惺忪转为光华润泽，沉睡的细胞苏醒了，让人充满朝气与活力。

哪怕生气的时候，孕妈妈也可以照一照镜子，这时孕妈妈会发现镜子中的自己非常丑陋，脸上的肉扭曲而痉挛，眉头紧皱，脸色阴暗，简直就像一个陌生的面具。孕妈妈甚至会质疑：这是我吗？我怎么是这个样子？一点也不错，生气就是会使一个人变得畸形，变得让周围的人觉得陌生。那么，当人们正视丑陋的自己时，就会产生一种愿望，这就是改过的愿望，人们不希望自己继续丑陋下去，于是就会采取实际行动，好让镜子里的自己变得好看一些。当然，变得好看的办法也很简单，只要调整呼吸，平和心情，给自己一个微笑即可。

准爸爸做胎教

❋ 开始学着跟宝宝说话

对年轻的准爸爸而言，一开始可能会觉得比较别扭，所以，要从现在就开始练习和宝宝说话。如每天早晚和宝宝打招呼，对着孕妈妈的肚皮念儿歌、讲故事等。

开始每天给小宝宝按摩

准爸爸也可常常抚摩胎宝宝，方法是将双手手指放在妻子的腹部，从上到下、从左到右，随着音乐轻轻触摸胎宝宝，每次5~10分钟。

安抚孕妈妈的情绪

这个月，孕妈妈开始有孕期反应，孕吐严重的话是很难受的，难免会影响到心情，所以还是需要准爸爸多多关心。

❋ 帮孕妈妈减压

一个人心理状态越不好越想得到亲人的同情和安慰，因此，孕妈妈心里难过时，尽量与准爸爸分享，让准爸爸来为你实行减压计划，他的加倍关怀和爱护、鼓励及支持能让你获得莫大的安慰。

准爸爸可以为孕妈妈做的事情有：

❶ 陪伴孕妈妈听讲座。准爸爸陪同孕妈妈到孕妇学校或相关孕妇课堂听取全面的孕期知识的讲座，以便对

妊娠、生产、养育等问题做到心中有数,并互相交流、沟通,就会减少孕妈妈因不了解而产生的恐惧和忧虑。

❷ 帮助孕妈妈按摩。准爸爸在临睡前(或每天固定时间)给孕妈妈轻轻按摩腰、腿,缓解孕期酸痛和水肿,使孕妈妈放松精神、舒适地进入睡眠。

❸ 陪伴孕妈妈散步。准爸爸每天清晨或傍晚陪伴孕妈妈出去散步,在小区里或附近的公园里慢走,也可以适当地做孕妇体操,对孕妈妈缓解压力是很有好处的。

❹ 多体谅孕妈妈。许多孕妈妈在怀孕后,由于身体和心理上的变化,常常脾气无端很坏,此时准爸爸应该比平时有更多的耐心和包容、温柔体贴,帮助孕妈妈放松心情,缓解情绪。

积极参与抚摸胎教

准爸爸的抚摸和协助,对孕妈妈心理上是一种安慰和鼓舞,对丈夫的关怀、体贴,孕妈妈会感到非常高兴,从而对孕妈妈的情绪产生良好的影响。准爸爸的积极参与往往是使胎教能坚持不懈、持之以恒的重要因素。因此,夫妇要相互配合,心灵交融,把抚摸胎教不断地进行下去。

Part 4

孕3月

胎宝宝的发育和孕妈妈的变化

❋ 已经可以分出男女宝宝，是一个爱动的小人了

怀孕第3个月末宝宝已有40克重，长9～10厘米。整个身体中头显得格外大，几乎占了身长的大部分。宝宝有了手指甲和脚指甲，有眼睑，但仍闭着，有了双唇和一个凸出的鼻子。

宝宝的皮肤是透明的，因而可以透过皮肤清楚地看到正在形成的肝、肋骨和皮下血管、心脏、肝脏、胃肠更为发达。此时宝宝自身形成了血液循环，肾脏也开始发达起来，有了输尿管。骨骼和关节尚在发育中。外生殖器已分化完毕，可辨出宝宝的性别。

这时宝宝四肢在羊水中已能自由活动，有时左右腿还可交替做屈伸动作，双手能伸向脸部，这说明脊髓等中枢神经已很发达了。

❋ 妈妈平时穿的衣服开始觉得紧了

从外观上看，孕妈妈的下腹部还未明显隆起，但体内的子宫在第3个月末时已长到如拳头大小。

孕妈妈增大的子宫开始压迫位于前方及后方的膀胱和直肠，出现排尿间隔缩短、排尿次数增加、总有排不净尿的感觉，并且因压迫直肠，还容易出现毫无原因的便秘和腹泻。

孕妈妈盆腔内内脏血液聚集，发生充血和淤血，阴道的分泌物较前略有增多，颜色为橙色或淡黄色，有时为浅褐色。

妊娠第3个月的前2周，是妊娠反应最厉害的阶段。度过此阶段，妊娠反应随着孕期的增加开始减轻，不久会自然消失，孕妈妈开始食欲增加，下降的体重逐渐回升。

孕妈妈的乳房除了原有的胀痛外，开始进一步长大，乳晕和乳头色素沉着更明显，颜色变深。

孕妈妈的饮食营养

❋ 减少食物中营养损失的方法

各种食物的制作方法不同。为了保证食物中的营养物质尽可能地不流失，孕妈妈在日常生活中应该注意以下几点：

❶ 冲奶粉时不要用开水冲，最好用40℃～60℃的温水冲，这样既不会破坏奶粉的营养又可保持奶粉的口感。

❷ 买回来的新鲜蔬菜不要放得太久才烧煮。制作时应先洗后切，最好一次吃完。炒菜时应大火快炒，3～5分钟即可。煮菜时应水开后再放菜，可以防止维生素的丢失。

❸ 淘米时间不宜过长，不要用热水淘

米,更不要用力搓淘。米饭以煮饭、蒸饭为宜,不宜做捞饭,否则会使营养成分大量流失。熬粥时不要放碱。

❹ 烹制肉食时,最好把肉切成碎末、细丝或小薄片,大火快炒。大块肉、鱼应先放入冷水中用小火炖煮烧透。

❺ 合理使用调料,如醋可起到保护蔬菜中B族维生素和维生素C的作用。在做鱼和炖排骨时,加入适量醋,可促使骨骼中的钙质在汤中溶解,有利于身体的吸收。

多吃些大豆类食品有助宝宝大脑发育

大豆类是重要的健脑食品,如果孕妈妈能多吃些大豆类食品,将对宝宝健脑十分有益。

大豆中含量相当高的氨基酸和钙正好弥补米、面中这些营养的不足。又如脑中极为重要的营养物质谷氨酸、天冬氨酸、赖氨酸、精氨酸在大豆中的含量分别是米中含量的6倍、6倍、12倍、10倍,可见其含量之高,对健脑作用之大。

大豆中含蛋白质约占40%,不仅含量高,而且多为适合人体智力活动需要的植物蛋白,也有利于健脑。

大豆含脂肪量也很高,约占20%,在这些脂肪中油酸、亚油酸、亚麻酸等优质不饱和脂肪酸又较多。

此外,大豆中每100克含钙240毫克,铁9.4毫克,磷570毫克,维生素B_1 0.85毫克,维生素B_2 0.30毫克,烟酸2.2毫克。这些营养物质也都是智力活动所必需的。

所以,孕妈妈宜多吃大豆和大豆制品,如豆豉、豆腐、豆浆、豆腐皮、腐竹、豆腐干等。

黄豆是补充蛋白质的理想食物

大豆中的黄豆,富含人体必需的8种氨基酸,素有"植物蛋白之王"

的美称。

据测定：每100克黄豆中含蛋白质36.3克，每500克黄豆中蛋白质的含量相当于1000克瘦肉中的蛋白质含量。它还富含脂肪、糖、胡萝卜素、钙、磷、铁及亚油酸。它所含的蛋白质可达36.3%，比鸡蛋高3.5倍，比牛肉高2倍，比牛奶高13倍。更主要的还是大豆本身含有人体必需的而又不能在体内合成的8种氨基酸，如：赖氨酸占6.86%、蛋氨酸占7.56%、色氨酸占1.28%、苯丙氨酸占5.01%、苏氨酸占4.31%、亮氨酸占7.72%、异亮氨酸占5.10%。

黄豆的吃法有多种，可以带壳煮后吃毛豆，也可以剥壳煮或炖汤、炒着吃等。黄豆称得上是价廉物美的营养品，用黄豆制成的各种豆制品也是营养丰富、好吃不贵的食品，如豆浆、豆腐、豆腐干等。豆制品是孕产妇的理想营养品。

黄豆芽可以清除体内的烟尘，因为它富含一种抗癌症的酶，还可以降低血脂，预防高血压及心脏病，亦有修复损伤的组织、增加血管壁的韧性和弹性、预防产后出血及便秘、提高母乳质量的作用。

❋ 全素主义伤害胎宝宝

平时我们提倡多吃素食，但对孕妈妈来说如果全吃素食则不利。

孕妈妈光吃素食而不吃荤食，就会造成牛磺酸缺乏。实验证明，牛磺酸有助于视力正常发育，孕妈妈如果缺乏牛磺酸，就会造成宝宝视力不佳，甚至生出失明的新生儿。

荤食大多含有一定的牛磺酸，再加上人体自身亦能合成少量的牛磺酸，因而普通人的饮食不会出现牛磺酸缺乏。而对孕妈妈来说，由于需要牛磺酸的量比平时增大，人体本身合成牛磺酸的能力又有限，再加之全食素食，必然造成牛磺酸缺乏，使宝宝视力受损。

另外，只吃素食也不利于脂溶性维生素的吸收。维生素 A、维生素 E、维生素 D、维生素 K 需要有脂肪的协助才能被人体吸收。

为了宝宝正常发育和自身健康，孕妈妈在多吃素食的同时，不要抛弃荤食，要适当食用鲜鱼、瘦肉、鲜蛋、小虾、牛奶等含牛磺酸的荤食。

❁ 过食动物肝脏会导致宝宝畸形

过去，人们都提倡孕妈妈的饮食中必须包括动物肝脏，这是因为动物肝脏含有丰富的消化酶以及钙、铁、锌、镁等元素，一些重要的维生素，如维生素 D、维生素 A、维生素 B_1、维生素 B_2、维生素 B_{12} 等在肝脏中含量也很丰富。因此孕妈妈平时食用一些动物肝脏，有利于预防因蛋白质、钙、铁、锌、维生素 B_2、维生素 A、维生素 D 缺乏而引起的多种营养缺乏性疾病。但过多地食用动物肝脏，也会有副作用。

孕妈妈过多食用动物肝脏易导致体内维生素 A 达到危及宝宝的程度，并可能有致畸作用。英国学者通过对一些畸形儿，包括耳朵缺陷、头面形态异常、唇裂、腭裂以及眼睛缺陷、神经系统缺陷和胸腺发育不全的患儿的调查，发现其患病均与孕妈妈过量食用动物肝脏有关。孕妈妈服用大量维生素 A 易使宝宝畸形。美国曾报道过一例孕妈妈过量食用动物肝脏导致宝宝先天畸形的病例。

因此，在食谱中动物肝脏和肝制品应适量。因为孕妈妈过多食用动物肝脏，会导致体内维生素 A 摄入过多，很容易超过孕妈妈的需要量。

孕妈妈最好减少食用动物肝脏，以偶尔吃一次为宜，每次控制在30～50克。至于孕妈妈需要补充的维生素 A、B 族维生素和微量元素锌等，可以从其他食品中获得,例如,新鲜蔬菜、水果等。因为胡萝卜、菠菜、白菜和橘子等所含的胡萝卜素可以转化为维生素 A。此外,可以从鱼类、瘦肉中补充 B 族维生素和微量元素锌等。

最适合给宝宝补充营养的鱼类

深海鱼中含有丰富的蛋白质、维生素和矿物质,还含有促进宝宝大脑发育的欧米伽—3 脂肪酸(ω—3 脂肪酸)。孕妈妈在怀孕期间应多吃一些海鱼,来满足胎宝宝生长发育的需要。

适合孕妈妈吃的海鱼有很多,例如黄鱼、带鱼、三文鱼、鳕鱼等。但要注意虽然三文鱼生吃很流行,但是孕妈妈千万别吃生的。

怀孕期间应该避免食用某些生活在被污染的水体中的鱼,因为这些鱼会吸收汞、二噁英、多氯联苯(PCB)、农药等环境污染物。孕妇吃了受污染水体中的鱼,可能会出现流产、早产。

海鱼中含碘量也较高,补碘的关键时间在怀孕早期,要是等到怀孕 5 个月后再补碘,那么作用就很小了。所以,孕妈妈不妨多吃些海鱼,可以满足身体对碘的需求量。

早孕反应时可多吃核桃和芝麻

孕妈妈有早孕反应时,突出的表现之一就是厌油腻,多数早孕女性不愿吃含脂肪多的肉类,吃菜也比较清淡,使得妊娠早期孕妈妈摄取的脂肪量减少。而如果孕妈妈缺乏脂肪,会影响免疫细胞的稳定性,导致免疫功能降低，引起食欲缺乏、情绪不宁、体重不增、皮肤干燥脱屑、容易患流感等多种传染病，还会导致维生素A、维生素D、维生素E、维生素K缺乏症，使孕妈妈缺钙而造成骨质疏松等疾患。

妊娠30周以前，母体内必须有脂肪蓄积，以便为妊娠晚期、分娩以及产褥期作必要的能量储备。虽说身体内的蛋白质和糖类可以转化为脂肪，但是，仍有一部分脂肪在体内不能合成，必须由食物供给。

在妊娠早期，脂肪可促进脂溶性维生素E的吸收，起着安胎的作用。脂肪还可以帮助固定内脏器官的位置，使子宫衡定在盆腔中央，给胚胎发育提供一个安宁的环境。此外，脂肪还有保护皮肤、神经末梢、血管及脏器的作用。

如果早孕反应严重的女性实在不想吃肉类，可以食用核桃和芝麻。核桃富含不饱和脂肪酸、磷脂、蛋白质等多种营养素。1千克核桃仁相当于5千克鸡蛋或者9千克鲜牛奶的营养，并有补气养血、温肺润肠的作用，其营养成分的结构对于胚胎的脑发育非常有利。因此，孕妈妈每天宜吃2~3个核桃。

芝麻富含脂肪、蛋白质、糖、芝麻素、卵磷脂、钙、铁、硒、亚油酸等，有营养大脑、抗衰、美容之功效。将芝麻捣烂，兑上适量白糖，每日上、下午用白开水各冲服一杯，既可增强孕妈妈的抵抗力及预防感冒，又可防止宝宝患皮肤病。

哪些酸味食物对孕妈妈有益

从营养方面来说，孕妇吃酸味食物对孕妇本人和胎儿的发育都有好处。但并不是说只要是酸味就一定是好的食物，这里所说的营养酸味食物包括新鲜水果和酸奶等营养食品。孕妈妈应该对酸味食物有选择地食用。

很多新鲜的瓜果含酸味，这类食物含有丰富的维生素C，维生素C可以增强母体的抵抗力，促进胎儿正常生长发育。因此喜吃酸味食物的孕妇最好选用一些带酸味的新鲜瓜果，如西红柿、青苹果、橘子、草莓、葡萄、酸枣、话梅等，也可在食物中放少量的醋、西红柿酱，增加一些酸味。

但山楂不适宜孕妇食用，因山楂对孕妇子宫有收缩作用。孕妇食用较多的山楂制品，会刺激子宫收缩，甚至造成流产。

人工腌制的酸菜、泡菜等，几乎不含任何营养成分，却含有致癌物质亚硝酸盐，不适宜孕妇食用。

酸奶不但营养价值高，而且对厌食症状有一定的治疗作用。酸奶富含钙、优质蛋白质、多种维生素和碳水化合物，还能帮助人体吸收营养，排泄有毒物质。

孕妈妈吃水果不可过量

有的孕妈妈由于妊娠反应剧烈，往往依靠吃水果来减轻妊娠反应，或者在没有胃口的时候，选择用水果代替正餐，这些行为都不科学。

孕妈妈吃水果太多会导致孕期肥胖和妊娠糖尿病。而妊娠期糖代谢异常或是妊娠糖尿病患者吃水果的量则要减半，想吃水果最好等血糖控制平稳后。另外，香蕉、菠萝、荔枝、柿子之类水果含糖量较高，如果孕妈妈喜欢吃这类水果，就一定要减量了。

糖尿病孕妈妈一定要计算好每天摄入的总热量，如果水果吃多了，就要相应减少主食，但不能用水果代替主食。

建议非常喜欢吃水果的孕妈妈，最好在怀孕第24周到第28周时，去医院进行定期血糖测定，随时监控，避免妊娠糖尿病的发生。

进食时也一定要注意饮食卫生，生吃水果前必须洗净外皮，不要用菜刀削水果，避免将寄生虫卵带到水果上，吃完后要漱口。

孕吐期间怎样保证营养

妊娠早期约有半数以上的准妈妈会发生挑食、偏食及轻度恶心、呕吐等早孕反应，少数准妈妈呕吐频繁，吃什么吐什么，体重明显下降。孕吐期准妈妈调整饮食可从以下几方面入手：

❶ 吃好早餐。孕吐期的准妈妈大部分都会有晨起恶心的症状，这是由于很长一段时间没有吃东西导致体内血糖含量降低造成的。因此，准妈妈早晨起床之前应该先吃点含蛋白质、碳水化合物的食物，如温牛奶加苏打饼干，再去洗漱，就会缓解症状。

❷ 少食多餐。准妈妈的进食方法以少食多餐为好。每2～3小时进食一次，一天5～6餐，甚至可以想吃就吃。恶心时吃干的，不恶心时吃稀的。进食后万一呕吐，可做做深呼吸动作，或听听音乐、散散步，再继续进食。晚上反应较轻时，食量宜增加，食物要多样化，必要时睡前可适量加餐。

❸ 增加食欲。呕吐剧烈时孕妈妈可以尝试用水果入菜，如利用柠檬、脐橙、菠萝等做原料来烹煮食物的方法，来增加食欲；也可用少量的醋来增添菜色美味。还可以试一试用酸梅汤、橙汁、甘蔗汁等来缓解妊娠的不适。

❹ 优化进餐环境。在进食过程中，保持精神愉快。如进食时听轻音乐，餐桌上可放一些鲜花，这样孕妈妈可减少早孕的恐惧、孕吐的烦躁，从而增加准妈妈的食欲，保证胚胎的正常发育。

怀孕第3个月的营养食谱推荐

桃仁烧丝瓜

原料： 丝瓜200克（可食部），鲜核桃仁100克，姜末5克，精盐2克，料酒10克，水淀粉5克，味精10克，鸡油10克，花生油500克（实耗30克）。

做法：

❶ 鲜核桃仁用开水泡发后，剥去外皮洗净待用。

❷ 丝瓜削去老皮，切成4厘米长的段。

❸ 炒锅上火，入花生油烧至四五成热，下核桃仁、丝瓜滑透后，将油沥出。

❹ 锅内留少许油，下姜末炝锅，速下核桃仁、丝瓜，再下调料，炒片刻后，用水淀粉勾芡，淋入鸡油盛盘。

特点：香甜适口，菜色白绿相间，形色俱佳，诱人食欲，为食疗佳品。

芥末鸡丝

原料：鸡肉500克，芥末、精盐、味精、酱油、白糖、醋、香油和姜、蒜各适量。

做法：

❶ 将鸡肉洗净，煮熟后捞出控净汤汁凉凉备用；芥末研成糊状；蒜拍成蒜泥；姜切丝。

❷ 将鸡肉切丝，装盘内，将精盐、味精、酱油、白糖、醋、芥末、姜丝、蒜泥、香油调成汁，浇鸡丝上即可。

特点：口味香鲜。

黄油花色小面包

原料：精白面粉500克，黄油、白糖、核桃仁、芝麻、粗粒砂糖、鸡蛋浆、酵母各适量。

做法：

❶ 将精白面粉和黄油充分揉合，再放入白糖，加进适量溶开的酵母，揉成面团；面团发好，做成长条形，斜切成3.3厘米厚的面块。

❷ 每块面块上抹上鸡蛋浆，撒上粗粒砂糖、核桃仁和芝麻，将面块放到平底锅上，用小火烘烤至颜色微红、香味外溢即可。

特点：色泽鲜艳，香软可口。

复元汤

原料：淮山药50克，肉苁蓉20克，菟丝子10克，核桃仁2个，瘦羊肉500克，羊脊骨1具，粳米100克，葱白3根，生姜、花椒、料酒、胡椒粉、八角、精盐各适量。

做法：

❶ 将羊脊骨剁成数节，用清水洗净；瘦羊肉洗净，焯去血水，再洗净；淮山药、肉苁蓉、菟丝子、核桃仁用纱布袋装好扎口；瘦羊肉切成条块。

❷ 将纱布袋、生姜、葱白、瘦羊肉、羊脊骨及粳米同时放入沙锅内，加清水适量，大火烧沸，去浮沫。

❸ 放入花椒、八角、料酒，用小火继续煮至肉熟烂为止；肉、汤出锅后，加胡椒粉、精盐调味即可食用。

特点：温补肾阳。瘦羊肉、羊脊骨可补精壮阳；肉苁蓉、菟丝子补肾壮阳；淮山药、粳米配以核桃仁具有益气补中之功。

蛋酥鸭子

原料：鸭子1个（约1500克），鸡蛋1个，熟火腿、熟肥肉膘、荸荠、生菜、精盐、料酒、椒盐、姜片、香油、淀粉、葱白段、植物油各适量。

做法：

❶ 鸭子稍煮晾干，抹精盐加料酒、葱白段、姜片上笼蒸烂，凉凉去骨。

❷ 鸭肉切粗丝；熟肥肉膘、熟火腿、荸荠去皮切丝；鸡蛋加淀粉调糊。

❸ 鸭皮抹上蛋糊放平盘内，把拌好的各种丝放鸭皮上拍成饼状。

❹ 锅内放植物油将鸭饼炸成黄色捞出，油升八成热时再炸一次，淋香油，切条，码盘内，围生菜带椒盐上桌。

特点：色泽金黄，口味咸鲜，外酥里嫩。

糖醋包心菜

原料：包心菜1小棵，姜、红辣椒、精盐、白糖、醋、干辣椒、花椒、香油各适量。

做法：

❶ 将包心菜切宽条，焯一下，捞出装盆内，趁热撒少许精盐；将姜、红辣椒切丝放盆内。

❷ 将花椒及干辣椒用油炸后制成麻辣油浇到包心菜上。

❸ 用冷开水把白糖、醋调汁浇到包心菜上，压一重物腌渍4小时，吃时捞起包心菜，改刀成段，淋上香油即可。

特点：口味酸辣香甜。

仙人粥

原料：制何首乌30～60克，粳米60克，大枣3～4枚，红糖或冰糖适量。

做法：

❶ 将制何首乌煎取浓汁，去渣，同粳米、大枣同入沙锅内煮粥。

❷ 粥将成时，加入红糖或冰糖水少许以调味，再煮沸即成。

特点：补气血、益肝肾，可增力强体。

孕妈妈的保健护理

❋ 孕妈妈要重视腹部保暖

怀孕第 3 个月，孕妈妈的子宫逐渐变大，会压迫血管，可能引起血液循环不畅通，这就是孕妈妈容易感觉发寒的原因。另外，由于皮肤伸展，毛孔打开，体内热量散发得很快，腹部总是会有发寒的感觉。

胎宝宝在怀孕的早期对温度极为敏感，孕妈妈腹部如果受寒，羊水温度就会降低，羊水量会增加，可能引起羊水过多。羊水过多一方面会影响胎宝宝的发育，另一方面也增加了孕妈妈的负担。

所以，妊娠期孕妈妈要避免让自己处于低温的状态，尤其是腹部，平时需要注意腹部保暖，避免受寒。

❋ 孕期要正确使用电脑

生宝宝是一项巨大的投资，面对沉重的经济压力，不少孕妈妈怀孕后还要坚持工作，而且，办公室孕妈妈越来越多，她们的工作必须面对电脑。那么如何才能够保证自己与胎儿的安全呢？

与电脑保持一定距离

电脑屏幕背面才是整个电脑辐射最大的地方，孕妈妈在上网的时候应

避免离得太近，一般而言，眼睛距显示屏的距离要保持 60 厘米为好。电脑的显示器最好选用液晶的，能大大减少辐射量。

最好是每一小时休息一次，避免造成过度疲劳，出现头痛、嗜睡、失眠、记忆力减退、注意力不能集中等现象。

做好防护措施

穿好防辐射孕妈妈装，或者选择防辐射围裙。

尽量控制用电脑的时间

在妊娠前 3 个月内，胎儿的各个脏器正在发育，电脑的辐射可能使胎儿的致畸率提高，造成胎儿眼发育不全、兔唇、畸形足等，最好避免用电脑。过了这段时间后，孕妈妈虽可以用电脑，但每天不能连续超过 4 个小时，而且要注意用电脑期间多休息，

孕妈妈可力所能及做家务

在孕期，孕妈妈也可以在不疲劳的前提下，做一些力所能及的家务活，如做饭、收拾屋子、扫地等。适当的体力劳动要掌握在不累、不搬动重东西、振动较小、不压迫腹部的范围内。这样，不仅能得到适当的锻炼，而且可以调剂生活。

在做家务的时候，要注意以下几个方面：

❶ 经常下厨做饭的孕妈妈，应在厨房安装一台抽油烟机。因为煎炒食物产生的油烟等对孕妈妈及胎宝宝不利。有条件的孕妈妈应少进厨房，并尽可能把停留在厨房里的时间缩短，厨房里应保持良好的通风换气。

❷ 洗菜、刷洗碗碟时尽量不要把手直接浸入冷水里，因过凉受寒有可能

诱发流产。

❸ 洗衣服时用温水，而且用力不要过猛，姿势要稳，不要蹲着洗，因为蹲位会使胎宝宝受压，影响血液的循环。晒衣服时动作要轻柔，不要向上伸腰，晒衣绳应放得低一些。

❹ 避免久站，做家务一段时间后休息一会儿，不可太劳累。

不宜摆放在家中的花草植株

孕妈妈在家中摆放花草植株的时候，一定要弄清楚它的生态习性。因为并非所有的绿色植物都绝对安全、环保，有些反而要吸收氧气或释放有毒气体；还有一些绿色植物会释放一些令人不愉快的气体或让人皮肤过敏。

❶ 本身含有毒性的花草：夹竹桃、郁金香、含羞草、秋水仙等有微毒。如过多接触含羞草还会引起人的毛发脱落、眉毛稀疏；夹竹桃可分泌一种乳白色液体，长期接触会使人中毒、智力下降等。

❷ 松柏类植物：包括玉丁香、接骨木等。这类植物会分泌脂类物质，放出较浓的松脂味，对人体的肠胃有刺激作用，闻久了，会引起恶心、食欲下降，尤其是对孕妈妈影响较大。

❸ 使人产生过敏的花草：如紫荆花、洋绣球等。人若与紫荆花所散发出来的花粉接触过久，会诱发哮喘症或使咳嗽症状加重。

❹ 耗氧性花草：如夜来香、丁香等。它们进行光合作用时，大量消耗氧气，影响人体健康。夜来香在晚上还会散发出大量刺激嗅觉的微粒，会使孕妈妈感到头晕目眩、郁闷不适，甚至失眠。

怎样去除口腔的异味

口腔异味是困扰许多孕妈妈的问题之一。那股莫名其妙出现的怪味，令许多孕妈妈不安，有的孕妈妈选择吃糖或者水果来缓解。除此

之外,还有没有什么更好的方法来缓解呢?

❶ 时常漱口、喝水。孕妈妈可以时常漱口,将口中的坏气味去除,也可以准备一些降火的饮料,或茶水、果汁等,以除去口腔中的异味,同时要注意饮食前后的口腔卫生。

❷ 清洁舌苔。当孕妈妈发现嘴巴出现异味时,在刷牙后可以顺便清洁一下舌苔,并彻底清除残留在舌头上的食物。这样有助于消除口腔内的异味,并可恢复舌头味蕾对于味道的正确感觉,而不至于对食物口味越吃越重。

❸ 避免食用辛辣、生冷食物。为了顾及孕妈妈口味的改变和爱好,各式酸、甜、苦、辣的食物,孕期都可以酌量食用,但应避免食用过于辛辣的食物,以免令肠胃无法负荷。

孕期私密处的护理方法

孕妈妈在怀孕以后,体内雌激素随妊娠的进展而增多,雌激素有促进宫颈腺体和子宫内膜腺体分泌的作用,从而使阴道黏液量增加。护理不当的话,易感染上各种炎症,所以孕妈妈要注意外阴的清洁,不要让细菌有可乘之机。

❶ 保持外阴清洁,每天用温开水清洗外阴2～3次。切忌将手指伸入阴道内淘洗,也不要用碱性皂清洗阴道,这样会使阴道呈碱性,利于致病菌的侵入与繁殖。

❷ 勤换内衣、内裤,洗净的衣裤不要放在阴暗角落晾干,应放在太阳底下暴晒。内裤的洗涤最好用中性肥皂单独清洗,不要和其他衣服一起洗。

❸ 不要穿着太紧的裤子或袜裤,尽量保持通风干燥。

❹ 为了防止交叉感染,必须准备专用的水盆及浴巾,以清洗外阴。用盆洗外阴时,应由前向后洗,注意不要让脏水流入阴道内。

❺ 大便后,要从前面向后面揩拭,避免将肛门周围的残留大便或脏物带入阴道内。

孕期如何应对尿频

由于孕激素会引起盆腔充血，加大膀胱承受的压力，所以孕妈妈在孕早期容易发生尿频。这是正常的现象，孕妈妈不必过多担心。可以通过以下方法进行适当的缓解：

① 孕妈妈可以调整饮水时间，在白天保证水分摄入，控制盐分，以避免在夜间频繁起床上厕所，可以从傍晚时就减少喝水。切记，万万不可因为尿频就刻意少喝水，这样只会导致身体缺水，进而影响胎宝宝的发育。

② 晚上少吃利尿食物，如西瓜、茯苓、冬瓜、昆布（海带）、玉米须等。

③ 有了尿意应及时排尿，切不可憋尿。因为憋尿时间太长，会影响膀胱的功能，以至于最后不能自行排尿，造成尿潴留。此外，排尿时身体向前倾，可以帮助孕妈妈彻底排空膀胱。

④ 休息时要注意采取侧卧位，避免仰卧位。侧卧可减轻子宫对输尿管的压迫，防止肾盂、输尿管积存尿液而感染。

如何选择合适的文胸

孕妈妈的乳房随着孕期的增加不断地增大，而且乳头也变得非常的敏感。不合身的文胸会压迫到乳房，令孕妈妈感到不适。从怀孕到生产，乳房约增大为原先罩杯的2倍，这些变化都要求孕妈妈适当地根据孕期时间和乳房大小来选择适当的文胸。

① 在孕期最好选择全罩杯的文胸，并有软钢托支撑。面料应选择舒适、吸汗、透气的纯棉质面料。色调应该选择明亮、轻快的，如白色、粉

色、淡蓝色等可以带来好心情的颜色。

❷ 合适的肩带应该在肩胛骨和锁骨之间，这样才不会有束缚感。在选购的时候，最好试穿一下，可以举手、耸肩，看看它是否会掉下来或感到不适。

❸ 临产前的孕妈妈还可以选择特别为哺乳设计的哺乳文胸，特点是具有活动式扣瓣肩带，哺乳时不用将整个文胸脱下，只需轻轻按下扣瓣，罩杯前端即可翻下，方便哺乳。

❋ 如何选择合适的内裤

孕期虽然孕妈妈的腹部外观没有明显的变化，但自己可以明显感到腰围变粗了。这期间就应尽快将自己的内裤更换成孕妇专用内裤。

目前市场上有一种专门为孕妇设计的内裤，这种内裤一般都有活动腰带的设计，方便妈妈根据腹围的变化随时调整内裤的腰围大小，十分方便。一般裤长是加长的，高腰的设计可将整个腹部包裹，具有保护肚脐和保暖的作用。另外，由于孕妈妈的阴道分泌物增多，所以最好选择透气性好、吸水性强及触感柔和的纯棉质内裤。因为纯棉材质对皮肤无刺激，不会引发皮疹。

在妊娠晚期，孕妈妈还可以选择有前腹加护的特殊孕妇内裤，这种内裤可以起到托腹带的功效，减轻孕妈妈的身体负担，让孕妈妈轻松度过孕期。

腰围、臀围与孕妈妈内裤尺码的对照表：

内裤尺码	M～L	L～XL	XL～XXL
腰围尺寸（cm）	78～92	85～110	98～120
臀围尺寸（cm）	85～95	90～103	100～115

腰围尺寸：上半身最细的那部分；臀围尺寸：臀部最丰满的地方。

补充钙剂不宜太早、不宜过量

补钙并不是越早越好

怀孕初期，你的钙需求量与普通人大致相同，约为每天800毫克，而你每天的饮食中都或多或少有钙质的摄入，因此不需要特别补钙。如果在孕早期你出现了缺钙症状，如腿脚抽筋、牙齿松动，最好能在获得医生的建议后进行补充。

什么时候开始补钙好

通常，从孕中期开始补钙是比较合适的，到了孕中期，胎宝宝骨骼和牙齿的发育需要更多钙的支持，每天需求量逐渐增长为1000～1200毫克，这时从食物中钙的摄取可能满足不了母子两人的需要，因此还要在医生的建议下补充优质钙剂。到了孕晚期，你对钙的需求量将增加到每天1500毫克。

补钙并不是越多越好

补钙也不是越多越好。补钙过多容易使钙质沉淀在胎盘血管壁中，引起胎盘老化、钙化，使宝宝不能很好地得到营养和氧气。除此之外，钙摄入量过高不利于其他微量元素，如铁、锌、镁、磷的吸收利用，尤其是铁，容易引起贫血。

切忌盲目服用鱼肝油

有些孕妈妈为了使胎宝宝健康活泼，盲目地大量服用鱼肝油。这样对体内胎宝宝的生长是很不利的。

因为长期大量食用鱼肝油，会引起食欲减退、皮肤发痒、毛发脱落、感觉过敏、眼球突出、血中凝血酶原不足及维生素C代谢障碍等，这些对胎宝宝生长都是没有好处的。

有的胎宝宝生下时已萌出牙齿，一个可能是胎宝宝早熟的缘故；另一个可能是由于孕妈妈在怀孕期间，大量服用鱼肝油和钙片或含钙质的食品，使胎宝宝的牙滤泡在宫内过早钙化而萌出。

准妈妈做胎教

✿ 音乐胎教

多听轻松愉快、诙谐有趣的音乐

这个时期宝宝原始的耳朵已经形成，尽管内耳的发育尚需一段时间，但从宝宝在宫内的反应已经表明宝宝会对声音产生反应。所以，在为孕妈妈播放音乐时，也会给宝宝听觉带来良性的刺激，促使宝宝听觉系统发育与完善。

怀孕第3个月时，大多数孕妈妈仍会有妊娠反应，呕吐、眩晕等不适通常将孕妈妈折腾得心情忧郁、烦躁。孕妈妈情绪的不宁和心理的不平衡会影响宝宝的生长发育，所以这时孕妈妈最好听那些轻松愉快、诙谐有趣及优美动听的音乐，使孕妈妈早孕反应的不安心情得到缓解、放松，精神上得到安慰，从而有利于宝宝的健康成长与发育。优美细腻、音律柔和、带有诗情画意的音乐有镇静作用；节奏明快、轻松悠扬的动人乐曲，有舒解心情、使人愉快的作用。

孕妈妈不宜听过分激烈的现代音乐，因为这类音乐音量较大、节奏紧张激烈、声音刺耳嘈杂，会引起宝宝躁动不安，而且会促进母体分泌一些有害的物质，危及孕妈妈和宝宝。另外孕妈妈还可听一些活泼有趣的儿歌、童谣，也可随着轻轻哼唱，通过母体震动将音乐传递给宝宝。

胎教音乐：《维也纳森林的故事》

约翰·施特劳斯是奥地利作曲家、指挥家、小提琴家，施特劳斯家族的杰出代表，被誉为"圆舞曲之王"。自1829年起，他常在维也纳森林中度夏，林中百鸟啼鸣，空气芬芳，流泉呜咽，微风低吟，这一切大自然的天籁之声都激发了他的创作灵感，《维也纳森林的故事》圆舞曲便诞生了。

一曲《维也纳森林的故事》，一切宛如人间天堂。孕妈妈们，在假日的清晨，敞开你的心扉，迎接这美丽的森林吧！

孕妈妈在听这首乐曲的时候，可以想象自己在春天的早晨，身处美丽的蓝色的多瑙河畔，远处群山起伏，田野一望无际。晨曦的阳光透过大树茂密的叶子洒在挂满露珠的草地上，山边小溪波光粼粼。羊儿在草地上吃草，小鸟在林间婉转啼鸣，牧童吹着短笛，猎人吹响号角，马蹄"嘚嘚"……

❀ 环境胎教

环境对宝宝前3个月的生长发育影响很大，这早已引起古今中外医学家的重视，并成为传统胎教和现代胎教的重要论题。但实际上，环境在整个妊娠期都起作用，环境对宝宝的影响一刻也没有停止。

当孕妈妈的精神、情绪发生变化后，其神经递质和内分泌也发生了改变，这种改变又通过胎盘进入胎体到胎脑，从而影响宝宝的身心发育，而孕妈妈的精神、情绪又会受到环境的影响。宝宝所处的内环境会通过母体受到外环境的影响，使得胎内环境和胎外环境关系十分密切。那么，怎样让孕妈妈有优美的环境呢？或者说，什么样的环境才是优美的呢？

优境是相对劣境而言的。劣境是被物理类、化学类、生物类有害物质污染过的客体环境，也包括母体患病、营养不良、嗜好烟酒、情绪波动的主体环境。

优境的3个方面

家庭优境。家庭优境一是要有宁静而愉快的家庭气氛。夫妻相亲相爱、关系和睦、彼此谅解，就能形成良好的家庭气氛。怀孕的妻子都希望丈夫能理解自己的处境，多体贴自己，平时多操持家务，对自己温存并富于幽默感。丈夫如果能勤快地做好家务，上下班不忘记向妻子和宝宝亲吻问好，必将使母子都感到满足和惬意。二是要有整洁、舒适而雅致的孕妈妈居室。新婚要布置新房，有了宝宝也要精心布置宝宝房。屋中挂的图片和器物陈设，都要使孕妈妈赏心悦目，并产生一种将为人母的意识。

社会优境。养育后代是每一对夫妇的责任，也是社会的责任，因此社会要尽可能地为孕妈妈创设优境。如医院、妇幼保健院应专门为孕妈妈开辟环境优美的胎教乐园，让孕妈妈们有一个学习和交流的地方；民政部门和街道居委也应创办风景宜人的孕妈妈之家，让孕妈妈有宾至如归的感觉；街心花园也应添置有关优生、优育、优教的雕塑和画廊，让孕妈妈有休息和观赏的去处。孕妈妈的工作环境也应尽可能优化。

自然优境。孕妈妈可以欣赏名山大川的壮美与秀丽，也可以徜徉于街心花园，感受自然美景，激发孕育的快感，还可以漫步于小桥流水，麦田菜畦，欣赏农家风景。

实施优境胎教的要求和意义是：关于家庭优境胎教，首先要进行有利于胎教的审美设计，使家庭环境既适应现代生活节奏，又符合胎教的目的，有助于胎教的实施。其次要有沟通夫妻感情的渠道，要多与宝宝进行感情的感应和交流，这样才能使信息在传递中少受干扰，使心理健康成为家庭感情美的源泉，从而使家庭生活的色彩和感情和谐协调，具有审美的移情作用和良好的心理安抚作用。最后就是夫妻共同营造胎教实施时的美的氛围和情调，这样才能让音乐、语言、动作中的审美因素在胎教过程中充分发挥出来，构成父母和宝宝人际关系中的形象美，以利于亲情的形成和维系，保证胎教实施环境的审美效果。

美育胎教

孕妈妈要提高自身修养

中医著作中说:"……自妊之后,则顺行坐端严,性情和悦,常处静处,多听美言,令人诵读诗书,陈说礼乐,耳不闻非言,目不观恶事。如此则生男女福寿敦厚,忠孝贤明,不然则生男女多鄙贱,不寿而愚顽……"意思是,女性怀孕以后,要在坐、立、行等方面端庄,性情要和悦,要多听优美的语言,不听粗俗之语等,这样生下的后代就会享福寿久,否则就会不长寿而且愚笨顽劣。也就是说,孕妈妈在妊娠期间的所作所为可直接对宝宝造成影响。从现代研究人员的研究结果来看,孕妈妈在怀孕期间的所作所为都可以直接影响到宝宝出生后的性格、习惯、智力等各个方面。这不仅可以从母亲输送给宝宝血液中的化学物质的变化看出来,也可以从孕妈妈从事体力劳动引起胎动异常的感觉中体会到。

所以,孕妈妈应在学识、礼仪、审美、情操等方面全面发展,提高自己的修养,同时也对宝宝进行良好的胎教。

生活中每个人都会被一些优美的语言、引人入胜的文学作品所吸引,因为从中我们可以感受到大自然母亲般的胸怀,从书中对人世间一切美好事物的描写中体会到世界的温馨。这不仅可以使孕妈妈本身得以充实、丰富,同时也熏陶了腹中的宝宝,让他也感受这诗一般的语言、童话一样美的仙境。而且,这会刺激宝宝快速地生长,使其大脑的发育优于其他宝宝。由于这种教育使宝宝事先拥有了朦胧美的意识,出生后一般也较其他宝宝聪慧、活泼、可爱。宝宝与母亲的关系也会因此而更亲密。

孕妈妈还可以看一些使人精神振奋、情绪愉悦的书,如伟大人物的传记,优美的诗歌、儿歌,令人神往的童话,激励人奋发向上的世界名著,著名的山水和名胜古迹的游记,精美的画册等。一位哲人曾经说过:"读一本好书,就像是与一位精神高尚的人在谈话,那精辟的见解、分析,丰富的哲理,风趣幽默的谈吐,都会使人精神振奋,耳目一新。"

孕妈妈不要看那些对人的情绪等

各方面产生消极影响的书，如凶杀、色情、低级趣味的书。这些书会使孕妈妈看后处于不良的精神状态中，对宝宝的发育是极为不利的。

和胎儿一起画画

画画就像接受心理治疗一样，可以达到释放内心情绪的目的，这种能够缓解压力的活动所起到的胎教效果比鉴赏画作高出数倍。所以，孕妈妈不妨带着愉快的心情与胎儿一起画画吧！

在雪白的画纸上将自己的感情表达出来并不是一件容易的事情，特别是对于有些认为自己完全没有美术细胞的孕妈妈来说，更是如此。不过这些都没有关系，孕妈妈所画的并不是要拿给别人欣赏的作品，我们更应该关心的是，在作画的时候自己是否做到了一直保持镇定，以及是否有与胎儿共同参与的感觉。

孕妈妈在画画时不必拘谨，可以随心所欲去画，蓝天、白云、树木或是孩子漂亮的面庞等都可作为素材，孕妈妈要尽可能多地接触不同的色彩和素材。甚至可以对着从医院带出来的B超图片画一画胎儿现在的模样。

自己动手做孕妇装

孕妇装的特点，使得它几乎是一次性的产品，奉行独生子女政策的现在，大部分人一生只会用到一次。所以如果能够自己动手做几套合适的孕妇装，不但省钱，而且做孕妇装，可以调节孕妈妈的情绪，利于胎宝宝的生长发育。此外，孕妈妈动手做的过程其实也是一种胎教。

心灵手巧的孕妈妈们自己动手可谓乐趣多多，特别是在夏季，孕妇装都比较简单，用旧裙子等都能很容易改制成好看的孕妇装。

孕妇装要求一是宽松合体，特别是大腿及腰部不能太紧；二是在选择布料时，以选择透气性好的棉布类为好。

比较适合夏季改作孕妇装的，首选常见的太阳裙。只需要把裙子两边拆开，再用两块颜色合适的布接起来，这样可以根据腰围的变化，来随时增加，并且在产后，只要用一根腰带一束，就完全看不出是孕妇装了。

语言胎教

语言胎教是根据胎宝宝也具有记忆力这一生理特点，对宝宝进行语言训练的方法。对宝宝实施语言胎教很多人感到不可思议，认为宝宝既不会思考也不会说话，根本无法接受语言信息。其实，语言胎教是一套行之有效的胎教方法，它的训练基础并不是建立在胎宝宝说话的基础上，而是建立在宝宝具有记忆这一科学基础上。对于胎宝宝是否有记忆力，我国宋代名医陈自明在《妇人大全良方》中就说过："子在腹中，随母听闻。"国内外不少专家、学者对此作过许多深入研究，一所宝宝教育研究中心对"腹中宝宝的大脑功能会被强化吗？"这一课题进行了研究，研究结果表明宝宝在子宫中通过胎盘接受母体的养分和信息，胎脑细胞在分化、成熟的过程中不断接受母体神经信息的调节和训练。研究结果证实了宝宝对外界有意识的激励行为的感知体验，将会储存在记忆中。

这说明了这样一个问题，一个小生命在胎宝宝期就已经具备了语言学习的能力。根据宝宝这种潜在的能力，只要母亲不失时机地对宝宝进行认真、耐心的语言训练，那么等到宝宝出生后在听力、记忆力、观察力、思维能力和语言表达能力方面将会大大超过未经语言训练的宝宝。

语言胎教怎么做效果最好

对胎宝宝进行语言胎教也要讲究技巧，掌握了方法可以让语言胎教事半功倍。

① 声音要清晰，速度要缓慢，大小要合适，要发自内心。传递给胎儿的声音通过羊水后往往有些模糊不清，因此在对胎儿说话时，声量要适当大一些，吐字要清晰一些，停顿要长一些，语速要慢一些，声音应发自内心，不应是一时应付的心理。

② 要坚持，不应三天打鱼，两天晒网。对胎宝宝进行语言胎教，最重要的是持之以恒，哪怕每天只有10~15分钟也是好的，但要尽量坚持每天都至少进行一次。

③ 不要有心理负担，情绪上要保持愉悦。孕妈妈的情绪对胎宝宝有直接的影响，如果孕妈妈有抵触情绪，无形中就会成为一种压力，这种压

力会传递给胎儿。

亲子对话

对话胎教是根据宝宝具有听力，父母隔着肚皮与宝宝说话，对宝宝进行听力、语言、记忆、审美等方面训练的方法。

宝宝具有听力已被研究人员证实，所以借助宝宝听力对宝宝进行胎教，是对宝宝综合教育、训练的最佳方法，其中对话胎教就是最具综合性的方法。

亲子对话训练，就是父母对自己的宝宝进行讲话的训练。它和我们平时面对面的对话不同，一是父母看不见宝宝，但父母要像看得见那样，用亲切的眼光注视着腹中的宝宝；二是宝宝不会讲话，但父母不能这么认为，要觉得宝宝能和自己交流。最重要的是，要把胎宝宝当成一个已出生的宝宝看待。你叫他的名字，他会叫你妈妈或爸爸。他是一个有血有肉、有思想有感情、机灵可爱的小淘气。只有这样，你才能够像对待婴宝宝那样，谈话时自然、亲昵，充满温情和爱怜。不论是早晨还是晚上，只要有时间，就不要失去这种亲子对话的机会。这种对话既是爱的表现，又是美的传送，能够产生以美导真的效应，从而提高胎宝宝的素质，在出生后的宝宝身上其积极作用就会显现出来。

运动胎教

宝宝在子宫中的活动方式有握拳、吸吮手指、吞咽羊水、踢腿和翻身等动作。尽管在孕3个月后，孕妈妈还感觉不到胎动，但实际上宝宝已经开始了以上的动作，所以从此时起就可以提前进行运动胎教了。

运动胎教就是孕妈妈在宝宝自发运动的基础上，适当、适时地帮助宝宝进行运动刺激和训练，也就是说，要适时、适当地进行一些运动刺激，促进宝宝的身心发育。

适合办公室的小运动

坐的练习：在孕期尽量坐在有靠背的椅子上，这样可以减轻上半身对盆腔的压力。坐之前，把两腿并拢，把左脚向后挪一点，然后轻轻地坐在椅垫的中部。坐稳后，再向后挪动臀部把后背靠在椅子上，深呼吸，使脊背伸展放松。这虽然不能算做一节操，但在孕早期应练习学会"坐"。

踝关节运动：孕妈妈端坐在椅子上，一条腿搁在另一条腿上，下面的脚平踏地面，上面腿的足尖伸直，踝关节以上不动，缓缓上下活动踝关节数次，然后将足背向下伸直，使膝盖、踝关节和足背成一条直线。两腿交替做上述动作。

足尖运动：孕妈妈端坐在椅子上，两足平踏于地，尽力上翘两足尖，翘起后再放下，反复多次。注意足尖上翘时，脚掌不要离开地面。

孕妇瑜伽：站姿练习

随着腹部的日益隆起，孕妈妈身体的重心改变，身体会不自觉地向前倾。瑜伽能帮助孕妈妈稳定身体的重心，保持身体平衡，纠正不良的身体姿态。站姿练习可以消除紧张和压力感，恢复体力，振作精神。

❶ 双脚平行分开站立。身体重量平分在两脚上，眼睛闭上，双膝放松（不要弯曲双膝，膝盖部位不要往后拉或收紧）；不要咬紧牙齿，舌头保持柔软平放在口腔底部，不要抵住上颚；放松双肩，感受耳垂和肩膀之间的空间感，觉得肩膀非常自然、柔软地落在耳垂下方；心里继续体会这种柔软的感觉顺着手臂，经过手腕流到指尖，体会它从脊椎顺流而下的感觉。

❷ 先放松胃部肌肉，然后是臀部肌肉。这种柔软的感觉继续顺着双腿，经过双膝到达双脚。想象你的双脚是扎在土地里不断生长的根。感觉一天的不适和压力都从大脑出来，顺着脊柱和腿，从脚板排出。这个姿势保持的时间越长，身体感觉越平静。

孕期体操：扭动骨盆运动

孕3月的妈妈子宫又增大了一点，孕妈妈的身体重心可能已经开始有了改变，这个时候每天坚持做一些简单的孕期体操，可以改善因此而引起的腰腿痛。这个月可以试一试扭动骨盆运动，操作方法为：

❶ 孕妈妈仰卧在床上，双膝屈曲、并拢，双肩紧靠于床。

❷ 双膝带动大、小腿左右摆动，在空中画半圆形，反复数次。

❸ 伸直左腿，右膝屈曲，右脚心平放在床上，然后右膝慢慢向左侧倾倒，慢慢回到原位。

❹ 待膝盖从左侧回到原位后，再向右侧倾倒，慢慢回到原位。

❺ 按第3、第4步的方法左、右腿交

替进行。

6. 每个侧面做5～10下，可以在每天早上起床前和晚上睡觉前各做一次。

这项孕期体操对于增强孕妈妈的骨盆关节和腰部肌肉的柔软性很有帮助，可以配合放一点轻松的音乐，使肌肉放松。

情绪胎教

孕妈妈的情绪和心境对宝宝的生长发育有很大的影响，保持孕妈妈的良好情绪和心境既是胎养的重要内容，同时又是胎教的主要内容和方法。

孕妈妈情绪的好坏，不仅直接影响自身的健康，而且对宝宝的影响也很大。医学研究表明，孕妈妈在情绪好的时候，体内会分泌一些有益的激素，以及酶和乙酰胆碱，有利于宝宝的正常生长发育。孕妈妈在情绪不良的情况下，如在应激状态或焦虑状态中，会产生大量肾上腺皮质激素，并随着血液循环进入宝宝体内，使宝宝产生与母亲一样的情绪，并破坏胚胎的正常发育。大量调查资料表明，孕妈妈在恐惧、愤怒、烦躁、哀愁等消极状态中，身体的各部分功能都会发生明显变化，从而导致血液成分的改变，影响宝宝身体和大脑的正常发育。

精神情志因素对宝宝形体影响如此之大，可见，孕期保持良好的精神状态，是万万不可忽视的重要问题。这就要求孕妈妈要有意识地培养宽广的胸怀、愉快的心境、稳定的情绪。家庭内部也要密切配合，努力为孕妈妈创造一个良好的生活环境，让孕妈妈充分体会家庭的温馨，使孕妈妈的外部感受由腹内的宝宝得以接应。

消除紧张情绪的自律训练

自律训练的目的是集中精神、安定身心。在训练前，孕妈妈应先用温水让自己紧张的身体松弛下来，换上宽大的衣服，在一个地方冥想，消除紧张情绪。

第1阶段：坐在椅子上，或是平躺在床上，闭上眼睛，放松全身，全身处于无力状态，把气吸入腹部，再通过腹部呼出，反复2～3次。

第 2 阶段：心中默念"内心平静、双臂沉重"，把意识集中于四肢，努力体会沉重的感觉。

第 3 阶段："内心平静、双臂沉重"和"双脚温暖、内心平静"各念 2 遍，体会手脚温暖的感觉。

第 4 阶段：双臂前移，移动手指，将胳膊肘弯曲后再打开，然后伸个懒腰，冥想结束。

孕妈妈心理体操

孕妈妈的好心情是整个孕期都值得拥有的，因此，孕妈妈不妨熟悉熟悉这套专门为孕妈妈设计的心理体操。

第 1 节：布置一个温馨的环境。在房间里醒目的位置贴一些美丽动人的图片，或在卧室里挂上为宝宝画的想象画。

第 2 节：与宝宝进行心声交流。每天花几分钟的时间同宝宝说几句话，比如"宝贝，我爱你"等。

第 3 节：接受音乐的洗礼。每天花 20 分钟静静地享受音乐，同时想象音乐正如春风一般拂在脸庞和沐浴在阳光里的感觉。

第 4 节：与幽默亲密接触。欣赏喜剧，看一些幽默、风趣的散文和随笔，还可以有意识地收集一些笑话、好玩的故事，时常开怀大笑。

第 5 节：写下每天的心情。每天都写上一段日记，记录一下每天孕育新生命的感受，这将是一份长久的纪念。

精神放松的方法

如果在怀孕期间承受太大的压力，这样对孕妈妈本身及胎宝宝都不好。这里为孕妈妈介绍一种消除紧张压力的方法，只要花 5 分钟，就能得到彻底的放松。怀孕期间最好每天做 1 次。

首先是视觉。以轻松的姿势坐在地毯或沙发上，不要让任何人来打扰你，然后先环视一下屋子，选出 3 样东西来，集中精力，一个一个加以凝视。例如闹钟正在移动的秒针、画中人的眼睛等。凝视几秒钟并没有严格的限制，不过至少要集中视线 5 秒钟以上。

其次是听觉。就是在周围所能听到的声音中选择 3 种来集中精力。例如时钟的滴答声、隔壁传来的小孩叫声，或是外头刮风下雨的呼啸声都可以。

最后轮到触觉。同样选择对 3 种东西的感觉来集中精神。比方说，你正坐着的天鹅绒面椅子之触感、刚才

刷牙时牙膏残留的味道以及呼吸时胸部规律的动作等,都一一集中精力去感受。持续作这些练习,直到你的心灵完全获得平静为止。

想象胎教

怀孕第3个月时,孕妈妈由于生理功能的变化,很容易心情烦躁,不能很好地休息。此期的宝宝,是胚胎发育和各器官形成的重要时期,胚胎迅速成长,人体的主要系统和器官逐渐分化出来。想象胎教能使孕妈妈的心情平和,也可使宝宝向理想的方面发展。孕妈妈应多阅读优美的散文、童话等,还可以观看动画片等,以此陶冶孕妈妈的情操,并对腹中宝宝的形体起潜移默化的作用。孕妈妈还要适度地修饰自己,一方面可以弥补因怀孕而引起的形体、肤色的缺陷;另一方面也可以对宝宝进行美感的熏陶。

准爸爸做胎教

❋ 家庭和谐很重要

和谐的家庭气氛是造就身心健康的后代的基础。在和睦相处的氛围中孕妈妈得到的是温馨的心理感受,胎宝宝也能在如此良好的环境中获得最佳熏染,从而促进身心的健康发育。

想要创造良好的家庭氛围,夫妻双方的修养都有必要加强,尤其是准爸爸更要积极热忱地为孕妈妈及腹内的胎宝宝作好服务,不断给孕妈妈在精神与饮食上输入营养,给正在孕育着的这株"秧苗"以阳光雨露,扮演好未来爸爸的荣耀角色。周总理夫妇根据几十年的生活实践,总结出了一首《八互歌》,可以作为夫妻共创温馨家庭的准则。歌词主要大意是:

一互敬,多协商。二互爱,情意长。
三互信,莫乱想。四互勉,共向上。
五互助,热心肠。六互让,不逞强。
七互谅,心坦荡。八互慰,暖心房。
合家欢,乐无疆。八互歌,切莫怠。
努力做,认真想。携手进,路宽广。

Part 5

孕4月

胎宝宝的发育和孕妈妈的变化

❋ 敏感的妈妈已经可以感觉到宝宝在动了

这时期宝宝的头渐渐伸直，脸部已有了明显的人的轮廓和外形，长出一层薄薄的胎毛，头发开始长出，皮肤逐渐变厚，呈亮红透明；下颚骨、面颊骨、鼻梁骨等开始形成，耳廓伸出；宝宝心脏的搏动更加活跃，内脏几乎已形成；胎盘也形成了，与母体的连接更加紧密，流产的可能大大减少。由于胎盘长出，改善了母体供给宝宝的营养，宝宝的成长速度加快。

肌肉、骨骼继续发育，所以宝宝手脚稍微能活动，但因力薄气小，孕妈妈还不能明显感到胎动。内耳等听觉器官在妊娠第4个月前已基本完善，对子宫外的声音开始有所反应。

妊娠第4个月，羊水已达200毫升，宝宝在羊水中游动自如。此时，宝宝肌肉、骨骼继续发育。到15周末，宝宝身长10～15厘米，体重约120克。

❋ 妈妈的腹部变得明显，食量和体重增加

妊娠第4个月，基础体温开始下降，稍能看出下腹部的隆起，子宫明显增大，如同宝宝的头部，在下腹部很容易摸到。从这时起，每次产前检查都要测量子宫底，测量从耻骨中央到下腹部的隆起处止（这就是子宫底）的长度，根据这个长度来判断子宫的大小。到15周末时，子宫的高

度应是5～12厘米。

此阶段的孕妈妈有如下感觉出现：

疲倦；尿频情形有所改善；恶心和呕吐的现象减轻或结束；

便秘；胃灼热和消化不良；胀气和水肿；

乳房继续膨胀，但触痛和肿胀感减轻；

偶尔头痛或眩晕，尤其是突然变换姿势时；

鼻塞和偶尔流鼻血；耳塞；

刷牙时牙龈会出血；

食欲增加；

脚和足踝轻微水肿，有时手和脸也有水肿现象；

腿部静脉曲张或痔疮；

有少许的白带。

孕妈妈的饮食营养

❈ 进补的大好时机

妊娠进入第4个月，孕妈妈的情况已经大有改善，早孕的不适反应基本消失，流产的危险也变得很小，但是对于饮食营养的关注则丝毫不能放松。

此时应该增加各种营养素摄入量，尽量满足宝宝迅速生长及母体营养素存储的需要，避免营养不良或缺乏对宝宝生长发育和母体健康造成的影响。

增加主食摄入：应选用标准米、面，搭配摄食些杂粮，如小米、玉米、燕麦片等。一般来说，孕中期每日主食摄入应为400~500克，这对保证热量供给、节省蛋白质有着重要意义。

增加动物性食品：动物性食品所提供的优质蛋白质是宝宝生长和孕妈妈组织增长的物质基础。此外，豆类以及豆制品所提供的蛋白质质量与动物性食品相仿。对于经济条件有限的家庭，可适当选食豆类及其制品以满足机体需要。但动物性食品提供的蛋白质应占总蛋白质量的1/3以上。

❈ 饮食要有规律，定时定量

孕妈妈饮食定量是指给自己的饭量规定一个范围，一般维持在这个范围内，不是很精确地固定多少，每次一定要达到这个范围，而是根据情况适当地进行一些增减，不能超过太多或减得太少。

如果一个孕妈妈吃饭不知道控制，饥一顿，饱一顿，对宝宝的营养供给也会随之出现不正常状况，这会影响宝宝的营养均衡及身体发育。也就是说，孕妈妈在怀胎 10 个月内的饮食，也要随着宝宝的发育逐渐少量增加。如果孕妈妈不掌握这个原则，而是为了宝宝生长，盲目地过量摄取营养，对孕妈妈本身和宝宝都不利。而有的孕妈妈为保持体形苗条，而控制饮食，也不利于孕妈妈健康和宝宝生长发育所需。

饮食定时，就是要求孕妈妈养成准时吃饭的习惯。因为人的各个器官基本上是按时间有规律地工作的，各种食物在人体胃肠内停留的时间也在一个大致范围内，所以到了一定时间就会出现饥饿感。这时，血糖下降到较低程度，会使人心慌意乱，甚至四肢发抖。如果孕妈妈经常出现类似情况，无疑会引起宝宝营养供给不足。孕妈妈担负着为自身健康和保证宝宝生长提供营养物质的任务，所以，必须按时进餐，遵循代谢规律。孕妈妈最好不要吃零食，吃零食也会打乱胃肠的消化规律。

需要注意的是，当孕妈妈早孕反应强烈时，要趁胃口大开时赶紧吃一些东西，以补充因早孕反应没来得及补充的营养素。其他时间孕妈妈还是要以定时、定量吃饭为好。

❋ 白开水是最好的孕期饮料

孕妈妈不可缺水，水能帮助肾脏保持良好的工作状态和防止便秘，只有多饮水、多排尿才能避免孕期常见的泌尿系统疾病。一般主张孕妈妈每天饮水（包括其他液体食物）1～1.5 升，最好不少于 1.2 升。

即使在妊娠期患有轻度水肿，也不要过于节制饮水，因为即使减少液体的摄入量，也不会减轻水肿的程度。饮水量应根据不同季节和气候有所改变，炎热的夏季要多饮水。

有喝茶及咖啡习惯的女性，妊娠期虽可以继续饮，但不宜过浓。如果妨碍睡眠或觉得心慌，则应停止饮用，改饮白开水。水是最好的液体饮料。日本的一项研究表明：白开水对人体有"内洗涤"的作用。

鲜果汁可以适量饮用，但因糖分多，容易使孕妈妈发胖。汽水等充气饮料，最好不饮。总之，孕妈妈最好饮用白开水补充水分，其他饮料作为辅助补充。

孕期怎样喝水更健康

水是体内重要的溶剂，各类营养素在体内的吸收和运转都离不开水。怀孕后，孕妈妈体内的血液总容量将增加40%~50%，因此更要保证水的供给充足。每天喝水6~8杯左右，再加上食物中含的内生水共计2000毫升。

❶ 清晨起床后喝一杯新鲜的温开水。早饭前30分钟喝200毫升25℃~30℃的新鲜开水，可以温润胃肠。早晨空腹饮水，水能很快被胃肠吸收进入血液，使血液稀释，血管扩张，从而加快血液循环，补充细胞丢失的水分。

❷ 切忌口渴时才喝水。口渴说明孕妈妈体内水分已经失衡，脑细胞脱水已经到了一定的程度。孕妈妈饮水应每隔2小时一次，每天的饮水量达到1600毫升。

❸ 不要喝久沸或反复煮沸的开水。水在反复沸腾后，水中的亚硝酸银、亚硝酸根离子以及砷等有害物质的浓度相对增加，从而会引起血液中毒。

❹ 不要喝没有烧开的自来水。自来水中的氯与水中残留的有机物相互作用，会产生致癌物质。

❺ 不能喝在热水瓶中贮存超过24小时的开水。随着瓶内水温的逐渐下降，水中含氯的有机物会不断地被分解成为有害的亚硝酸盐。

怎样喝蜂蜜更健康

孕妈妈可以喝适量的蜂蜜，但每天不宜超过一大勺，约15毫升。孕妈妈可以在睡前喝一杯蜂蜜水，这样能够治疗多梦易醒、睡眠不香，还可以帮助更好地安睡。

蜂蜜可促进消化吸收，增进食欲，镇静安眠，提高机体抵抗力，对促进胎宝宝的生长发育有着积极作用。另外，蜂蜜不仅可以有效地预防妊娠高血压综合征、妊娠贫血、妊娠合并肝炎等疾病，还能有效地预防便秘及痔疮出血。

另外，在选择蜂蜜时，一定要选择表面有微小气泡的蜂蜜，因为那是活性生物酶不断运动所产生的，吃这种蜜对人身体才最好。还有，蜂蜜之所以能改善便秘是因为其中的活性生物酶成分起的作用。所以，孕妈妈喝蜂蜜时要用45℃以下的温水冲，这样可以保证蜂蜜中的营养和活性成分不被破坏。

蜂王浆和蜂蜜不是同一个概念，孕妈妈不能吃蜂王浆。因为蜂王浆中的激素会刺激子宫，引起宫缩，干扰胎宝宝在子宫内的正常发育。

注意补铁，防止贫血

在孕期，孕妈妈极易发生缺铁性贫血，主要是由于孕妈妈对铁的需求比怀孕前增加近4倍。而且，饮食中铁的含量低，长时间铁的摄入不足，使孕妈妈体内的游离铁和铁储备都有所减少。

而从第4个孕月起，宝宝发育迅速，无论孕妈妈体内铁储备是否充足，宝宝都会毫不客气地摄取。这时，孕妈妈就很容易出现缺铁性贫血。如果孕妈妈在怀孕前就患有贫血或有影响铁吸收或有慢性失血的疾病，则会让孕妈妈与宝宝更容易发生缺铁性贫血，而且病情较重。本来不贫血者也可能在怀孕以后贫血。

患铁质缺乏性贫血，病情轻的，只不过面色和皮肤苍白；病情重的，还有全身乏力、水肿、心悸、头晕、呼吸短促等现象。至于对妊娠的影响，也取决于贫血程度的轻重。轻度贫血对妊娠影响不大；重度贫血影响氧的供应，可能引起早产或死产。有这种症状的孕妈妈即使产后出血不多，也容易发生休克和心力衰竭，而产生感染的可能性也比正常孕妈妈大。由于孕妈妈缺铁，宝宝会出现先天性铁储备不足，出生后很快就会发生营养性贫血。贫血还会影响到宝宝脑细胞的发育，使宝宝以后的智力低下，学习能力差。

怀孕第4个月的营养食谱推荐

四喜豆腐

原料：豆腐4块，猪肉200克，蒜苗100克，小海米28克，胡萝卜、青椒各30克，湿淀粉15克，熟油750克（约耗100克），葱末、姜末、酱油、精盐、味精、鲜汤、香油各适量。

做法：

❶ 将猪肉剁成馅，蒜苗切碎，然后与小海米和在一起，加入葱末、姜末、精盐、味精和少许鲜汤，拌匀，做成馅待用。

❷ 炒锅放置旺火上，放入熟油，待熟油烧至七成热时，投入豆腐，炸成金黄色，然后捞出，用刀切开一面，把里面掏空，装入事先拌好的馅，再将切开的面盖上，按原形放在盘子里，上屉蒸熟后取出。

❸ 炒锅放香油，放入葱末、姜末，再放入胡萝卜、青椒片（胡萝卜、青椒均切成小片），煸炒一下，然后添鲜汤、酱油、精盐和味精；烧开后，用湿淀粉勾芡，浇在蒸好的豆腐上，即成。

特点：营养丰富，口感极好。

锅贴子鸡

原料：鸡胸脯肉75克，猪里脊肉50克，网油一张（约150克），油皮一张，植物油150克，香油25克，味精1.5克，湿团粉50克，花椒10粒，鸡蛋清4个，料酒25克，酱油10克，面粉、椒盐、葱、精盐各少许。

做法：

❶ 花椒和葱一起剁成碎末；鸡胸脯肉、猪里脊肉放一起剁成肉泥装碗中，放入料酒、味精、酱油、葱、花椒末、凉水（100毫升），搅匀后放精盐少许；另用碗加入香油、鸡蛋清、湿团粉或面粉和成蛋清糊备用。

❷ 取瓷盘一个，盘底抹香油，网油裁成盘形，抹一层蛋清糊平铺盘上，使蛋糊与香油吻合，再将搅好的肉泥摊在网油上，摊薄，亦成圆形，微拍实。

❸ 平底热锅放油少许，待油热将盘内肉饼滑至锅内，盖上盖，文火煎至金黄色，熟透取出，横改两刀成三条，叠摆盘内，四边放点椒盐即成。或将油皮也裁成盘形，盖于薄肉饼上，略拍实，油皮上再抹一层鸡蛋清糊，将两面煎成金黄色即可。

特点：色泽鲜艳，味道鲜美。

木耳肉片汤

原料：干黑木耳25克，瘦猪肉150克，湿淀粉10克，韭菜25克，精盐4克，味精3克，清汤1000克。

做法：

❶ 将干黑木耳用温水浸泡发好；瘦猪肉洗净，切片，放入碗内，加精盐1克，湿淀粉少许抓匀；韭菜择洗干净，切成3厘米长的段。

❷ 锅置旺火上，放入清汤、黑木耳烧开，再下肉片煮一会儿，待肉片熟时，下精盐、味精、韭菜，起锅盛入汤碗即可。

特点：阴阳两补，益气养血，尤宜于孕妈妈在疲劳、体力不佳时服用。

糖渍西瓜肉

原料：西瓜1个，约5000克左右；白糖500克。

做法：

❶ 选成熟瓤红的西瓜，剖开后去子，用刀切成条，暴晒一天。

❷ 加入白糖拌匀，腌渍半日，再散开暴晒至干，加入白糖拌匀即可。

特点：香甜宜人。

蒜子牛蹄黄

原料：牛蹄黄1000克，鸡汤1000克，大蒜瓣100克，葱75克，姜块50克，花椒油5克，熟猪油100克，白糖50克，味精5克，精盐1.5克，酱油25克，料酒15克，湿淀粉40克，胡椒面、糖色少许。

做法：

❶ 把牛蹄黄洗净放入锅内，加入清水、25克葱、25克姜（拍松），煮

至八成烂时，捞出切成三角块，在开水中焯透，捞出待用。

❷ 用50克葱切成寸段；25克姜切成片；大蒜瓣去头尾。起锅放入熟猪油、花椒油烧热，投入葱段、姜片、蒜瓣煸出香味，烹入酱油料酒，加入鸡汤、白糖和味精；用糖色把汤调成金黄色，再加入精盐、胡椒面；把牛蹄黄块放入汤内，烧开撇去浮沫；小火煨至汤剩1/3时，用湿淀粉勾芡，盛入盘中即成。

特点：色泽金黄，软烂，具有蒜香味。

冰糖湘莲

原料：莲子（湘莲）120克，冰糖180克，鲜菠萝30克，罐头青豆15克，罐头樱桃15克，桂圆肉15克。

做法：

❶ 先将莲子去皮、去芯，放入碗内加温水90毫升，蒸至软烂；桂圆肉用温水洗净；鲜菠萝去皮，切成1厘米见方的丁。

❷ 锅置火上，放入清水500毫升，再放入冰糖烧沸，待冰糖完全溶化，端锅离火，过滤去渣，再将冰糖水倒回锅内，加罐头青豆、罐头樱桃、桂圆肉、菠萝，上火煮开。

❸ 将蒸熟的莲子，滗去水，盛入大汤碗内，再将煮开的冰糖水及配料一齐倒入大汤碗，莲子浮在上面即成。

特点：香甜爽口，调和悦目。

豆浆粥

原料：鲜豆浆500毫升，粳米50克，白糖少许。

做法：

将洗净的粳米用豆浆煮做粥，加白糖调味，早晚食用。

特点：润肠，补虚，止咳，适用于体虚消瘦、咳嗽、便燥等症状。

生炒糯米饭

原料：糯米500克，熟腊肠、熟腊肉各80克，湿冬菇50克（洗净煮熟），熟鱿鱼50克，熟蛋皮50克，熟花生仁25克，米酒25克，味精少许，生油100克，精盐5克，芝麻10克，葱花5克。

做法：

❶ 先将糯米洗净用清水浸上3小时，然后倒去清水，再用开水烫过糯米，滤干水分备用。

❷ 另起锅放油，把糯米放进锅中炒，炒时要洒水三四次，每洒一次水后即加盖焖片刻，这样反复炒至糯米

熟透为止；如喜欢吃松软的，可多洒几次水。

❸ 待糯米炒熟后，再放进全部的配料和调料拌匀便成。

特点：营养极其丰富，对孕育宝宝有利。

孕妈妈的保健护理

孕期不宜戴隐形眼镜

怀孕后，孕妈妈的内分泌系统发生很大变化，角膜组织会发生轻度水肿，使角膜的厚度增加。隐形眼镜会阻隔角膜接触空气，如果孕妈妈继续戴隐形眼镜，将导致角膜缺氧，使角膜发生损伤引起敏感度下降。敏感度下降将带来视力减退、无故流泪等。此外，怀孕后孕妈妈的泪液分泌量也比平常减少，黏液成分增加，眼角膜弧度也会发生一些变化，容易造成角膜损伤，引发眼睛有异物感、有摩擦感、眼睛干涩等不适。

所以一般不建议孕妈妈配戴隐形眼镜。如果孕妈妈原先配戴的隐形眼镜没有觉得不舒服，那么在怀孕初期可以继续配戴，但是最好减少戴的时间，一天以 6～8 小时为限。到了怀孕的最后 3 个月，最好改为框架眼镜。一旦感觉到戴隐形眼镜会使眼睛不舒服时，应立即更换为框架眼镜，以保护眼睛。

正确使用托腹带

托腹带的用法不当会影响胎宝宝的发育，选购和使用托腹带时要注意以下几点：所用托腹带需是在医生指导下挑选的；应选用可随腹部的增大而增大，方便穿戴及拆下，透气性强不会闷热的托腹带；选择伸缩性强的托腹带，这样才能从下腹部托起增大的腹部，从而阻止子宫下垂，保护胎位并能减轻腰部的压力；腹带的中间和边缘要适当加厚，以免卷起；系腹带时要仰卧，站立时才能有效地托住子宫，既不可太紧，也不能朝前太高；腹带要完全包住髋部，前方一直要靠下至耻骨。

一般情况下孕妈妈不需要用托腹带，只有以下特殊情况的孕妈妈需使用托腹带：胎位为臀位；连接骨盆的各条韧带发生松弛性疼痛的孕妈妈；多胞胎或者胎宝宝过大，站立时腹壁下垂比较剧烈的孕妈妈；有过生育史，腹壁非常松弛，成为悬垂腹的孕妈妈。

外出购物时的注意事项

孕妈妈上街购物也是散步的一种方式，同时，上街购物外出走走，还可使孕妈妈心胸开阔、心情舒畅。

孕妈妈在外出购物的时候要注意以下几点：

❶ 不要在气候恶劣（寒潮、大风、大雨、大雾）时上街，以免因身体笨重及不便而发生摔伤或扭伤，或因为滑倒而引起流产或早产。在流感和其他传染病流行时，也不要到人群过于拥挤的地方去。

❷ 不要在人流高峰时间出去搭乘公交车出行。平时出行逛街最好也有家人陪同，那样不仅可以帮忙提重物，还可以保护孕妈妈的安全。

❸ 逛街购物要有计划，预先列好清单，买齐所需物品之后就离开人多的场所，减少在一些拥挤场所的逗留时间。尽可能避开人流高峰，免受拥挤之累。并且不要在刚装修完毕的商场或商店停留过久，以免接触装修材料产生的化学污染物。

❹ 注意逛街的时间不要太久，最好不要超过2个小时。逛街时的行走速

度不宜快，更不要穿高跟鞋。在逛街途中可选择一些街心花园或人静境幽处休息一会儿。

左侧卧的睡觉姿势为最佳

在第4个月时，孕妈妈会发现自己的肚子已经开始悄悄地隆起来了，这表示胎宝宝又长大了不少。要提醒孕妈妈的是，睡觉姿势跟胎宝宝的关系也很密切。

怀孕后，孕妈妈的子宫会发生轻微的旋转，其中右侧旋较多，旋转后的子宫很容易压迫右侧输尿管，造成输尿管扩张。如果仰卧睡眠，增大的子宫还会压迫脊柱前方的下腔静脉，使回到心脏的血液和心脏排出的血液都减少，甚至有可能造成低血压，减少母体对胎盘的血液供应量，造成胎宝宝缺氧；其次，子宫也可压迫腹主动脉，使到达子宫的血流量减少，也会影响对胎宝宝的供氧。

如果孕妈妈睡觉取左侧卧的姿势，既可纠正子宫旋转，减少对右侧输尿管的压迫，又可避免仰卧时子宫对大血管的压迫。

提高浴室设备的安全性

浴室是家中最容易滑倒的地方，因为经常是湿滑滑的，一不小心就会有滑倒的可能，孕妈妈跌倒更是危险，因此孕妈妈洗澡首要的就是要预防跌倒。

浴室的安全防滑设备必须完善，孕妈妈每次洗澡之前，准爸爸最好能将浴室清理一下，尽量做到以下几点：

❶ 在浴室地砖上铺防滑垫，并定期清

洗，以免藏纳太多污垢。
② 墙壁四周最好能安装一些比较稳固的扶手。
③ 洗脸槽安装要稳固，以备情急之下孕妈妈抓住洗脸槽时不至于发生危险。
④ 买一个双层或三层的置物架，并固定稳妥，用来集中放置所有浴室小用品，如洗发水、沐浴乳、香皂盒、梳子、吹风机等。

孕妈妈不宜多吹空调

很多人认为孕妈妈不能吹空调，因为打开空调后，房间门窗要紧闭，因此室内空气质量会降低，长时间在有空调的房间停留，孕妈妈会头痛、头晕。而且空调房间与室外有一定温差，容易使得孕妈妈患上感冒。另外感冒后如果打针用药，还会对宝宝造成影响。

实际上，只要吹法得当，孕妈妈还是可以使用空调的。在空调房待着的时候，温度最好定在23℃～28℃，室内感觉微凉就可以，不要和室外温差太大，并避免直接吹到空调的冷风。此外，空调房也可以经常打开门窗，换一换新鲜空气。出门时，可以先站在门口让身体相对适应，再走出房间。

孕期不宜使用口红、指甲油

孕期要特别注意口红和指甲油，因为它们含有有害的重金属微量元素和有毒化学物质，会对胎宝宝产生不利影响。

口红：口红是由油脂、蜡质、颜料等组成的，其中油脂通常采用羊毛脂，羊毛脂除了会吸附空气中各种对人体有害的重金属微量元素，还可能吸附大肠杆菌，能够通过胎盘进入胎宝宝体内。因此，孕妈妈最好不涂口红，尤其是不要长期涂口红。

指甲油：目前市场上销售的指甲油大多是以硝化纤维为基料，配以丙酮、乙酯等化学溶剂和各色染料制成的，这些化学物质对人体有一定的毒害作用。另外，孕妈妈在用手吃东西时，指甲油中的有毒化学物质很容易随食物进入体内，并能通过胎盘和血液进入胎宝宝体内，会影响宝宝的健康。孕妈妈若因一时之美而坏了宝宝的一生可就后悔莫及了。

孕中期可适度性生活

孕中期，由于激素的作用，孕妈妈的性欲有所提高。加上胎盘和羊水的屏障作用，可缓冲外界的刺激，使宝宝得到有效的保护，因此可以适当地过性生活。

妊娠期的性生活应该建立在情绪胎教的基础上，舒心的性生活能充分地将爱心和性欲融为一体。白天，准爸爸给孕妈妈亲吻与抚摸，爱的暖流就会传到对方的心田，对于夜间的闺房之爱大有益处。反过来，夜间体贴的性生活又促进准爸爸孕妈妈白天的恩爱，使孕妈妈的心情愉快，情绪饱满。

如果在孕期准爸爸孕妈妈恩爱与共，生下来的孩子反应会更敏捷，语言发育较早而且身体健康。

孕期皮肤过敏怎样应对

预防皮肤过敏，孕妈妈要注意以下几点：

1. 避免接触有可能导致过敏的过敏源，容易过敏的孕妈妈应停止吃虾等容易导致过敏的食物和辛辣食物。
2. 使用温和、无刺激、经过过敏性皮肤测试的护肤品。
3. 平时多用温水清洗皮肤，在春季花粉飞扬的地区要尽量减少外出，避免引起花粉皮炎；可于早晚使用润肤霜，保持皮肤的滋润，防止皮肤干燥、脱屑。
4. 多吃新鲜的水果、蔬菜，饮食要均衡，最好多吃富含维生素 C 的水果、蔬菜，以及富含 B 族维生素的食物。
5. 随身衣物应冲洗干净，以免残余在衣物、毛巾中的洗涤剂刺激皮肤，引起过敏反应。
6. 保证每天 8 小时的充分睡眠，让身体拥有更好的抗过敏能力。
7. 坚持运动，以增进血液循环，增强皮肤抵抗力，利于皮肤恢复正常。

怎样预防、减少妊娠纹

孕期合理控制体重增长速度，辅以适当的按摩，可增加皮肤弹性，减少妊娠纹的产生。

1. 控制孕期体重增长速度，避免脂肪过度堆积是减轻妊娠纹的有效方法。一般而言，怀孕期间最好将体重增加控制在 10~12 千克之间。
2. 摄取均衡的营养，避免摄取过多的甜食及油炸物，改善皮肤的肤质，让皮肤保持弹性，减少妊娠纹的发生。
3. 适度的按摩，增加皮肤弹性，减轻妊娠纹。建议从怀孕第 3 个月后（孕早期不宜按摩腹部）开始到产后的 3 个月内坚持腹部按摩，可以有效预防妊娠纹生成或淡化已形成的细纹。可以配合使用孕妈妈专用的除纹霜，产后还可以配合使用精油按摩。
4. 游泳对于恢复皮肤弹性也很有好处，可以借助水的阻力进行皮肤按摩，促进新陈代谢，消耗多余脂

肪。因此，建议有条件的孕妈妈在产后体质恢复以后，可以适当游泳。

孕妈妈泡脚要注意的事项

热水泡脚可以舒经活络，消除疲乏，但对于孕妈妈来说，泡脚还是有一些注意事项的。

❶ 泡脚时间不要太长。都说"冷水洗脸、热水泡脚"，热水泡脚的确可以起到疏通经络、温暖全身的作用，但泡脚时间太长则有害无益。

❷ 冬天放点生姜片、花椒。俗话说："风寒从脚下生"，冬天天气寒冷，坚持用热水泡脚可以促进气血运行，缓解手脚冰凉症状，促进脑部供血。在热水中加入生姜片、花椒等辅料，效果会较好。

❸ 热水泡脚并非人人适用。患有脚气的人，病情严重到起疱时，就不宜用热水泡脚，不然很容易造成伤口感染。

❹ 20分钟最佳。一般来说，孕妈妈每天临睡前泡脚20分钟为佳，最好不要超过半个小时。

谨防孕中期皮肤病

孕妈妈在孕中期很容易产生皮肤病。妊娠期间孕妈妈的皮肤病轻的可能瘙痒不止，重的可影响胎宝宝的生命安全。

一般情况下，孕期容易出现的皮肤病主要有以下几种：

妊娠痒疹：多发于孕3～4月，其症状表现为全身散落多处小结或丘疹，特别痒，夜间尤甚。搔抓后常有表皮剥脱及血痂等继发性改变。产后3周内一般会自行消退，遗有暂时性色素沉着。皮疹严重者可有死胎出现。

妊娠疱疹：通常发生于孕3～6月，孕妈妈开始有全身不适、发热、皮肤发痒等症状。在妊娠期中，病情往往反复减轻或加重。此病对母亲一般无危险，但死胎、婴儿先天性异常和新生儿死亡率可高达50%。

疱疹样脓包病：常发生于妊娠期

及产褥期孕妈妈，常突然发生。开始时成群的小脓包发生于成片的红斑上，以后脓包陆续出现，常排列成环形脓包，干涸后结痂，严重者可波及全身，患者有寒战、发热、谵妄等全身症状，患有此病的孕妈妈常发生流产、死胎现象或婴儿出生数日后死亡。

孕妈妈做胎教

❋ 美容胎教

孕妈妈在怀孕期间一般会比较注意保养自己的身体，很关心饮食起居：如每天8小时以上的睡眠，坚持步行，摄取足够的营养，回避烟酒。这样，孕妈妈会显得容光焕发。遗憾的是，妊娠中期孕妈妈脸上会出现黄棕色斑点。不过，别着急，这是正常现象。一般来说，这些斑点在分娩后会渐渐消失的，但也有些孕妈妈脸上的斑点不再褪去。所以，最好能够防止出现这种斑点。办法是不要让脸在阳光下暴晒，因为身体里的激素在阳光的照射下会促使孕妈妈黄褐斑的出现。外出活动时，一定要在脸上涂一些油膏，或戴上一顶大檐帽子。

多数孕妈妈的皮肤在怀孕期间越来越干燥，这是因为皮脂腺的分泌越来越少。这时，也不需要更换化妆品，最好施行食物美容疗法，多吃含维生素多的食物；同时，还要注意充

分的休息和睡眠。为了使皮肤保持柔软和良好的弹性，应经常涂上一层优质的护肤霜以润滑皮肤。对脸部的保养依旧和怀孕早期一样，采取自然护肤法，干性皮肤要用油脂和冷霜露，油性皮肤要用蜜类化妆品。

孕妈妈在夏天非常容易长湿疹和痱子，因此要讲究卫生，出汗后要马上擦干。应该多换内衣，内衣的料子要选吸汗性良好的。每天要洗澡，以保持身体的清洁。如果已经长了湿疹和痱子，要悉心调养，注意不要让疙瘩破溃和感染。

怀孕中期，在乳房、腹部和臀部都可能会出现妊娠纹，从脐部一直延伸到耻骨区，有些人还会出现色素沉着。一般这些印迹在分娩后会自行消失，但有时很难消退，需要很长的一段时间。预防的办法和防止妊娠黄褐斑一样，要尽量避免阳光暴晒。

妊娠时，口腔黏膜往往不太舒服，牙龈可能肿胀，并且容易出血。牙龈炎一般在怀孕中期特别是第5个月最厉害，到分娩后会好的。服用维生素C可以减轻牙龈炎症状。妊娠中期是可以医牙的。有龋齿或齿龈疾患应到医院诊治，甚至征求妇科医生的意见后，可以拔牙。

妊娠不会损坏头发，反而可使头发更美。原先头发暗淡无光泽，这时会显得柔软明亮。皮脂溢出也会减轻，甚至消失。这时保养头发的方法与平常一样，无论何时，都要使用不带刺激性的洗发剂。头发是油脂型的，可以使用以脂蛋白为主要成分的洗发剂。孕妈妈每天要用梳子梳理好头发，宜用木梳子、骨梳子，不宜用塑料的胶梳子；梳理要适度，不能过分用力；在孕6个月时可以用冷烫精烫发1次，一直保持到产后。

怀孕第5个月以后，肚子明显地突出，腰围、臀围也跟着加大。一般的衣服已不合身，这时要开始准备适合季节的孕妈妈装了。这时更要注意鞋子的式样了，市面上卖的高跟鞋、拖鞋式的凉鞋、胶底鞋容易摔跤，对孕妈妈都不合适，最好买专为孕妈妈设计的，后跟低，底部有凹凸纹路，穿着平稳的鞋子。

无论什么时候，都要坚持散步和做体操。这样既能使孕妈妈健康美丽，又能在分娩后很快恢复体形。

自制面膜：预防孕期妊娠斑

孕妈妈不妨在这个月尝试自制面膜来改善脸部斑块，开始轻松的一天，享受做个美丽孕妈妈的好心情。

❶ 木瓜、南瓜面膜

配料：半个新鲜番木瓜，一个生鸡蛋，半斤南瓜罐头，一小匙蜂蜜。

制法及用法：番木瓜去子，挖出瓤，在碗中捣烂。在另一个碗中取蛋清搅打至起泡，与木瓜混合并加入南瓜和蜂蜜，充分搅拌后即可敷于面部。待10分钟后洗掉，出门前涂些防晒霜。

❷ 燕麦面膜

配料：一杯碾碎的燕麦，两小匙奶粉，一大匙水，两块纱布。

制法及用法：燕麦放入粉碎机中打成精粉倒入碗中，并加入奶粉，慢慢注水搅拌直至成乳状。将纱布块展开紧敷在面部，露出眼睛、鼻子和嘴巴，上面涂上足量的燕麦面膜，等待15分钟。

情绪胎教

优生科学家认为，母亲的情绪、态度会影响宝宝。宝宝在母体孕育的过程中，个人的性格以及气质特点就已经开始萌芽。宝宝在子宫中，不仅有感觉，而且会对母亲细微的情绪变化作出敏感的反应。妇产科学研究结果表明，夫妻吵架、相处不好对宝宝产生的不利影响比孕妈妈患有高血压对宝宝产生的不利影响大6倍。

宝宝在第4个月时，大脑内控制本能、欲望和心理状态的间脑或旧皮质部分已经形成，当孕妈妈情绪不稳定时，血液中的激素就会产生变化，血液经胎盘进入宝宝血液、间脑中，间脑受到刺激，就会使宝宝的行动产生变化。如果宝宝在子宫中感受到温暖、和谐、慈爱的气氛，宝宝将得到同化，意识到生活的美好和欢乐，可逐渐形成热爱生活、活泼外向、果断自信等优良性格的基础。反之，宝宝会觉得痛苦，将来性格可能会孤独寂寞、懦弱、自卑多疑等。

家庭成员特别是准爸爸要多体贴孕妈妈，为了腹中宝宝的安全和形成良好的性格基础，要避免让孕妈妈做较重的家务活动，减少孕妈妈的负担，让孕妈妈时刻处于心境平静、开朗的状态下，让孕妈妈的身体维持良好的状态，这样就能让宝宝在舒适的环境下健康、顺利地成长。

宝宝生长在子宫里，看似与外界隔绝，其实，孕妈妈的一举一动对宝宝都有影响，包括情绪也是如此。研究发现，宝宝长到6个月以后，神经系统已发育到相当程度，能听到声音，并能作出各种反应，如胎动增加、心跳加快等。孕妈妈与宝宝的神经系统本身并没什么联系，但孕妈妈受到精神刺激后，自主神经系统活动加剧，内分泌也发生变化，释放出来的乙酰胆碱等化学物质和某些激素会经过血液由胎盘进入宝宝体内，影响宝宝的正常生长发育。

例如当孕妈妈的情绪兴奋、轻松愉快时，通过神经—体液系统的调节，血液中增加了一些使胎动有规律、活跃的化学物质，增强了宝宝的生命力。

孕妈妈负面情绪对宝宝的危害

孕妈妈的不良情绪会影响宝宝的血氧供应。而缺血、低氧将有损于宝宝的智力发育，严重者会导致宝宝死亡。体内的激素会增加，并通过胎盘影响宝宝，导致白细胞减少，从而降低其免疫力和抗病能力。妊娠早期发怒，会导致宝宝发生唇裂以及其他器官畸形；妊娠后期发怒，还会增加胎动次数，导致早产、难产等。

孕妈妈动手：编织

在孕期做一些编织的活儿会帮助孕妈妈抛却所有的私心杂念，屏息凝神，达到心如止水的平衡状态。亦有胎教实践证明，孕期喜欢编织的孕妈妈生出来的宝宝也会显得更加"心灵手巧"。

随着毛衣针的上下飞舞，我们的肩膀、胳膊、手腕、手指等部位30多个关节和50多条肌肉会被牵动，这些关节和肌肉的伸曲活动，大大锻炼了大脑皮层里的神经中枢，提高了人的思维能力。孕妈妈通过编织，锻炼了自己的大脑，通过信息传递的方式，促进胎宝宝的大脑发育。

对于不懂得编织艺术，又喜欢编织活动的孕妈妈来说，到书店里买编织书来学习不是一个好办法，绝大多数的孕妈妈买了书还是看不懂，反而把自己搞得信心全无，最后对编织也失去了兴趣。其实，不懂编织也一样可以轻松学会，只要孕妈妈到市场上找到一种编织器，就可以帮助笨手笨脚的孕妈妈解决问题。

情绪胎教：小幽默2则

类比不当

小明学了一段时间画画，老师让他观察事物。忽一日，他发现邻居家的大狼狗的眼睛和表哥的眼睛比较像，后又自言自语地说："可惜他们脸盘不像！"

代劳

教师节到了，小明准备给幼儿园教师送一盒朱古力豆。次日早晨，等父亲将他送到幼儿园时，门卫爷爷说："老师没告诉你吗？今天老师在异地联欢，幼儿园放假。"小明心中不悦，爸爸问："朱古力豆咋办？"小明没吱声，将朱古力豆放在嘴里嚼了起来，并自言自语地说："我这也算为老师代劳了！"

孕妈妈多读一些轻松、幽默的小笑话，可以有效地调节孕期紧绷的神经。不过孕妈妈千万不要放声大笑，大笑时容易使腹部猛然抽搐，刺激子宫发生收缩。

音乐胎教

音乐是一种表达人类情感的特殊语言，它凭着曲调、旋律、节奏和响度，触及人们的心灵，引起人们情感和认识上的认同感。胎教音乐一类是孕妈妈欣赏的音乐，以宁静为原则，既使人感动，又使人产生美妙的想象，通过孕妈妈的神经—体液将感受传递给宝宝；另一类是宝宝听的音乐，以轻松明快为原则，以轻松活泼的音乐来激发宝宝对声波的良好反应。对孕妈妈来说，音乐最大的特点就是能滋养情绪、安抚心理和提升境界；对宝宝来说，音乐具有引发刺激的作用，可诱发大脑和学习记忆有关的"突触电位"升高，从而促使大脑的特殊合成，达到促进智力发展的作用。

在妊娠早期，音乐胎教都是孕妈妈听音乐，然后通过母体将自己的感受传递给宝宝。在妊娠第4个月时，宝宝耳的功能开始建立和发展，脑的结构也日益完善，各种感觉逐渐发挥作用，宝宝对声音的感觉相当敏感，听觉能力明显提高，已能听到外界的声音了。这时可利用宝宝听觉的重要作用，给予良好的声音刺激，促进宝宝听力的发展。

这时孕妈妈和宝宝听的胎教音乐内容可以丰富一些，种类可以多一些。胎教音乐的节奏宜平缓流畅，不带歌词，乐曲的情调应温柔甜美。父亲的低音歌声、大提琴独奏曲或低音乐曲之类，宝宝最容易接受。另外孕妈妈亲自哼唱歌曲会得到十分满意的效果。孕妈妈每天可以哼唱几首自己喜爱的抒情歌曲，或优美而又富有节奏的小调、摇篮曲等，如约塞兰的《摇篮曲》、舒伯特的《摇篮曲》等。

孕妈妈最好不要听那些过分激烈的现代音乐如摇滚乐等，因为这些音乐音量较大，节奏紧张激烈，声音刺耳嘈杂，会使宝宝烦躁不安，使神经系统和消化系统产生不良反应，促使母体内分泌一些有害的物质，危害孕妈妈和宝宝。具体来说，胎教音乐的选择若以西方音乐为欣赏范畴的话，最好以巴洛克音乐为经，以莫扎特音乐为纬。因为巴洛克音乐的音律与宝宝的心律非常接近，而它宗教般的和谐旋律可使宝宝心灵宁静、全身放松，它的乐声的波长正好与宝宝脑部的波长相符，有助于宝宝精神的集中与安定；而莫扎特音乐奇幻般的音符可促进宝宝脑部活动。

音乐熏陶法

通过听录音磁带或唱片中的轻音乐，让休闲生活中充满优美的乐声，从而使孕妈妈精神愉悦，称为音乐熏陶法。

声音有乐音和噪音之分。当然，对宝宝的刺激也就有益与害之分。不合适的音乐（如迪斯科舞曲、架子鼓的声音）无异于噪音。所以，孕妈妈不能听这类音乐。适宜孕妈妈听的音乐，主要是舒缓轻柔与欢快相间的E、C调。

妈妈、宝宝一起提升音乐细胞

挑选好乐曲：西方古典音乐、轻音乐比较适合胎宝宝，如《圣母颂》、《梦幻曲》、《少女的祈祷》等。欣赏前，妈妈肌肉放松，保持心情舒畅。

听音乐的时间：最好有个计划，如每天什么时间听，每天听几次，每次听多久，这样让胎宝宝有个规律性比较好。一般每日2次，每次10~20分钟。一般来说，做到每天坚持听，而且每次听都是在你兴致最高、心情最好的时候，效果比较好。

乐曲宜重复：乐曲不宜太多、太杂，一般来说，选择固定的几首曲子反复听，天天听，待基本听熟后，再更换其他乐曲比较好。这样才能在胎宝宝的头脑中留下印象，使音乐胎教有可能起到促进胎宝宝脑和智力发展的作用。

儿歌：对数儿歌

我说一，谁对一，哪个最爱把脸洗？

你说一，我对一，小猫最爱把脸洗。

我说二，谁对二，哪个尾巴像扇子？

你说二，我对二，孔雀尾巴像扇子。

我说三，谁对三，哪个跑路一溜烟？

你说三，我对三，兔子跑路一溜烟。

我说四，谁对四，哪个圆圆满身刺？

你说四，我对四，刺猬圆圆满身刺。

我说五，谁对五，哪个蹦跳上大树？

你说五，我对五，猴子蹦跳上大树。

我说六，谁对六，哪个扁嘴水里游？

你说六，我对六，鸭子扁嘴水里游。

我说七，谁对七，哪个叫人早早起？

你说七，我对七，公鸡叫人早早起。

我说八，谁对八，哪个鼻子长又大？

你说八，我对八，大象鼻子长又大。

我说九，谁对九，哪个天天沙漠里走？

你说九，我对九，骆驼天天沙漠里走。

我说十，谁对十，哪个耕地有本事？

你说十，我对十，黄牛耕地有本事。

如果这首儿歌孕妈妈念下来觉得有些长的话，可以将其分成两段，1～5为一段，6～10为另一段。数字后面的知识部分，如："哪个最爱把脸洗，小猫最爱把脸洗"等，在读唱的时候可以多重复几遍，这样可以加深胎宝宝对其的印象。

语言胎教

给宝宝描述身边的事物

随着妊娠的进展，每天适当增加对话次数，可以围绕父母的生活内容，把每一种新鲜事物，把美好的感受反复传授给宝宝。最后还需提醒大家：由于宝宝还没有关于这个世界的认识，不知道谈话内容，只感受到声音的波长和频率，而且，他并不是完全用耳听，而是用他的大脑来感觉，接受着母体的感情，所以在与宝宝对话时，孕妈妈要使自己的精神和全身的肌肉放松，精力集中，呼吸顺畅，排除杂念，心中只想着腹中的宝宝，把胎宝宝当成一个站在面前的活生生的宝宝，娓娓道来，这样才能收到预期的效果。

孕妈妈在对宝宝作听觉教育时，应细致地感觉宝宝有何反应。若是宝宝反应强烈，就应暂停。

语言、智力、知识这三者是相辅相成的。语言是智力发展的基础，智力发展有助于知识的获得，而语言和智力又必须在传授与获取知识的过程中发展。

在英国，不少家庭的宝宝出世后，父母首先教育宝宝的就是"看见人以后要微笑"。这个微笑是为了让对方知道"我对你没有敌意和不安"。这种做法是使自己在人类社会中得以生存的重要手段，同时，也是一个人精神文明的象征。

妊娠中期是宝宝处于相对安定的时期。当孕妈妈外出散步、买东西、郊游、参观时，要善于与周围的人微笑相处。只有这样，才会捕捉到生活中不少充满乐趣的新课题，以便富有情感、绘声绘色、自言自语地对宝宝讲授。诸如人们生活中的友善相处、居住的环境、维持社会机构的机关和设备、自然界不同季节的变化、动物的生态情况等，让宝宝在母体内生活的过程中，逐渐熟悉自然界及人类社会的知识，让宝宝在胎宝宝时期就对自己将要降临的人间有所感觉。

读一读赞美母亲的诗句

赞美母亲的诗句：

十月胎恩重，三生报答轻。

《劝孝歌》

世上唯一没有被污染的爱——那便是母爱。

——字严

成功的时候,谁都是朋友。但只有母亲——她是失败时的伴侣。

——郑振铎

父兮生我,母兮鞠我,抚我,畜我,长我,育我,顾我,复我。

——《诗经》

慈母手中线,游子身上衣。临行密密缝,意恐迟迟归。谁言寸草心,报得三春晖。——孟郊

慈母的胳膊是由爱构成的,孩子睡在里面怎能不香甜? ——雨果

全世界的母亲是多么的相像!她们的心始终一样,每一个母亲都有一颗极为纯真的赤子之心。——惠特曼

我的生命是从睁开眼睛,爱上我母亲的面孔开始的。

——乔治·艾略特

妈妈是我最伟大的老师,一个充满慈爱和富于无畏精神的老师。如果说爱如花般甜美,那么我的母亲就是那朵甜美的爱之花。

——史蒂维·旺德(美国著名盲人男歌手)

世界上的一切光荣和骄傲,都来自母亲。 ——高尔基

世界上有一种最美丽的声音,那便是母亲的呼唤。 ——但丁

用闪光卡片进行胎教

"闪光卡片"就是用彩色笔在白纸上写上语言、文字、数字的卡片。这是为了在进行胎教的过程中强化母亲的意念和集中注意力,并促使母亲获得明确的视觉感。

闪光卡片的内容包括:图形、英文字母、汉字、数字。在将上述内容制成卡片时,还要考虑它们相互间的色彩搭配,要用鲜艳的色彩勾画,并用黑色勾边,使卡片的边缘具有醒目和有利于区别的作用。

例如教算术的时候,孕妈妈一面正确发音,一面用手指临摹字形,并将注意力集中在字的色彩上以加深印象。使胎教成功的诀窍是不要以平面的形象而要以立体形象把信息传递给胎宝宝。例如教 1+1=2 的时候,可以说:"这里有 1 个苹果,又拿来了 1 个苹果,现在一共有 2 个苹果了。"将具体的、有立体感的形象,也就是将三维概念导入胎教中去。教图形时,先用彩笔在卡片上描绘出圆形、方形、三角形,将其视觉化后传递给胎宝宝,然后找出身边的实物来进行讲解。

运动胎教

宫内运动训练

运动胎教是对宝宝进行"宫内锻炼",以促进宝宝四肢运动的训练方法。

有人建议,在怀孕3~4个月后可以适当对宝宝进行宫内运动训练。做法是孕妈妈仰卧,全身放松,先用手在腹部来回抚摸,然后用手指轻按腹部的不同部位,并观察宝宝有何反应。开始时动作宜轻,时间宜短,等过了几周,宝宝逐渐适应之时,就会作出一些积极反应。这时可稍加一点运动量。

胎教理论主张对宝宝进行运动训练,这可以激发宝宝运动的积极性,促进宝宝身心发育,但运动量一定要适当。宝宝的运动训练被认为是一种积极有效的胎教手段。

有些孕妈妈担心对宝宝的运动训练会伤害宝宝,其实这种担心是多余的,宝宝在第4个月时胎盘已经很牢固了,宝宝此时在母体内具有较大的空间。而且环绕着宝宝的羊水对于外来的作用力具有缓冲的作用,可以保护宝宝。所以孕妈妈对宝宝进行运动训练时并不会直接碰到宝宝,这一点孕妈妈大可放心,进行适当的宝宝运动训练是不会伤害宝宝的。

缓解疲劳的床上练习

在整个孕期,孕妈妈最好持之以恒,坚持每天做孕期体操,这样可以达到最好的效果。床上体操练习对孕期所产生的疲劳有很好的缓解效果。

❶ 脚部运动。准妈妈平躺在床上,把一条腿搭在另一条腿上,每抬1次高度增加一些,然后换另一条腿,重复10次;两腿交叉向内侧夹紧、提肛,然后放松。重复10次后,把下面的腿搭到上面的腿上,再重复10次。

❷ 骨盆的运动。准妈妈平躺在床上,单膝曲起,膝盖慢慢向外侧放下,左右各10次;双膝曲起,左右摇摆至床面,慢慢放松,左右各10次。

❸ 盘腿运动。准妈妈笔直坐在床头,双脚合十,用手拉向身体,双膝上下活动,宛如蝴蝶振翅,重复10次。

终生受益的凯格尔运动

凯格尔运动也叫骨盆底收缩运

动。这套运动可以增强骨盆底的肌肉力量，从而减轻压力性尿失禁，还能促进孕妈妈直肠和阴道区域的血液循环，预防痔疮，加快会阴侧切或会阴撕裂愈合。如果孕妈妈在产后经常坚持进行骨盆底肌肉练习，不仅有助于对膀胱的控制，而且会增强阴道的弹性，让产后的性生活更加幸福。

❶ 首先在开始锻炼之前，要排空膀胱。运动的全程，照常呼吸，保持身体其他部分的放松（在整个运动中，只有骨盆底肌肉是在用力的）。可以用手触摸腹部，如果腹部有紧缩的现象，则运动的肌肉为错误。

❷ 平躺，双膝弯曲。练习时，把手放在肚子上，这样可以帮助确认自己的腹部保持放松状态。

❸ 收缩臀部的肌肉向上提肛。

❹ 紧闭尿道、阴道及肛门（它们同时受到骨盆底肌肉支撑），此感觉如尿急，但是无法到厕所去需闭尿的动作。孕妈妈可以将一只干净的手指放入阴道，如果在练习的过程中，手指能感觉到受挤压的话，就表明锻炼的方法正确。

❺ 保持骨盆底肌肉收缩5秒钟，然后慢慢地放松，5～10秒后，重复收缩。

孕期瑜伽：肩转动练习

这个月，孕妈妈进入了孕中期，因为体重增加变快，身体各部位会出现一些酸痛的现象。这里介绍一种消除肩膀紧张感的居家瑜伽练习法——肩转动练习。

❶ 在舒适的位置坐好，用胜利式呼吸法吸气、呼气各1次，再吸气。

❷ 缓慢将肩膀向前移动然后带动肩膀向上移动。

❸ 呼气，肩胛骨向后挤压。

❹ 然后肩膀下拉，恢复正常姿势。

❺ 重复1～4步3次。

❻ 肩膀朝相反的方向转动4次，也就是吸气时肩胛骨先往后拉，然后向上运动，呼气时肩膀向前转动然后恢复正常。

做这个练习孕妈妈会感觉肩膀慢慢转了1个大圈。

光照胎教

光照胎教是指通过光源对宝宝进行刺激，以训练宝宝视觉功能的胎教法。

尽管宝宝在妊娠第 25 周前和第 32 周之后，从不愿睁开眼睛，总是把小眼睛紧紧地闭着，好像是因为看不到任何东西。其实，宝宝的视觉在怀孕第 13 周就已经形成了。

宝宝从 4 个月起对光线就非常敏感，科研人员对母亲腹壁直接进行光线照射时，应用 B 超探测观察，可以见到宝宝会躲避反射，背过脸去，同时也可看到宝宝有睁眼、闭眼活动。这说明宝宝在发育过程中，视觉也在缓慢发育，并且有一定的功能。宝宝在子宫中的活动似暗箱操作，不能视物，但当孕妈妈腹部处在光线照射下时，宝宝还是能感觉到光线的强弱、明暗变化。因此有人主张在宝宝觉醒时，可进行视觉功能的训练。

对宝宝进行视觉训练时，可用 4 节 1 号电池的手电筒，一闪一灭地直接放在母亲腹部进行光线照射，每日 3 次，每次 30 秒，并记录下宝宝的反应。进行视觉训练可促进视觉发育，增加视觉范围，同时有助于强化昼夜周期，即晚上睡觉，白天觉醒，并可促进动作行为的发展。但要注意：切忌用强光，照射时间不宜过长。

环境胎教

到大自然中放松身心

宝宝在母体中4个月时,已具有了种种感觉,如对母体处于嘈杂的环境中会以频频蹬腿来表示"不满";当母亲吸烟时,可见宝宝的心脏会随着母体心跳的加快而加速搏动,甚至出现烦躁不安、痉挛等。说明环境对宝宝的健康发育是多么重要。因此孕妈妈要投身于大自然中去欣赏、感受美,以期让腹中的宝宝早日受到美的熏陶。

孕妈妈在早上起床之后,应到有树林或草地的地方去做操或散步,呼吸草木所释放的清新空气。再者,树木多的地方以及有较大面积草坪的地方,尘土和噪声都比较少。那些在一定的温度下工作的孕妈妈,除早晨外,在工间休息时也应到树木、草坪或喷水池的地方走走。晚上最好能开小窗睡眠。若天太冷可关窗,但应在起床后,打开所有的窗户换空气。

俗话说:"一日之计在于晨。"对于孕妈妈来说就更是如此。每一位即将做妈妈的孕妈妈都应该克服自己的懒惰情绪,争取每日早些起床,然后去欣赏清晨大自然的美景,也使腹中的小宝宝受到熏陶。

多欣赏大自然的美,不仅可以使人得到休息、娱乐并伴以幽静、清爽、舒畅之感,还可以使人大开眼界,增长知识,增添青春的活力。这些都是极有利于孕妈妈和宝宝身心健康的。

因此,为了宝宝,为了下一代的聪明、活泼和可爱,孕妈妈一定要多到大自然中去,在大自然中陶冶母子的性情。

准爸爸做胎教

与胎宝宝多说话

父母亲通过动作和声音与腹中的宝宝对话是一种积极有益的胎教手段。在对话过程中，宝宝能够通过听觉和触觉感受到来自父母亲爱的呼唤，对促进宝宝的身心发育具有十分有益的影响。

对话可从怀孕第3～4个月开始，每天定时刺激宝宝，每次时间不宜过长，1分钟足够。对话内容不限，可以是问候、聊天，可以讲故事，以简单、轻松、明快为原则。例如孕妈妈早晨起床前轻抚腹部，说声"早上好，宝宝"，打开窗户告诉宝宝："哦，天气真好。"等。最好每次都以相同的询问开头和结尾，这样循环往复，不断强化，效果较好。

晚上准爸爸临睡前也要和宝宝说说话，这些熟悉的声音可促使宝宝听觉发育，记忆增强。

孕妈妈唱，准爸爸配舞

（白）门前大桥下，游过一群鸭
快来快来数一数，二四六七八
（唱）门前大桥下，游过一群鸭
快来快来数一数，二四六七八
嘎嘎嘎嘎真呀真多呀
数不清到底多少鸭
数不清到底多少鸭
赶鸭老爷爷，胡子白花花

Part 5 孕4月

唱呀唱着家乡戏，还会说笑话
小孩小孩快快上学校
别考个鸭蛋抱回家
别考个鸭蛋抱回家
（白）门前大桥下，游过一群鸭
快来快来数一数，二四六七八

孕妈妈在唱的时候，准爸爸可以在旁边配舞，鸭子走路的模样、抱着个鸭蛋回家的样子都可以模仿。准爸爸要尽情地发挥，为孕妈妈和胎宝宝营造出一种欢快的气氛。

Part 6

孕5月

胎宝宝的发育和孕妈妈的变化

❀ 胎宝宝已经有巴掌大小了

此时宝宝增长速度惊人,身长已增长到18~27厘米,体重250~300克,身高已是一个正常足月儿的1/2了。宝宝的头已占全身的1/3,头部及身体上呈现一层薄薄的胎毛,已长出头发、眉毛及睫毛,眼睛还是闭着的;手指、脚趾长出指甲;耳朵的入口张开;牙床开始形成;由于脂肪开始沉积,皮肤变成半透明,但皮下血管仍清晰可见;骨骼和肌肉也越来越结实起来;男女性别明显,女性宝宝阴道已发育。

宝宝也会吞咽羊水,经肾过滤后,把它变成清洁的尿液重新又排入羊水中,过滤的渣滓积存在肠道内形成胎粪,待出生后再排出体外。宝宝已会用口舔尝、吸吮拇指。此时用听诊器可听到胎心音。

❀ 妈妈的小腹明显增大,走路需注意平衡

此时孕妈妈的子宫明显增大,同成人的头大小,下腹部隆起,有时会感到腹下坠、心慌、气短,或出现便秘。这时孕妈妈进食明显增加,如果营养不足,会出现贫血、宝宝发育迟缓。

到了妊娠第5个月末,当孕妈妈精神集中的时候,特别是夜晚躺在床上时,会感到下腹部的蠕动。这是宝宝在子宫的羊水中蠕动,挺

身体，频频活动手和脚，碰撞子宫壁引起的生命象征——胎动。它是给孕妈妈心灵带来愉悦的妊娠中的一个"里程碑"。

此期间孕妈妈体重增加很明显。孕妈妈体重增加的规律大致是：妊娠第1～12周，增加1.5～2.0千克；妊娠第13～28周，增加4～5千克；妊娠第29～40周，增加5～5.5千克。妊娠中期和后期孕妈妈体重增加快，每周体重增加0.45千克。若体重增加过分，应注意身体水肿、羊水过多；若体重增加过少，应注意营养不足、贫血、宝宝发育迟缓。

孕妈妈的饮食营养

❋ 吃饭要细嚼慢咽

有的孕妈妈吃饭时狼吞虎咽，缺乏细嚼慢咽的饮食习惯，这对身体健康不利。食物未经充分咀嚼就进入胃肠道，主要有以下弊端：

使消化液分泌减少：人体将食物的大分子结构变成小分子结构，是靠消化液中的各种消化酶来完成的，咀嚼食物能通过神经反射引起胃液分泌，胃液分泌又进而促进其他消化液分泌，这无疑对人体摄取食物中的营养是有利的。咀嚼食物引起的胃液分泌，比食物直接刺激胃肠而分泌的胃液数量更大，含酶量高，持续时间长。可见咀嚼食物对消化液的分泌起着重要作用，所以，提倡细嚼慢咽，增加对食物的咀嚼次数，对消化吸收有利。

狼吞虎咽不能使食物与消化液充分接触：食物未经充分咀嚼就进入胃肠道，食物与消化液的接触面积会大大缩小，就会影响食物与消化液的充分混合，进而不能进行充分的消化吸收。长此以往，由于得不到足够的营养素，健康就必然受到影响。此外，有些食物咀嚼不够，过于粗糙，还会加大胃的消化负担或损伤消化管道。

所以，为了使孕妈妈能充分得到食物中的营养以满足自身和宝宝的需求，就要在吃饭时克服狼吞虎咽的习惯，要做到细嚼慢咽，以利于营养的充分吸收。

❀ 少吃罐头食品，远离食品添加剂

怀孕期间不宜多吃水果罐头

妊娠早期大量食用含有食品添加剂的罐头食品，对胚胎发育是不利的。这是因为，罐头食品在生产过程中，往往要加入人工合成色素、香精、甜味剂（糖精类）和防腐剂，这些都是人工合成的化学物质，对胚胎组织有一定影响。因为，在胚胎早期（受孕2~60天），细胞和组织严格按一定步骤和规律进行增殖和分化，这时的宝宝对一些有害化学物质的反应和解毒功能尚未建立，在此期间受到不利干扰，会导致畸胎的发生。

同时，罐头保鲜期一般在半年至一年，市场上出售的罐头食品往往超过保鲜期或者在自家存放时间较长，质量发生变化，孕妈妈吃了当然不利。罐头食品在制作、运输、存放过程中如果消毒或密封不严时,可导致食品被细菌污染,这对人体危害也很大。

因以上原因,为了母子健康,孕妈妈以不吃罐头食品为宜,应多吃鲜鱼、鲜肉和新鲜蔬菜。

❊ 方便食品易造成营养不良

现在市场上各种方便食品很多,如方便面、饼干、点心等,有些孕妈妈愿意吃方便食品,一是简便省事,免去做饭炒菜的麻烦;二是认为加工的方便食品营养丰富。其实不然,方便是方便,但营养不全。

一般来说,方便食品如方便面主要成分是糖类、少量味精、食盐和调味品。其调味品有牛肉汁、鸡肉汁、虾汁,而牛肉、鸡肉、虾肉的含量很少,且蔬菜也很少,有的有菜末或菜汁,但用量很少。因此,方便食品并不具备人体所需要的蛋白质、脂肪、矿物质、维生素和水等全面的营养成分。据营养专家调查,长期食用方便面的人群中,有60%的人营养不良,54%的人患缺铁性贫血,23%的人患维生素B_2缺乏症,16%的人缺锌,20%的人因缺乏维生素A而患眼疾。

因此,孕妈妈不适宜多吃方便食品,否则对母子都不利。有吃方便食品习惯的女性,要在孕前几个月就改变吃方便食品的习惯,以免宝宝营养不足。

❊ 孕妈妈不宜吃油条

油条在加工制作的过程中,需要加入一定量的明矾。一般在炸油条时每500克面粉要加入15克明矾,也就是说,如果孕妈妈每天吃两根油条,就差不多要摄入3克明矾。

明矾是一种含铝的无机物,其结晶水合物为$KAL(SO_4)_2$,孕妈妈常吃含铝的油条,会对宝宝的大脑发育造成影响,会使宝宝大脑形成障碍,增加痴呆儿发生概率。另外,油条经过高温烹制,营养成分(特别是维生素)遭到严重破坏,其营养价值大大降低。还有，炸油条的油经过反复加热会发生氧化、分解、热聚合等化学反应，从而产生醛类、低级脂肪酸、氧化物、环氧化物、内脂等多种有害物质，孕妈妈食用后，对自身健康和宝宝发育都不利。

因以上各种原因，孕妈妈不宜多吃油条，这有利于母子健康和优生。

❋ 孕妈妈不宜多吃甜食

白糖一般不含其他营养素，只能给人体提供热量，而人体则需要多种营养物质。白糖吃得过多影响人体对其他营养物质的吸收，结果造成体内营养物质不全、不平衡，引发其他营养缺乏。

白糖吃得过多会中毒，或导致糖尿病、心脏病等疾患，对孕妈妈和宝宝十分不利，很可能出现痴呆儿。

为了消化摄入体内的过多白糖，需要消耗大量的维生素 B_1，结果导致维生素 B_1 不足。代谢糖需要大量的钙，又可导致体内钙不足。这两种营养成分缺乏，就会导致宝宝眼球壁张力减弱，产生近视，宝宝还会出现骨骼发育不良，出生后患脑水肿，呈身子小、脑袋大的不协调状态，降生后患佝偻病，出现说话晚、出牙晚、走路晚以及各种神经及脑损伤症状。

为了保证宝宝正常发育，孕妈妈不宜多吃白糖。适当吃些红糖还是有益的。

❋ 如何选择蔬菜、水果

蔬菜、水果是人们生活中必不可少的食物，它们的特点是：蛋白质和脂肪含量很低，含有一定量的糖类，而某些重要的无机盐类（钙、钾、钠、镁等）和某些维生素（如维生素C和胡萝卜素等）的含量很丰富。

在蔬菜、水果的选择上，还是有一定学问的。一般来说，颜色深的蔬菜如青椒、胡萝卜、韭菜、绿菜花等，富含叶绿素、叶酸、β-胡萝卜素以及维生素C等。

另外，在选择的季节上也有不

同。一般来说，新鲜采摘的水果和蔬菜比长期存放的要营养丰富，比如新鲜大白菜与储存了一年的大白菜相比，不但口感好，而且营养丰富。

一般水果都含有丰富的糖类、水分、纤维素及少量的蛋白质、脂肪、矿物质、维生素 A 和 B 族维生素，但其粗纤维、维生素 B_{12} 含量很少，故不能作为唯一的营养来源。孕妈妈要遵循时令多样化地选择新鲜水果，每天吃 1~3 个比较好。

蔬菜、水果在食用前都要注意先用清洗剂洗干净，再用清水清洗，以免残留农药对人体造成危害。

❀ 孕妈妈可多吃红枣

红枣含有丰富的营养物质，有"天然维生素"的美誉，对于孕妈妈补充营养及胎儿生长发育都有很大的帮助。

❶ 健脾益胃。红枣能补益脾胃和补中益气。多吃红枣能显著改善肠胃功能，达到增强食欲的功效。

❷ 预防贫血。孕妈妈极易发生缺铁性贫血，因为怀孕后孕妈妈对铁的需求比怀孕前增加近 4 倍。红枣含有较丰富的铁质，孕妈妈常食用，不仅能防治缺铁性贫血，还有滋补强身的功效。

❸ 增强母体免疫力。红枣含丰富维生素 C，它可增强母体的抵抗力，还可促进孕妈妈对铁质的吸收。

❹ 预防妊娠高血压。红枣中含有芦丁，是使血管软化、降低血压的物质，对于妊娠高血压有一定的防治作用。

❺ 促进胎儿大脑发育。红枣中含有十分丰富的叶酸，叶酸参与血细胞的生成，促进胎儿神经系统的发育。而且红枣中含有微量元素锌，有利于胎儿的大脑发育，促进胎儿的智力发展。

❻ 安神定志。孕期孕妈妈会经常出现躁郁、心神不宁等情绪，多食红枣可起到养血安神、舒肝解郁的作用。

❋ 孕妈妈怎样吃红枣更健康

1. 适量食用。红枣可以经常食用，而过量则会有损消化功能，并引起便秘等症。
2. 吃枣最好吐皮。生吃红枣时，枣皮容易滞留在肠道中不易排出。
3. 患有糖尿病的孕妈妈不宜食用。红枣糖分丰富，尤其是制成零食的红枣，不适合患有糖尿病的孕妈妈，因为红枣会造成血糖升高，使病情恶化。
4. 红枣宜与芹菜一起煎服。有助于降低胆固醇和软化血管。在红枣里加点花旗参，可健脾胃、清热气。
5. 生食红枣时，一定要将它消毒、洗净，否则红枣上可能会残留农药，对胎儿、孕妇产生不好的影响。
6. 红枣是一种容易变质、发酵的食品，尤其是生红枣，所以一定要注意选择和贮藏。变质的红枣不能吃。

❋ 怀孕第5个月的营养食谱推荐

🍂 酸辣汤

原料：豆腐1块，粉丝100克，瘦猪肉50克，植物油、红干椒末、醋、葱花、精盐、味精、紫菜少许。

做法：

1. 豆腐切成约1.5厘米宽、3厘米长、1厘米厚的片；瘦猪肉切成片；粉丝泡发后适当切短；紫菜切成丝。
2. 锅内放油烧热，先将红干椒末下锅炸一下，再加清水600毫升烧开，然后放入豆腐、粉丝、瘦猪肉、紫菜烧开，加精盐、醋、葱花、味精，盛入大汤碗即成。

特点：豆腐甘凉，益气和中；瘦猪肉甘咸平，滋阴润燥，两味为主料，益气和血，有益于孕妈妈健康。

🍂 虾子海参

原料：干海参150克，干虾子15克，肉汤1000克，葱、姜各15克，料酒30克，精盐3克，味精3克，淀粉6克，猪油30克，酱油6克。

做法：

1. 将干海参放入锅内，加入清水，加盖用小火烧开后，将锅端离火

位，待其发涨至软时捞出，剖肚挖去内肠，刮净肚内和表面杂质，洗净。

❷ 再放入锅内，加清水，用小火烧开后，又将锅端离火位，待其发胀（按此方法多次反复进行），海参即可发透（但在发胀过程中，切忌沾上油和盐，因油对海参起溶化作用；盐对海参起收缩作用，会影响海参的涨发质量）。然后将发透的海参肚内先划十字花刀，入开水锅内焯一下，捞出，沥干水分备用。

❸ 干虾子洗净盛入碗内，加入适量的水和料酒，上笼蒸约10分钟取出。

❹ 锅烧热，放入猪油，投入姜、葱，煸炒后捞出，烹入料酒，加入肉汤、精盐、酱油，放入海参、虾子，煨透成浓汤汁，用淀粉勾芡，加味精，起锅，整齐地装入盘内即成。

特点：此菜呈牙黄色，鲜糯、味浓，可协调人体阴阳。孕妈妈食之，可强身健体。

炸百合小饺

原料：鲜百合280克，青梅80克，熟山药100克，山楂糕80克，白糖50克，面粉500克，花生油、鸡蛋2个，精盐、味精葱姜末、盐猪油各适量。

做法：

❶ 鲜百合削去干尖、根，分开瓣，洗净，剁茸；青梅切末；熟山药去皮，研成泥；山楂糕切末。将上述食物全部放在大瓷盆里，放花生油、白糖、葱姜末、盐搅拌匀成馅。

❷ 将面粉过箩，放入面盆，把2个鸡蛋打开加入精盐、味精、猪油，搅拌，加水；面和好后，盖上湿布饧30分钟。

❸ 把面擀成长方薄片，用手把馅拌在一半面片上，将另一半面片折起，盖在挤好馅的面片上，把馅与馅四周用手压实，用直径4厘米的圆酒杯或模子，把饺子一个个扣下来，再用手捏一下边，交两角对起捏实，使其成形。

❹ 按此办法把饺子剩下来的边料面，再继续擀皮，做成小饺子，做完为止。

❺ 炒锅放花生油，烧至八成热，将饺子分批下锅，炸至色深黄、外脆里嫩时捞出，控油，入盘。

特点：造型美观，百合郁香。

香酥鸡

原料：去毛嫩母鸡1只（约重1200克），料酒50克，葱白段25克，姜片15克，花椒15克，桂皮15克，精盐10克，熟猪油1500克（约耗

150克），甜酱或番茄酱适量。

做法：

❶ 把去毛嫩母鸡开膛，挖去内脏，抽掉气管、食管，洗净沥去水；桂皮（敲碎）、花椒、精盐一起放入碗中拌和后，擦匀鸡身（脯肉和腿肉要反复擦几次），然后，放入钵内，把剩下的桂皮、花椒、精盐撒在鸡身上，腌约2小时取出，将盐抖去，再放入盘中，加料酒，放上葱白段、姜片，上笼用旺火蒸至八成烂，取出，沥去汁水，挖去鸡眼。

❷ 炒锅放在旺火上烧热，加入熟猪油，烧至八成热，将鸡放入炸至金黄色时，锅离火口，用漏勺捞出；斩下头，颈劈开，将鸡颈放入盘中，鸡身放上面，鸡头平放在鸡身前端（成双片头）即成，上桌时另带甜酱或番茄酱蘸食。

特点：菜色金黄，皮香脆，肉酥烂，蘸酱食之，其味鲜美。

扒猴头菇

原料：猴头菇150克，冬笋25克，火腿25克，油菜心28克，鸡蛋清3个，淀粉50克，猪油100克，鸡汤、鸡油、精盐、料酒、葱末、味精、姜末、蒜末各适量。

做法：

❶ 将猴头菇用开水泡1小时，洗净，再用开水煮1~2小时，捞出，削去老根，挤干水分，顺丝片成薄片，放入用鸡蛋清和淀粉（25克）调成的糊中抓匀；再放入滚开的鸡汤内焯过，捞出，整齐地码在盘内。

❷ 将冬笋切成3厘米长的片，油菜心剖两半，均用开水烫一下，控干；把火腿切3厘米长的片，与冬笋片和油菜心整齐地在盘中码成3行。

❸ 将锅放置火上，加入猪油，烧至五成热，放入葱末、姜末和蒜末炸一下，添鸡汤，加精盐、味精、料酒，下入冬笋、火腿、油菜心，倒入码好的猴头菇；烧开后，移在慢火上，烧至汁浓时，用水淀粉勾芡，加鸡油，大翻勺，即可装盘。

特点：营养丰富，味道鲜美。

酸辣芹菜

原料：嫩芹菜300克，红辣椒25克，香油15克，醋20克，精盐适量，酱油少许。

做法：

❶ 将芹菜去叶，去根，破四棱，洗干净，切成3厘米长的段，放开水锅内焯透捞出，再放凉水中冲凉，沥去水分。

❷ 将红辣椒去子去蒂，洗净切成细丝和芹菜放在一起，放入酱油、精盐、醋、香油，搅拌均匀装盘食用。

特点：酸辣利口，清爽开胃。

赤豆泥饭

原料：粳米1000克，赤豆800克，白糖适量。

做法：

❶ 将赤豆煮烂，去皮，做成豆沙；将粳米淘洗净，添入适量水，用旺火烧开锅，改用慢火焖熟。

❷ 然后将锅离开火源，打开锅盖，将豆沙泥快速拌入饭内，加入白糖，再将锅盖盖上，略焖一会儿，即可食用。

特点：健脾胃，利水湿，适宜于食欲缺乏、脾胃虚弱且有水肿的孕妈妈食用。

杏仁粥

原料：甜杏仁（去皮尖）50克，粳米240克。

做法：

❶ 将甜杏仁研成泥，备用。

❷ 将粳米淘洗干净，放入锅中，添入适量的水，加杏仁泥煮开，再用慢火煮烂，即可食用。

特点：色白清香，止咳平喘，又可美容，适用于咳嗽、气喘之人食用。孕妈妈常食此粥，可美容。

Part 6 孕5月

孕妈妈的保健护理

❋ 预防孕期缺铁性贫血

缺铁性贫血是孕妈妈特别容易发生的营养缺乏症之一。贫血可使胎宝宝在子宫内发育迟缓，出生体重降低，还可导致出生后智力水平下降，严重的话还会出现早产甚至死胎。因此，预防孕期贫血是非常重要的，同时，有贫血症状的孕妈妈也需及时改善。

孕妈妈如果出现疲倦、乏力、头晕、耳鸣、食欲缺乏、消化不良、烦躁不安、注意力不能集中、口唇及口腔黏膜呈苍白色等情况，就应考虑是否患贫血了。

孕妈妈怎么防治孕期贫血？

❶ 做菜多用铁炊具烹调。做菜时尽量使用铁锅、铁铲，这些炊具在烹制食物时会产生一些微小铁屑溶解于食物中，形成可溶性铁盐，容易让肠道吸收铁。

❷ 增加维生素C的摄入量。维生素C可促进体内铁的吸收，孕妈妈应多吃新鲜蔬菜和水果。富含维生素的食物有：菜花、苋菜、油菜、猕猴桃、柑橘、酸枣、柚子、红果等。

❸ 增加血色素铁的摄入量。血色素铁

主要存在于畜禽的肝脏、瘦肉、血液和蛤贝类中,所以增加动物性食品的摄入量,即可增加血色素铁的供给。

孕期怎样科学地补钙

钙是人体非常需要的一种营养素。孕妈妈孕期要注意补钙,可以从食物中摄取或适当服用钙补充剂,也可以通过运动来获取。

❶ 摄取含钙量丰富的食品。如:奶制品、海产品、大豆及豆制品、深绿色的叶菜等,其中牛奶中的含钙量极为丰富。一般一袋250毫升的牛奶可补充250毫克的钙,孕妈妈每天喝2袋牛奶即可。其中一袋应该在晚上睡前喝,可防止腿抽筋。乳糖不耐受的孕妈妈,可以改喝酸奶,也能补钙。一袋150毫升的酸奶的含钙量,也相当于一袋250毫升的牛奶。

❷ 适当增加运动。可通过骨骼肌的运动使钙沉积在骨骼上,有利于钙被机体利用。

❸ 增加户外活动。接受紫外线的照射,使体内产生促进钙吸收的维生素D。

❹ 补充维生素D和钙剂。缺钙的孕妈妈,应在医生指导下服用钙片补充钙质。

孕妈妈不宜睡席梦思

席梦思床目前已经是家庭常用的卧具,一般人睡席梦思床,有柔软、舒适之感,但孕妈妈是不宜睡席梦思床的。因为容易使得脊柱的位置失常,还不利于孕妈妈在床上翻身。

❶ 容易使得脊柱的位置失常。孕妈妈的脊柱较正常腰部前曲更大,睡过于柔软的席梦思床及其他高级沙发床时,会对腰椎产生严重影响。仰卧时,脊柱呈弧形,使已经前曲的腰椎小关节摩擦增加;侧卧时,脊柱也向侧面弯曲。长期睡下去会使脊柱的位置失常,压迫神经,增加腰肌的负担,既不能消除疲劳,又不利生理功能的发挥,还可能引起腰痛。

❷ 不利于翻身。辗转翻身有助于大脑皮质抑制的扩散,提高睡眠效果。然而,席梦思床太软,孕妈妈深陷其中,不容易翻身。

孕妈妈可以睡棕绷床或在硬床上铺9厘米厚的棉垫。

乳头护理的4个要点

未经过吸吮的乳头,皮肤较为脆弱,容易在分娩后让宝宝吮破,导致母乳喂养失败。因此,孕期进行乳头护理非常重要。

乳头护理的4个要点:

❶ 从怀孕第5个月起,经常用温水擦洗乳头,清除附在上面的乳痂,涂油脂。

❷ 洗澡后,先涂油脂,然后用拇指和食指轻轻抚摩乳头及其周围皮肤。

❸ 不要强行去除乳头上硬痂样的东西。可在入睡前覆盖一块长约10厘米、涂满油脂的四方纱布,第二天早晨起床后再擦掉硬痂。

❹ 经常用干燥柔软的小毛巾轻轻擦拭乳头皮肤,增加乳头表皮的坚韧性,避免以后哺乳破损。

乳房按摩要轻柔

随着乳头分泌少量液体,孕妈妈可以适当地作乳房按摩,但要以促进血液循环和乳腺发育为目的。按摩的频率和力道适中即可,动作尽量轻柔,不可过度。

洗浴后正确按摩乳房的方法:

❶ 清洗乳晕和乳头后,用热毛巾敷盖乳房并用手轻轻地按住。

❷ 将乳房擦净后撒一些爽身粉,并用涂有爽身粉的手指从乳房四周由内向外轻轻按摩。

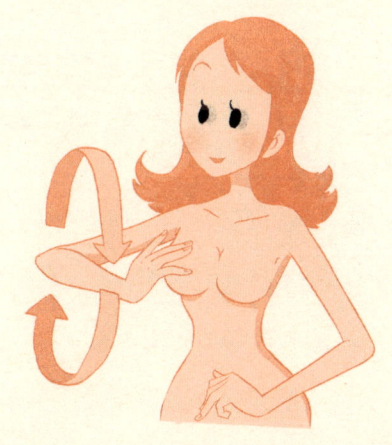

❸ 用手指腹在乳房周围以画圈方式轻轻按摩。

❹ 轻轻按住乳房并从四周向乳头方向轻轻按摩；拇指和食指压住乳晕边缘，再用两指轻轻挤压。

可以在每天沐浴或睡觉前按摩2～3分钟，按摩过程中如果有下腹部疼痛，应该立刻停止。若乳头较短或凹陷，应先作拉拔式的按摩。牵拉乳头可能会引起子宫收缩，动作一定要轻柔，时间尽量短，如果子宫出现频繁收缩应立即停止。值得注意的是，有习惯性流产、早产史的孕妈妈不适合在孕期作乳头纠正，只能在产后处理。

❈ 孕中期胎儿可能有的危险信号

孕期妈妈的心里既充满着希望，同时也会有些担忧，不知道肚子里的胎儿好不好。其实，只要认真注意胎儿可能有着危险而传递来的信号，并适时地作好预防，就可以轻松地迎接健康小生命的到来了。

宫内缺氧信号：胎宝宝12个小时内胎动少于10次。

葡萄胎信号：表现为妊娠早期或中期子宫增长过快，与妊娠月份不符，并伴有阴道少量流血，既无胎心音也无胎动。

宫内发育迟缓信号：孕妈妈子宫增长过缓，宫底达不到孕周应有的高度，导致胎宝宝发育迟缓。

先兆流产和早产信号：妊娠第37周前，如果出现阵发性子宫缩痛并有规律，伴少量阴道流血，应想到先兆流产或早产。

重度妊娠中毒症信号：孕妈妈近期内全身水肿急剧增长，包括面部、胸部、腹部、大腿、小腿等处，并有头痛、眼花、血压高、尿中出现蛋白质等症状。

胎儿死亡信号：孕妈妈增大的子宫及腹部越来越小，胎宝宝停止生长，胎动消失。数天后孕妈妈口臭，全身疲乏无力。

怎样测量胎动

有两种测量胎动的方法，孕妈妈需要了解。

母亲感知法：孕妈妈自本月起，每天找空闲时间（建议晚餐后，因为此时胎动较频繁），采用左侧卧姿势，记录10次胎动所需的时间。若小于120分钟，表示胎动次数没有异常，但如果没有感觉到胎动，或10次胎动的所需时间大于2小时，应该尽快找医生作进一步的检查。还有一种方法就是：孕妈妈每天分别在早上、中午、晚上各利用一个小时的时间测量胎动，若平均每小时少于3次，表示可能异常。

B超观察：这种方法是利用先进的科技仪器，测得胎儿的健康与活动状况。这种方法一般是针对有特殊状况的孕妈妈，而且只能在医院进行。

当孕妈妈感觉到胎动减少时，应该安静下来不要慌张，先停止正在走动或忙碌的状态，休息一下后，再观察胎儿的活动。

胎动异常的处理方法

胎动突然加剧，随后慢慢减少：会使胎宝宝作出类似的反应的原因一般是缺氧、受到外界刺激、高血压，以及外界噪声的刺激。孕妈妈应该定时到医院作检查，并注意休息，不要过度劳累；无论是走路还是乘公共汽车，尽量和他人保持距离；不到嘈杂的环境中去；保持良好的心态，放松心情，控制情绪。

胎动减少：孕妈妈的体温如果超过38℃的话，就会使胎盘、子宫的血流量减少，胎动减少。这时孕妈妈需要尽快去医院，请医生帮助。同时建议孕妈妈平时注意休息，注意随气温变化增减衣物，避免感冒；经常开窗通风，保持室内的空气流通；适当进行锻炼；多喝水、多吃新鲜的蔬菜和水果。

急促胎动后，突然停止：胎宝宝好动，但被脐带缠住了，就会导致因缺氧而窒息的现象。一旦出现异常胎动的情况，要立即就诊；平时坚持每天数胎动，有不良感觉时，马上去医院检查。

正确对待孕期失眠、头痛

怀孕后,孕妈妈的雌激素和孕激素(女性体内的两种重要荷尔蒙)水平都会大大上升,内分泌因此而失去平衡,身体若一时承受不了这些变化,就会发生一系列的问题,如失眠、烦心、头痛等。这些都是正常现象,孕妈妈要正确看待,学会合理缓解。

虽然由荷尔蒙引起的孕期失眠、身体不适、心烦、头痛等不能从根本上解决问题,但仍然可以通过一些小方法来缓解。

❶ 头晕、头痛时可以躺下来休息,按摩头部或在头上敷热毛巾,能够有效地缓解不适。

❷ 烦躁时可以分散注意力,比如和准爸爸或朋友聊天、外出散心、购物等,不要将烦心的感觉憋在心中或毫无节制地乱发脾气,导致发展成为孕期抑郁症。

如果失眠、烦心的情况很严重,已经影响到了正常的生活,这时就应该就医,用科学的方法来治疗了。

怎样做可令孕妈妈轻松入睡

孕期一定要找到合适的方法保证充足而良好的睡眠,充足的睡眠是身体健康的前提,也是好情绪的保障。

创造良好的睡眠氛围

家里的卧室要比较安静,并将卧室布置得温馨舒适,如果卧室的灯光太亮,就可以适当地调暗一些;如果噪声太大,则可以挂上厚厚的窗帘或贴上隔声壁纸来隔绝噪声。

睡前保证消化通畅

睡前2小时内不要再吃一些难以消化的食物,否则肠胃消化食物产生的气体会滞留在体内,影响睡眠,而且睡前饱食容易使脂肪囤积,造成肥胖。

喝杯牛奶助眠

睡前半小时不妨喝一杯温牛奶,牛奶具有很好的安眠作用,并能调节人体生理功能,使人感到全身舒适,而且还能解除疲劳。

睡前不宜兴奋或过劳

睡前精神要平稳、镇静,可以适当听听音乐、散散步。但不要做剧烈运动,也不要看惊悚、悲伤或搞笑类的影视剧或图书,这会刺激脑细胞,使你变得兴奋,导致不易入睡。

放松身体,解除疲劳

每天晚上洗个温水澡或用热水泡泡脚,还可以让准爸爸帮助按摩,让身体得到放松,自然就能轻松入眠。

❋ "静默调息"预防妊娠高血压

采用"静默调息"的方法可以降低高血压,而不改变健康人的正常血压。当高血压(凡收缩压高于 18.7 千帕、舒张压高于 12 千帕,约相当于 140/90 毫米汞柱,即为高血压)患者进行静默调息后,精神上的放松可以引起身体内的良性生理改变,脑电图中 α 波的强度和频率有所增强,最明显的是心跳和呼吸频率变慢,肌肉紧张度和氧消耗下降,血脂降低。"静默调息"的具体做法是:

❶ 选择一个安静的环境,坐在一个舒适的位置上,使自己产生一种即将入睡的意念,但不要躺下。

❷ 闭上眼睛,使自己逐渐平静、安然。

❸ 放松全身的肌肉,从足部开始向上直至面部。

❹ 用鼻进行有意识的呼吸,即吸气—呼气,反复进行,并默默地数数,以防止注意力分散。呼吸时要平稳、放松、自然,注意保持一定的节律。

❺ 持续 10~15 分钟后,睁开眼睛看一下时间,但是不要使用闹钟。再闭目养神,静坐 5 分钟。每日 1 次。

孕妈妈做胎教

✿ 运动胎教

胎教理论主张对胎宝宝适当地进行运动胎教训练，可以激发宝宝运动的积极性，促进宝宝身心发育。现代医学证明，胎动的强弱和胎动的频率，预示着宝宝在母体宫内的健康状况。科研人员对宝宝在宫内胎动强弱分别进行了观察。直到出生后才发现，宫内宝宝的胎动强者出生后其动作的协调和反应速度均优于出生前胎动弱者。还发现在母体内受过运动训练的宝宝，出生后翻身、爬行、坐立、行走及跳跃等大动作均明显早于一般宝宝。

触压拍打

此时可为宝宝进行触压拍打动作胎教。在孕妈妈的腹部摸到宝宝的肢体，在按压宝宝的肢体后，宝宝马上会缩回肢体或活动肢体，可以通过触压和拍打宝宝的肢体同宝宝玩耍，刺激宝宝活动，让宝宝在宫内"散步"，做宫内"体操"。反复训练，可以使宝宝建立起条件反射，并增强肌肉肢体的力量。临床实践证明，经过触压、拍打肢体训练的宝宝，出生后肢体肌肉强健有力，抬头、翻身、坐、爬、走等大动作均早于一般宝宝。经过触压、拍打增加了宝宝肢体活动，是一种有效的胎教方法。当宝宝出现蹬腿不安时，要立即停止训练，以免发生意外。

孕妈妈游泳有益胎儿健康

一直以来，我们都觉得孕妈妈游泳是不安全的，事实上，游泳对孕妈妈和胎宝宝来说是相当好的有氧运动。如果孕妈妈身体条件还不错，不妨试一试游泳运动。

❶ 选择一个卫生条件好、人少的游泳池，最好有专职医务人员在场。

❷ 下水前先做一下热身，并确认水温在30℃左右再下水。

❸ 下水时戴上泳镜，入水时千万不可纵身跳水。

❹ 游泳时运作要稳健和缓，最好选择仰泳，在水中漂浮、轻轻打水都是不错的锻炼姿势。

❺ 与其他游泳的人保持一定距离，防止别人踢到腹部，伤到宝宝。

❻ 游泳时间以1小时以内为宜。

❼ 锻炼时段选择在上午10~12时进行比较好，通常在这个时间内不易发生子宫收缩。

❀ 音乐胎教

女性对声音的感觉比较敏感。怀孕后，机体不仅承受着养育宝宝的物质消耗与体力负担，而且精神上也易受激素变化影响，如情绪易波动，对宝宝有恐惧感，尤其对独生子女宝宝"发育是否良好"过分担心。此时若受到噪声或节奏感强的现代音乐刺激，不仅会使肾上腺髓质激素分泌增多，导致心率加快、血压升高，而且由于其中的去甲肾上腺素增多，会使妊娠子宫平滑肌收缩，造成宝宝血液循环受阻，甚至出现流产或早产。

宝宝适宜听安宁的音乐，通过电子信息仪器监测，发现宝宝在子宫内的状态与新生儿一样，每天大部分时间处于睡眠状态，以妊娠中期最明显。因此，宜给宝宝听安宁的音乐。当宝宝醒来后会出现胎动，胎动往往以早、晚活跃。如果选择在早、晚直接进行音乐胎教，只能播放轻松、安宁的乐曲，这样会使宝宝感受到外部世界充满了慈爱和温馨。妊娠第29~38周期间宝宝醒着的时间增多，胎动的次数也增多，可以增添一些节奏感稍强的乐曲，但切忌播放摇滚乐。

宝宝第一次听到的节奏声，便是母亲的心跳声，这种节律的声音对于孕妈妈和宝宝心率（70～80次/分钟）是最适宜的。如果用于胎教的音乐节奏超过了人的正常心率（70～80次/分钟），就会使孕妈妈产生紧张情绪；倘若低于正常心率，又会引起不安宁的心理反应，对于孕妈妈和宝宝都不利。因此，给宝宝听的音乐选曲要慎重。首先要保证音乐的声波特性不会损害宝宝的听觉器官，尤其是绝对不能损害宝宝内耳的毛细胞及神经细胞。

有妈妈会问，宝宝真的会听音乐吗？科学研究证明，宝宝在6个月时已具备了听觉，声音能经母腹传入子宫为宝宝接受，并能引起胎心率及胎动的变化，所以6个月的宝宝是能够听音乐的。科学家们研究后还发现，孕妈妈在怀孕6个月后反复朗读某一故事或重复听一支乐曲，新生儿在其出生后数小时居然表现出能辨认此故事或音乐的特殊反应。声音的振动、母亲情绪和呼吸的变动，都能对体内某些激素物质及有关的神经介质的分泌产生影响，这些激素物质可经过胎盘进入胎体，构成了胎教的物质基础。换言之，并非宝宝懂得音乐及故事，而是其生活的体外环境中的有利刺激促进了胎脑的发育。

给宝宝播送音乐的胎教器

音乐胎教器（指有关厂家专门为音乐胎教生产的产品）；

家庭中使用的收录机等。

无论用哪一种胎教器，家长都会关心让宝宝听多长时间的音乐为宜，声音的强度要多大。根据医学研究表明：给宝宝听音乐每次不能超过20分钟。

因为在人类神经活动过程中，中枢神经系统的兴奋与抑制是相互转化的。当外界刺激持续时间过久或过于强烈时，相应中枢的兴奋过程就会转入抑制。例如：当一种声音刚出现时，会立刻引起神经中枢的兴奋（即引起人们的注意），但是这种声音持续一段时间后，神经中枢就会由兴奋转入抑制，人们也就不再注意这种声音了。所以给宝宝听音乐的时间不宜过久，这是根据宝宝脑神经细胞的特点来确定的。

关于胎教声音的强度问题，如果选用胎教专用的胎教器，则按说明书操作。如果选用录音机，孕妈妈距离音箱1.5～2米远为宜，音强为65～75分贝。选用耳机者以40～60分贝为宜。

不同种类的音乐，胎教效果不同

孕妈妈应当了解一些音乐基本知识，对胎教音乐最好能有一个大体的认识，以免选错音乐对宝宝造成伤害。下面我们将一些音乐予以简单分类，以便孕妈妈们方便选择。

轻松灵活的音乐：如二胡曲《二泉映月》、古筝曲《渔舟唱晚》、德国浪漫派作曲家门德尔松的《仲夏夜之梦》等。这类作品具有轻盈灵巧的旋律、美妙舒缓的情绪以及安详柔和的情调，能将孕妈妈带入甜美的梦境中。

柔和平缓的音乐：如民族管弦乐曲《春江花月夜》、琴曲《平沙落雁》等。这类作品旋律优美细致，音乐柔和平缓，富有诗情画意，能抚平孕妈妈烦躁的情绪。

舒筋活血的音乐：如民乐《江南好》、《春风得意》等。这类作品甜美轻快、轻松灵秀，能驱散孕妈妈郁闷的情绪。

解除忧郁的音乐：如民乐《喜洋洋》、《春天来了》、奥地利作曲家约翰·施特劳斯的圆舞曲《春之声》等。这类作品曲调优美酣畅、起伏跳跃，旋律轻盈优雅，使人联想到翩翩而至的春天，能激发孕妈妈喜悦和振奋的情绪。

消除疲劳的音乐：如《假日的海滩》、《锦上添花》、《矫健的步伐》、英籍德国作曲家亨德尔的乐曲《水上音乐》等。这类作品清丽柔美、抒情明朗，能让孕妈妈解除疲乏，松弛身心。

振奋精神的音乐：如民乐《娱乐升平》、《步步高》、《狂欢》、《金蛇狂舞》等。这类作品曲调激昂，旋律变化较快，能让孕妈妈振奋精神，引人向上。

促进食欲类音乐：如民乐《花好月圆》、《欢乐舞曲》等。这类作品愉快欢乐，能消除孕妈妈情绪上的抑郁。

提高智力的音乐：如海顿的《D大调弦乐四重奏》（即《云雀》）、贝多芬的《E小调弦乐四重奏》（即《拉索莫夫斯基》）和《降B大调钢琴三重奏》（即《大公》）、舒伯特的《降B大调第五交响曲》和《A大调钢琴五重奏》（即《鳟鱼》）。这类作品旋律优美，富有主题，能将孕妈妈带到一种联想和思索的世界中。

❋ 情绪胎教

要想宝宝发育良好，准父母就要给予宝宝以更多的良性刺激。良性刺激并不是什么特殊的刺激，只要孕妈妈每天保持快乐的心情就可以了。当孕妈妈心情舒畅的时候，体内就会产生促进神经发育的生长激素、刺激快感的多巴胺等。这些激素相互协作，为宝宝的发育提供良好的刺激。当宝宝感受到良好的刺激就会产生快感，从而促进自身分泌可以促进细胞活动的激素，使宝宝血流旺盛，脑细胞活动更加活跃。此期的孕妈妈可以通过到大自然中去散步，和亲人朋友谈谈心，聊聊天，欣赏一些画作，阅读一些高尚的作品，听听音乐等方式，来使自己保持良好的心情。特别是要注意夫妻关系的和谐。

夫妻性生活使孕妈妈有安定的好心情

经过孕早期一段时间的"禁欲"式生活后，大多数夫妻此时都会有过性生活的冲动，而妊娠后因阴道充血，阴道壁比较润滑，比以往能更快地达到性高潮，而且有不少孕妈妈因体内激素的变化，性欲增强，所以选择此时过性生活不仅可以释放夫妻的紧张情绪，而且能加强夫妻感情，让孕妈妈能有一份好心情。有人担心此时宝宝已有听觉而不敢过性生活，实际上宝宝虽然能够感觉到外界施予的压力，也能听到声音，但还没有研究证实宝宝知道准爸爸妈妈是在过性生活，所以大可不必压抑感情而出现心情郁闷的状态。

宝宝是在感受着母亲的情绪中度过每一天的，他不能拒绝不良的情绪，也不能让自己喜欢的情绪重放，只有靠妈妈的选择。了解了这一点，妈妈就要考虑到宝宝的感受，对宝宝始终充满爱心，始终拥有一份平和的心情。这种情绪会给宝宝带来良好的刺激，使宝宝更加健康地发育、成长。

高血压孕妈妈更应避免情绪刺激

血压升高主要有两种原因，一是动脉血管痉挛，血流阻力加大而使血压升高；二是由于心肌收缩力加强而使血压升高。妊娠高血压的女性，如果受惊吓，或处于恐惧、憋气、愤怒等紧张情绪下，会使血压持续升高，甚至引起眼底动脉痉挛，导致视力突然丧失或诱发子痫。如果孕妈妈憋着一股气，久久不能缓解平静，则出现食欲下降，睡眠不宁，进而影响新陈代谢和内分泌功能等，进一步加重心血管负担而诱发疾病。如果孕妈妈处于愤怒或者痛苦之中，心跳会加强加快，外周动脉阻力随之增加，而使舒张压明显升高，导致血压持续居高不下。这不仅使孕妈妈头晕、眼花、视力障碍，而且导致胎盘供血不足，使宫内宝宝缺氧，影响胎脑发育。即使能出生成活，也会影响后天的智力。

数胎动有益于母儿感情交流

胎动，是子宫内宝宝生命健康的重要标志。孕妈妈每天坚持自数胎动，既是一种很好的直接胎教，又是十分简便而行之有效的对宝宝进行监护的办法。

数胎动时，通过母亲对宝宝的高度注意，对宝宝体态的丰富想象及对胎动的生动描绘，能够增进母子之间的感情交流。"这一下是头在撞宫壁，练的是头功；这一下是击拳，拳功真棒；这一下是踢足，大有足下生风、击球射门之势；又来了，这可是全身运动，舒展开怀……"一边联想，一边轻声地喝彩鼓励。母亲的这些意念作用，无疑会增加母子之间的依恋之情。这种喝彩，对于宝宝出生后的心理、智力、意志、爱好、情趣以及生长发育都将会产生良好的影响。因为许多胎教成功者的最深刻的体会是：宝宝蕴藏着神秘莫测而又巨大的生命力。

孕妈妈每天看完电视中的新闻联播及天气预报之后，定时自数1小时的胎动，并且把胎动次数记录下来，逐日逐月绘成一张胎动图，只要持之以恒，这幅图将会是一份保健图。

语言胎教

坚持和宝宝对话交流

宝宝5个月时感受器官初具功能，在子宫中能接受到外界刺激，能以潜移默化的形式储存于大脑之中。

尽管宝宝所处的环境与常人不同，他是漂浮于羊水中的，外界的声波在到达宝宝时要穿过腹壁、子宫壁和羊水，声波的强度会减弱一些（一般减弱20分贝左右），但声音频率、音调和韵律是不会发生明显改变的，依旧能传递给宝宝，宝宝依旧能感觉到。

实践证明，准父母经常和宝宝对话，进行语言交流，能促进宝宝出生后的语言和智能发育。专家们提出，准父母与宝宝的对话要继续，每天定时刺激宝宝，每天1～2次，准爸爸也要在固定的时间与宝宝说话。随着妊娠进展，每天可适当增加对话次数和延长对话时间，把快乐的感受告诉宝宝。

准父母和宝宝的对话内容不必太复杂，内容不限，可以是问候，可以是聊天。为了培养宝宝丰富的想象力、独创性和进取精神，准父母还可以为宝宝选择一些色彩丰富、富有想象内容的画册，利用画册进行故事讲解。准父母可以将画册中展示的世界，用富有想象力的大脑经饱含感情的声调把故事讲给宝宝听。注意准父母在给宝宝讲故事时，不仅仅是朗读，而应把画册中的内容通过准父母的五官使之形象化，将画册中表达的内容更具体、更形象地传递给宝宝。

实践证明，宝宝能接受准父母的感情，对话时一定要把他当做家庭中的成员，认真感受感情，才能达到胎教的目的。经过胎教训练的宝宝，出生后3～4天就能用声音与父母交流，连续发出"咿咿呀呀"的声音。

母亲对宝宝喃喃自语地讲述一天的生活，既是语言胎教中很有意义的常识课内容，又是牢固母子之间感情、培养宝宝对外界的感受力与思维能力的基础。

早晨起床的第一句话是："早上好！我最可爱的小宝贝，让我们一起共同度过这美好的一天吧！"并且告诉宝宝早晨已经到来。打开窗户时说："啊！太阳升起来了，阳光洒满大地，今天是一个晴朗的好天气。"或者是"阴天，下雨了"，"天上飘着雪花"，同时描述风雨的声音、气温的高低、风力的大小。

洗脸美容时，常规地讲解如何刷牙护齿，如何梳妆打扮，为什么早晨要喝一杯凉开水，早晨散步的益处，早餐的营养学知识；饭后道别上班，见到一路上奔驰的汽车、自行车，公路上的行人；动物、鸟的形态；表现季节的树木花草；云彩的形状；橱窗陈列的各种商品；耸立的高楼大厦；工厂里有节奏的机器声；公园里嬉戏的宝宝们等。只要孕妈妈打开五官之门，启动想象之闸，必将对宝宝的创造力产生决定性的影响。

Part 6 孕5月

给胎宝宝起个乳名尽早呼唤

这个月，胎宝宝的感觉器官有了很大的进展，准爸爸孕妈妈每次都叫"宝宝"也显得不够特别和亲切，不妨从现在起，给胎宝宝起个乳名。

宝宝在出生第一天就能辨认出自己母亲的声音，当宝宝哭闹时，如果妈妈用左侧怀抱宝宝，聆听到母亲熟悉的心跳声后他马上就感到安全与舒适，怡然自得而不吵不闹。因此，在怀孕5～6个月时，胎宝宝有了听觉，给胎宝宝起个乳名，并经常呼唤，如"洋洋，给妈妈蹬一下腿"等，宝宝会记忆深刻。等到出生后，当再次呼唤其乳名时，听到曾经熟悉的名字，宝宝会有一种特殊的安全感，烦躁、哭闹也明显减少，有时还会露出高兴的表情。

提早给胎宝宝起个乳名还可以在胎宝宝期对其进行语言刺激，加快胎宝宝的智力发育，为出生后的教育打下良好基础。

❀ 环境胎教

在十月怀胎历程中，宝宝能否顺利发育除与父母的遗传物质有关外，还与孕妈妈在妊娠期间的内外环境有密切联系。为了有一个保证宝宝健康成长的内环境，孕妈妈应避开一些有害物质的伤害，如放射性物品、化学药品、农药、生物制剂等，以免宝宝生活的内环境发生异常变化。体弱患病的孕妈妈要及时诊治疾病，合理用药，以保身体健康，给宝宝一个优良的"温床"。在孕中期过性生活时，动作要轻柔，男性生殖器不宜进入太深，选择孕妈妈感到舒适的体位，不要压到孕妈妈的腹部，并要注意次数不可过多。

为了保证宝宝顺利成长，不仅要注意宝宝生活的内环境，而且还要保证宝宝处于优良的外环境中。日本专家通过调查证实了这样一个事实：家庭环境嘈杂的孕妈妈，生下来的宝宝对门铃声、玩具碰击声、针刺的疼痛以及光线刺激等反应极为敏感，并且大多缺乏自制能力，待不住。夫妻经常吵架的家庭的宝宝也是这样。很显然，嘈杂的声响不仅使孕妈妈心烦意乱，而且能对宝宝产生极为不利的影响。因此，孕妈妈应当有一个安静的环境。在妊娠期间，要避免刺激性大的声响，说话也要心平气和。在这种情况下孕育宝宝，才会收到良好的效果。美化环境，能对人的神经起到调节作用，也能对孕妈妈的性格、心情起到改善、缓和的作用。一个干净整洁、安静舒适的居室还会使孕妈妈从精神上感到愉快。席勒曾经说过："真正美的东西，必须一方面跟自然一致，另一方面跟理想一致。"家庭环境的布置，是孕妈妈物质、精神生活统一和谐的黏合剂，不仅能对孕妈妈的精神生活起到一定作用，而且也对宝宝产生明显的影响。因此，准爸爸应用心搞好家庭布置。

抚摩胎教

抚摩胎教可刺激神经发育

抚摩胎教能激发胎宝宝活动的积极性，促进运动神经的发育。经常受到抚摩的胎宝宝，对外界环境的反应也比较机敏，出生后翻身、抓握、爬行、坐立、行走等大运动发育都能明显提前。抚摩胎教还可以锻炼胎宝宝皮肤的触觉，并通过触觉神经感受体外的刺激，从而促进了胎宝宝大脑细胞的发育，加快胎宝宝的智力发展。

此外，在进行抚摩胎教的过程中，不仅能让胎宝宝感受到父母的关爱，还能使孕妈妈身心放松、精神愉快，也加深了一家人的感情。

孕中期的两种抚摩胎教法

一般过了孕早期，抚摩胎教就可以开始实施，方法主要有两种：抚摩法，轻压、慢推法。

抚摩法：自胎动起，孕妈妈在休息、睡觉前，将身体平躺、放松，双手捧住胎儿，做来回抚摩状（一般10分钟左右）。从本月起孕妈妈应顺时针抚摩。

轻压、慢推法：孕妈妈可用手指做轻压胎儿随后放松的动作，到妊娠后期，还可采用轻缓推动胎儿的动作。一开始或许胎儿因受压、受推不太习惯，一旦胎儿熟悉了孕妈妈的手法后，也就会接受这种爱抚，主动地配合运动。这时，如果再加上孕妈妈轻柔的说话声，效果会更好。在这个过程中孕妈妈的动作要轻缓适度，时间不能过长，一般不超过10分钟。

美学胎教

胎教中的美育是通过孕妈妈对美的感受来实现的，它包括对宝宝进行音美、色美、形美的信号输入。音美即音乐胎教。孕妈妈工作之余可欣赏一些具有美的感召力的绘画、书法、雕塑及戏剧、舞蹈、影视文艺等作品，接受美的艺术熏陶，并常去公园及郊外领略大自然的优美风光，把内心感受描述给腹内的宝宝听，如蓝色的大海、阵阵涛声、苍翠的山峦、灿烂的晚霞、鸟语花香等。形美是指孕妈妈应加强自身修养，言行举止大方，着装应色彩明快、得体、舒适，充分体现和享受孕育美。

学习一点美学知识

学习一点美学知识，不仅能提高审美能力，培养审美情趣，而且可以美化人的内心世界。孕妈妈学点美学知识，能陶冶情操，改善情绪，使宝宝能置身于美好的母体内外环境，受到"美"的熏陶。学习的内容，如庭院绿化，家庭布置，宝宝装和孕妈妈装的设计、编织、烹调技术，美容护肤等，都不乏美学知识。在孕初期就和丈夫一起在庭院里种上西红柿、黄瓜以及花草；在房间贴上美丽聪慧的宝宝像；自己设计缝制宽松的优雅的服装，穿着舒适而高雅；利用家里的旧针织衣物，给宝宝改做背心；利用闲暇，给宝宝织毛衣、毛袜；晚上下班后或周末学习新的烹调技术，做上1~2道可口饭菜。这些都是很容易做到的事，对母子的影响都是很深远的。

写毛笔字，陶冶母子情操

一提起毛笔字，人们往往和书法

挂钩,事实上练毛笔字并不是书法家的专权,每一个中国人都有练习毛笔字的权利,准妈妈练习毛笔字更是一箭多雕。

怎样练毛笔字?

❶ 准备好工具,买齐毛笔、墨汁,刚开始练习用宣纸太浪费了,可用学生用十五格纸,用废报纸也行,刚开始练习颜真卿的字体比较好。

❷ 从笔画开始练起比较好,再循序渐进,穿插带笔画的字进行练习,如"三、王"练横画,练熟后可以临摹字帖。

❸ 毛笔字最好能天天练,两三天练一次也可以,坚持不懈地练习对身体及性格调整会有益处。不过你不必拘泥于形式,随心所欲也可。

诗歌:我的歌

我的歌——泰戈尔

我的孩子,我这一支歌将扬起它的乐声围绕在你身边,好像那爱情的热恋的手臂一样。

我这一支歌将触着你的前额,好像那祝福的吻一样。

当你只是一个人的时候,它将坐在你身边,在你耳边微语着;当你在人群中的时候,它将围住你,使你超然物外。

我的歌将成为你的梦的翅膀,它将把你的心移送到不可知的岸边。

当黑夜覆盖在你路上的时候,它又将成为那照临在你头上的忠实的星光。

我的歌又将坐在你眼睛的瞳孔里,将你的视线带入万物的心里。

当我的声音因死亡而沉寂时,我的歌仍将在你活泼的心中唱着。

诗歌是语言的艺术,它体现着一种独特的思想、情绪、想象力、文采,不仅仅是赤裸裸的灵魂,而且是精雕细刻的艺术品。相信这样的艺术之声能传入胎宝宝的内心世界里。

Part 6 孕5月

准爸爸做胎教

❋ 尽力稳定孕妈妈的情绪

为孕妻和宝宝创造舒适的环境，使妻子保持良好的心境是丈夫义不容辞的责任，丈夫在妻子怀孕的全过程要持之以恒。

宝宝躯体或精神方面的障碍，多与父母不和及不幸的婚姻生活有关。夫妻不和给宝宝带来的危害，比妊娠期生病、吸烟、劳累等原因带来的危害还要严重。而一些直接的精神刺激往往来源于丈夫，例如丈夫出门前说："今晚6点钟回家。"于是妻子利索而准时地把饭菜准备好了，满心欢喜地等待着。然而，7点、8点过去了，仍不见人归。这时，孕妻的失望和焦躁的情绪会对她的身心产生相当大的伤害。即使事后丈夫声明种种客观原因，但妻子精神上受到的刺激和不安已经不可能抹去。如果这类事情反复出现，晚餐时和睦的气氛就不复存在，弄得不好还会出现夫妻间的争吵，使腹中的宝宝受株连。

丈夫应该充分地认识到：在妻子妊娠的这段特殊时期，唯有温存与体贴、快乐和幽默、理解加包容，安排好孕妻的物质生活与精神生活，才是稳定孕妻情绪的良方。

准爸爸调节家庭气氛4法

1. 总是以一种舒畅的心情推开家门，即使因工作不顺心或在外面遇到不愉快的事情，导致归途中步伐沉重，也应该在跨入家门的那一刻，将不良的情绪排除掉。
2. 夫妻发生口角，原因不总是在丈夫身上，因为妻子在早孕期间，身体

内的激素变化使人整天都感到不太舒服，故而往往焦躁不安。丈夫一旦发现有矛盾的苗头，除开导妻子以胎教为重外，可采用幽默的方式对待。因为幽默能使人的副交感神经兴奋，使身体内环境稳定。

❸ 重物由丈夫下班时买（捎）回家，晚餐时说一句"晚饭后由我来收拾"这样的话，会倍添温馨。晚上主动把被子铺好，开窗通风换气。这些足以使孕妻从心理上感到满足。良好的思绪也可以通过神经递质传送给宝宝，从而有利于宝宝在性格及智力方面形成良好的基础。

❹ 在将做爸爸的喜悦中，重视宝宝的存在，养成与宝宝讲话的习惯。起床时问："早上好！"出门时道："我走了！"回家时说："我回来了！"睡觉时讲："晚安！"以调节家庭气氛。

Part 7

孕6月

胎宝宝的发育和孕妈妈的变化

❀ 宝宝器官发育完全，已经很结实了

此时的宝宝已长到身长28～34厘米，体重600～800克，身体逐渐匀称；皮下脂肪的沉着进展不大，因此还很瘦。从这时期开始，在皮肤的表面开始附着胎脂。所谓胎脂，是从皮脂腺分泌出的皮脂和剥落的皮肤上皮的混合物。它的用途是，在分娩前一直给宝宝皮肤提供营养，保护皮肤，同时在分娩时起润滑的作用，使宝宝能顺利地通过产道。

妊娠第6个月时，宝宝的骨骼已经相当结实，关节开始发育，如果拍X射线照片，可清楚地看到头盖骨、脊椎、肋骨及四肢的骨骼。宝宝的肌肉发育较快，体力增强，越来越频繁的胎动表明了他的活动能力。由于子宫内的宝宝经常活动，因此胎位常有变化。

宝宝的眼睛开始分开并会张开。

❀ 妈妈的腹部继续增大，乳房开始变大

孕妈妈妊娠第6个月身体变化有两大特点：一是孕妈妈子宫增大，腰部鼓起来；二是乳房变大，可流出稀薄的乳汁。

孕妈妈妊娠第6个月，子宫进一步增大，子宫底已高达脐部，自己已能准确地判断出增大的子宫。下腰部隆起更为突出，腰部增粗已很明显，

体重也增加了许多。孕妈妈的体形由于子宫增大和加重而使脊椎骨向后仰，身体重心向前移，出现孕妈妈特有的体态。孕妈妈身体对这种变化还不习惯，很容易出现倾倒，腰部和背部也因对身体的这种变化不习惯而特别容易疲劳，孕妈妈在坐下或站起时常会感到很吃力，甚至出现摔跤。

孕妈妈到妊娠第6个月时乳房变大，乳腺功能发达，挤乳房时会流出一些黏性很强的黄色稀薄乳汁，内衣很容易被污染。

妊娠第6个月时，因为血液中水分的增多，孕妈妈可能发生贫血。有些孕妈妈因钙质被宝宝大量摄取，出现牙疼痛和口腔炎。因此，在这段时间里，孕妈妈要注意补铁和补钙。

虽然初孕妈妈对胎动不是很敏感，但在此阶段，几乎所有的孕妈妈都会感觉到胎动。

孕妈妈的饮食营养

❀ 增加营养预防贫血

妊娠第6个月时，孕妈妈和宝宝的营养需要猛增，许多孕妈妈在这个月会发现自己有头昏眼花的贫血症状。由于宝宝的快速发育使得孕妈妈的消耗增加，因此孕妈妈要注意适当地增加营养，以保证身体的需要。在增加营养时，要重点增加维生素的摄入量。怀孕第6个月，孕妈妈体内能量及蛋白质代谢加快，对B族维生素的需要量增加。由于此类维生素无法在体内存储，必须有充足的供给才能满足机体的需要，因此，孕妈妈在孕中期应该摄入富含此类物质的瘦肉、动物肝脏、鱼、奶、蛋及绿叶蔬菜、新鲜水果。

孕妈妈还应对食物有所选择，并限制食用一些不利于健康的食物。应忌吃的食物有辣椒、胡椒等辛辣食物；应限制咖啡、浓茶、酒等，因其有刺激神经兴奋作用，不利于孕妈妈休息，酒对宝宝还有毒性作用；孕中期应注意，不要吃得过咸，以免加重肾脏的负担或促发妊娠高血压综合征。

本月尤其要注意铁的摄入，应多吃含铁丰富的菜、蛋和动物肝脏等，以防止发生缺铁性贫血。此外，要保证营养均衡全面，使体重正常增长。

饮食要定时、定量，搭配要均衡

有的孕妈妈遇上自己喜欢吃的饭菜，就敞开肚子吃，吃得过饱；遇上不喜欢吃的饭菜，就少吃或不吃，结果形成饥饱不一，这对自己身体和腹中宝宝都是不利的。

吃得过饱时会感到不适，吃得过多会造成消化不良，同时使大量的血液集中到胃内消化食物，造成其他组织和宝宝供血不足。也有的孕妈妈经常吃得过饱，结果使自己体重增加过多，宝宝发育过大，导致分娩时难产。

有的孕妈妈遇到不喜欢吃的食物就饿着肚子，使营养不能及时供给，亏了自己也饿了腹内宝宝。因为宝宝是随着母亲进食而"进食"的，这对宝宝正常发育不利。

所以，孕妈妈要坚持正常进食，喜欢吃的不要吃得过多，不喜欢吃的，也不要饿肚子。而应在定时、定量的基础上适当多吃或少吃一些。孕妈妈可在尽量保证各种营养素均衡摄入的情况下,多吃一些自己喜欢吃的食物。

少吃盐,预防水肿

由于女性在妊娠期间易患水肿和高血压,所以人们主张孕妈妈少吃咸食,特别是在妊娠期的最后几个月。由于此期是孕妈妈下肢静脉曲张和高血压综合征等病症的高发时期,有人主张孕妈妈应忌盐。事实上,一点盐都不吃是毫无道理的,对孕妈妈也并非全有益,只有适当少吃些盐才是必要的。如果孕妈妈患有某些疾病,可根据医生要求不吃盐或少吃盐。比如以下几种情况:

患有某些与妊娠有关的疾病(心脏病或肾病)时,孕妈妈必须从妊娠一开始就忌食盐。

孕妈妈体重增加过度,特别是还发现水肿、血压增高、有妊娠高血压综合征者忌食盐。

所谓忌食盐,就意味着每天不得吃超过1.5~2.0克盐。正常进食每天可摄入6~8克氯化钠,其中1/3由主食提供,1/3来自烹调用盐,1/3来自其他食物。多吃一些无咸味的调味品,可使孕妈妈逐渐习惯忌盐饮食,如新鲜番茄汁、无盐醋渍小黄瓜、柠檬汁、醋、香菜、洋葱、香椿等。

可以减轻水肿的食物

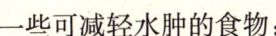

一些可减轻水肿的食物:

鲫鱼:鲫鱼是一种益脾胃、安五脏、利水湿的淡水鱼,可以消除妊娠水肿。鲫鱼肉是高蛋白、高钙、低脂肪、低钠的食物,经常食用,可改善血液的渗透压,有利于合理调整体内水的分布,使组织中的水分回流进入血液循环中,从而达到消除水肿的目的。

鲤鱼:鲤鱼有补益、利水的功效,常食可以补益强壮、利水祛湿。鲤鱼肉中含有丰富的优质蛋白质,钠的含量也很低,可消肿。

冬瓜：冬瓜具有清热泻火、利水渗湿、清热解暑的功效，可提供丰富的营养素和无机盐，既可泽胎化毒，又可利水消肿，孕妈妈可以常吃。

土豆：土豆含有丰富的无机盐分，钾含量很高，不仅能帮助身体排出因食盐过多而滞留在体内的钠，还能促进身体排出多余水分，因而可以消除水肿。

❀ 孕妈妈夏季饮食原则

盛夏，怀有身孕的女性，由于体内生理变化和宝宝生长发育的需要，致使血液循环量增加，心跳加快，新陈代谢旺盛，所以，在夏季里孕妈妈比一般人更怕热。

夏季高温常使人食欲缺乏，此时孕妈妈常有恶心、呕吐等妊娠反应，若不注意调理，必然会影响孕妈妈和宝宝的健康。为使孕妈妈安全度过夏季，更应合理安排孕妈妈的营养膳食。

首先，应让孕妈妈多吃新鲜蔬菜，如小白菜、黄瓜、番茄、扁豆、冬瓜等。

其次，孕妈妈应多吃豆制品，如豆腐、豆腐干、豆腐皮以及豆浆等。因为豆制品中含有35％～40％的植物蛋白质和人体所必需的氨基酸。

再次，孕妈妈可适量吃些鸡肉、猪肉，多饮爽口的菜汤、紫菜汤、金针木耳蘑菇汤。如果孕妈妈对肉类感到油腻，不爱吃，可以改变烹调方法，如在肉末里加些面粉、蛋清，搅拌成糊状后，在铁锅上做成薄饼，或者做成肉丸子汤，这样可增加孕妈妈食欲且营养丰富。

最后，孕妈妈还要多吃些水果，如西瓜、龙眼、草莓等，多饮开水，及时补充因出汗而失去的水分，不宜饮用酒类、咖啡和可乐等刺激性饮料。

另外，孕妈妈可适当吃些苦味食品。苦味不仅可刺激孕妈妈的味觉神经，增强食欲，促使胃肠蠕动，有利消化，还具有利水消暑、清热解毒的功效，如芹菜和苦荞麦等。但孕妈妈不宜吃苦瓜，因为苦瓜中含有的奎宁会刺激子宫收缩，引发流产。

孕妈妈切忌因热贪凉

有的孕妈妈由于内热，喜吃冷饮，这对身体不利，应控制。

女性在怀孕期间，胃肠对冷热的刺激非常敏感。多吃冷饮会使胃肠血管突然收缩，胃液分泌减少，消化功能降低，从而引起食欲缺乏、消化不良、腹泻，甚至引起胃部痉挛，出现剧烈腹痛的现象。

另外，孕妈妈的鼻、咽、气管等呼吸道黏膜往往充血并有水肿，如果大量贪食冷饮，充血的血管突然收缩，血流减少，会致局部抵抗力降低，使潜伏在咽喉、气管、鼻腔、口腔里的细菌与病毒乘虚而入，引起嗓子痛哑、咳嗽、头痛等，严重时还能引起上呼吸道感染或诱发扁桃体炎等。除以上孕妈妈病症外，宝宝也会受到外界影响，如腹中宝宝对冷的刺激很敏感，冷会使宝宝躁动不安，胎动频繁。

每天两三个鸡蛋，营养全面又补脑

鸡蛋是孕妈妈理想的保健食品，这是因为鸡蛋所含的营养成分全面且均衡，人体所需的七大营养素除纤维素外，鸡蛋中全部含有，而且它的营养几乎全部可以被人体吸收利用。

鸡蛋的最可贵之处，在于它能够提供较多的优质蛋白质，鸡蛋蛋白质含有各种必需氨基酸。每50克鸡蛋就可以供给5.4克优质蛋白质，是常见食物中蛋白质较优的食物之一，因为它的生物价值较高。这不仅有益于宝宝的脑发育，而且母体储存的优质蛋白质有利于提高产后母乳的质量。一个中等大小的鸡蛋与200毫升牛奶的营养价值相当。每100克鸡蛋含胆固醇680毫克，主要在蛋黄里。胆固

醇并非一无是处，它是脑神经等重要组织的组成成分，还可以转化成维生素D。蛋黄中还含有维生素A和B族维生素、卵磷脂等，是最方便食用的天然营养食物。

由于鸡蛋蛋黄中含有"记忆素"——胆碱，因此孕妈妈每天有计划地吃上3～4个蛋黄就能维持良好的记忆能力，能提高孕妈妈的思维、分析及判断力。孕妈妈吃蛋黄还可促进宝宝脑神经元之间的联系增多，促进胎脑发育，所以孕妈妈在妊娠期间可适当多吃些鸡蛋，一般每天吃2～3个鸡蛋为好，既能满足身体对营养素的需要，又不会增加肝、肾等器官的负担。

怀孕第6个月的营养食谱推荐

鹌鹑肉片

原料：鹌鹑肉100克，冬笋10克，水发口蘑5克，黄瓜15克，鸡蛋清半个，酱油、料酒、花椒水、精盐、水淀粉、味精、汤、猪油各适量。

做法：

❶ 将净鹌鹑肉切薄片，用鸡蛋清和水淀粉拌匀；将冬笋、口蘑、黄瓜切成片。

❷ 锅内放入猪油，烧至四五成热时，将鹌鹑肉片放入，炒熟，倒入漏勺内。

❸ 锅内放入汤，加入精盐、料酒、花椒水、酱油、冬笋、口蘑、黄瓜和炒熟的鹌鹑肉片，烧开后，去除浮沫，放入味精，盛入碗内即成。

特点：肉质鲜美，食之不腻。

蜜糖腌桃花

原料：新鲜桃花50克，蜂蜜500克，白糖2匙。

做法：

❶ 在春季采集新鲜桃花烘干，注意保持干净（防压、防水）；约烘2小时后，将桃花倒入大口玻璃瓶中，然后倒入蜂蜜，用筷子搅拌5分钟，使之均匀；蜂蜜上面再覆盖一层白糖，密封，盖紧。

❷ 将瓶子放在阴凉处，蜜糖腌渍桃花10天后，即可饮服。每日1～2次，每次1匙；开水冲服，稀释后，弃桃花瓣。

特点：本药膳养五脏，除水湿，通大小便，消中焦胀满，故能抗衰老益寿。

莲子百合煨瘦肉

原料：莲子 50 克，百合 50 克，瘦猪肉 250 克，葱、精盐、料酒、味精各适量。

做法：

❶ 将莲子去芯，用清水把莲子、百合洗净；瘦猪肉洗净，切成长约 4 厘米、厚 0.5 厘米的块。

❷ 将莲子、百合、瘦猪肉放入锅内，加水适量，再加入葱、精盐、料酒。

❸ 大火烧沸，微火煨炖 1 小时即成。

❹ 食用时，加入少量味精，吃莲子、百合、猪肉，喝汤。

特点：养阴清热，清心安神。

楂曲粥

原料：山楂 30 克，神曲 15 克，粳米 100 克，红糖适量。

做法：

❶ 将山楂、神曲洗净去渣后捣碎，入沙锅煎取药汁。

❷ 将粳米淘洗干净，入沙锅加清水煎煮。

❸ 待水煮开后，再倒入药汁煮至米烂。加红糖，趁温热食用。

特点：此粥酸甜可口，有健脾胃、消食积、散淤血之功。化酒谷陈腐积滞效果甚佳。

鱼香肝片

原料：猪肝 250 克，泡辣椒 20 克，葱 25 克，蒜 15 克，酱油 15 克，姜 10 克，精盐 2 克，菜油 150 克，醋 10 克，料酒 10 克，水豆粉 30 克，汤 25 克，白糖 10 克，味精 1 克。

做法：

❶ 将猪肝切成长约 4 厘米、宽约 3 厘米、厚约 0.3 厘米的片，加精盐及水豆粉（20 克）拌匀；姜、蒜去皮，切成米粒；葱切成葱花；泡辣椒剁成碎末。

❷ 用 1 碗水豆粉（10 克）、料酒、酱油、醋、白糖、味精及汤调成芡汁。

❸ 炒锅置旺火上，下菜油，烧至七成热时，放进猪肝炒散后倒入泡辣椒、姜、蒜末。待猪肝炒伸展时，下葱花勾芡汁，最后起锅入盘。

特点：颜色金红，肝片细嫩，姜、葱、蒜味醇厚，最宜佐餐。

熘豌豆苗

原料：鸡蛋 200 克，荸荠 50 克（或用嫩豌豆），豌豆苗 50 克，熟火腿 30 克，鸡汤 300 毫升（或用肉汤），淀粉 10 克，精盐 3 克，味精 2 克，料酒 5 克，花生油 50 克。

做法：

❶ 豌豆苗择洗干净，用开水稍烫过凉待用。

❷ 熟火腿切末；荸荠去皮切成碎丁。

❸ 鸡蛋打入碗内，搅拌均匀，加入荸荠丁、精盐、料酒、淀粉、鸡汤再打均匀。

❹ 炒锅入花生油，烧至八成热，将打好的鸡蛋入锅翻炒，炒成糊状时加味精入盘，再撒上火腿末、豌豆苗即成。

特点：鸡蛋是高蛋白质的食物，生理价值最佳，又易消化，蛋中有清脆荸荠，食之爽口，又配上火腿、豆苗，色鲜味正。

孕妈妈的保健护理

孕中期产科检查

孕妈妈检查在一定程度上也是一种健康检查，很多时候母体根本感觉不到一些隐患疾病，但却是在无意中便影响到了胎宝宝，对分娩、继续妊娠产生一定的影响。

体重：通过孕妈妈的体重可以间接检测胎宝宝的成长。体重增得太多，心脏负担过重，易出现并发症；增得太少又会导致胎宝宝营养吸收得不够，影响胎宝宝的正常生长。

血压：血压高是妊娠高血压疾病的症状之一，一般20周以后会发生，它将影响胎宝宝的发育成长。所以每一次检查都要量血压，来预测或观察孕妈妈是否会得妊娠高血压疾病。

宫高与腹围：作产前检查时每次都要测量宫高及腹围，以估计胎宝宝宫内发育情况，同时根据宫高妊娠图曲线以了解胎宝宝宫内发育情况，是否发育迟缓或是巨大儿。

水肿检查：浮肿也是妊娠期高血压疾病的表现之一，所以要区分清楚是妊娠期的水肿还是妊娠高血压疾病所引起的水肿。

尿常规：这项检查可以提示有没有妊娠高血压等疾病的出现。有问题可根据情况及时处理。如有血尿的情况下，就需进一步检查是不是肾结石、膀胱结石等。

血常规：通常在第一次产检时检查得最为细致，包括很多项目，如肝功能、肾功能、血型（ABO）、巨细胞、风疹、弓形体病毒感染、梅毒筛选等。

❋ 作好自然分娩的前期准备

顺产无论对于孕妈妈还是胎宝宝都有很多的好处，例如产后恢复快，生产当天就可以下床走动，产后可立即进食，可喂哺母乳等。所以，多数孕妈妈都会选择自然分娩。不过，想让顺产变得轻松，就要前期从饮食、体重控制、产前检查等方面作好准备。

❶ 定时作产前检查。能否顺利生产，与孕妈妈的产道有很大关系。产道分为软产道和骨产道。因此，在孕前要作好检查，测量骨盆的大小，对能否进行引导分娩作出评估。

❷ 合理饮食，控制体重。如果孕妈妈孕期营养补充过多，脂肪超量，身体锻炼少，就比较容易造成胎宝宝过大。因此，孕妈妈在孕期要合理饮食，控制好体重，为顺产作好准备。

❸ 多吃含锌的食物。有研究表明，孕妈妈分娩方式与其妊娠期饮食中锌含量有关，每天从食物中摄取的锌越多，其自然分娩的机会就越大。锌对分娩的影响主要是可增强子宫有关酶的活性，促进子宫肌收缩，把胎宝宝驱出子宫腔。

❹ 坚持锻炼，为顺产加油。适度的运动，不仅有益身体健康，还能培养生产时所需要的体力。

孕妈妈要养成睡午觉的习惯

怀孕时期，孕妈妈如果能睡得很熟，脑部的脑下垂体会分泌出生长激素，这不是为了帮助母体成长，而是为了胎宝宝成长而分泌的，是胎宝宝成长不可或缺的物质。这种激素也具有帮助孕妈妈迅速消除身心疲劳的效果。

如果孕妈妈在白天容易瞌睡，那是正常现象，此时，孕妈妈不妨睡个午觉，可以很有效地消除疲劳和瞌睡感。孕妈妈每天中午最好保证有1个小时的午睡时间，但午睡时间不应过长，从几点睡到几点，最好有个安排，最多不能超过2个小时。如果是在工作中的妈妈，那么即使不能保证午睡也要注意多休息。

午睡的最佳姿势

孕妈妈午睡时，会突然感到胸闷，喘不过气来，并且伴有恶心、呕吐、头晕等症状，而当体位改为侧卧时，这些症状就会消失。

到了怀孕第6个月，子宫增大到对周围脏器，包括心脏、肺脏、泌尿器官等都有所压迫或者推移的程度，影响胎盘和全身的供血等，对宝宝和妈妈自己都不好，因此孕妈妈采取左侧卧的睡姿是最好的。

还要改变以往不良的睡眠姿势，如趴着睡觉或搂抱一些东西睡觉等，这样会造成腹部受压，导致胎宝宝畸形，更严重的会导致流产。

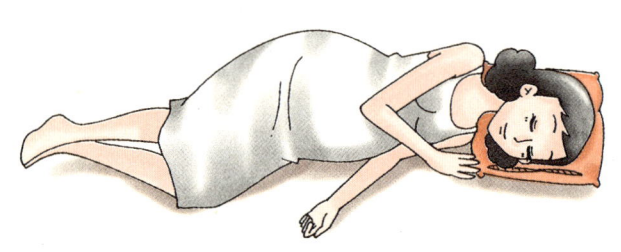

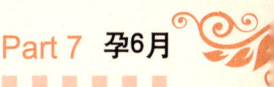

孕妈妈走、站、坐的正确姿势

这个月孕妈妈的肚子已经比较大,在行走、站立或坐下的时候,稍不注意,就会引起全身酸痛。如果妈妈能够掌握一些技巧,不仅可以避免一些不必要的酸痛,有时候还能起到一些意想不到的效果。

走姿:行走时背要直、头要抬起、臀要紧收,保持身体平衡,稳步行走,不要用脚尖走路。也可以扶着扶手或栏杆行走,这样就更省力。

站姿:两腿平行,两脚稍微分开,这样可以使身体重心落在两脚中间,不易疲劳。若站立时间较长,则应将两脚一前一后站立,并注意换脚,使体重落在伸出的前腿上,减少疲劳。

坐姿:深坐椅中,后背笔直靠椅背,股和膝关节成直角,大腿成水平位。这样可以减轻久坐带来的疲劳感。

挑选一双合脚的鞋子

一双合脚的鞋子,能够为孕妈妈减轻足部的压力,让孕妈妈感觉更舒适。孕妈妈在选购鞋子时可参考以下几点:

❶ 鞋子的尺码需依脚长而定,应选择比脚大1厘米左右的鞋子,这样可以为脚的胀大留出空间。

❷ 选择圆头且肥度较宽、鞋面材质较软的鞋子。鞋底要选择耐磨度好且止滑性较佳的大底。

❸ 鞋型选择上开式,即系鞋带式或魔术黏贴带式较佳,其次可以选择有松紧带或可调整宽度的鞋类款式。

❹ 注意鞋跟高度,理想的鞋跟高度为1.5~3厘米。平跟的鞋子则会由于孕妈妈身体重心前移、体重增加等原因,给孕妈妈带来足底筋膜炎等足部不适的困扰。鞋跟太高的话,则会使身体站不稳,而且还会增加脚部的负担。

预防妊娠高血压综合征

到了妊娠晚期,孕妈妈容易产生妊娠高血压综合征,妊高征是以水肿、高血压、蛋白尿为主要临床症状的晚期妊娠中毒症。

妊高征不是所有孕妈妈的并发症,但是钙代谢紊乱是妊高征的诱因之一。由于胎宝宝生长发育需要大量的钙,而孕妈妈本人钙摄入量不足的话,必将导致低血钙综合征,引起甲状腺功能亢进,进而形成高血压。

因此,孕妈妈及时补钙,调节钙的代谢,对预防妊高征发生有重要作用,补充钙可以降低血压,减少妊高征的发病率,还能供胎宝宝骨骼生长所需。要补充足量的钙,每天应供给孕妈妈500毫升牛奶,或多吃海带、鱼、贝和芝麻等含钙食物。

此外,孕妈妈还需要注意:

❶ 进行定期检查,主要是测血压、查尿蛋白和测体重。

❷ 合理地控制体重增长速度与幅度,整个孕期的体重增长应控制在10~12千克之间。尤其是孕晚期,每周增重以0.5千克为宜。

❸ 注意既往史。曾患有肾炎、高血压等疾病以及上次怀孕有过妊娠高血压综合征的孕妈妈,要在医生指导下进行重点监护。

及时作妊娠糖尿病筛查

妊娠糖尿病指怀孕后首次发现或怀孕后才发生的糖尿病。妊娠糖尿病不但容易使孕妈妈出现妊娠高血压、子痫、胎盘早剥、脑血管意外、泌尿系统感染等危急病症,还会使胎宝宝成为巨大儿、畸形儿、早产儿或死胎。宝宝出生后,患儿童糖尿病和死亡的概率也要大大高于未患妊娠糖尿病的孕妈妈所孕育的宝宝。

糖尿病筛查的具体方法:

将50克葡萄糖溶于200毫升水中,5分钟内服完,过1小时测血糖:≥7.8mmol/L即为异常,需进一步进行葡萄糖耐量试验(OGTT)。OGTT的测法为:空腹12小时后口服75克葡萄糖,测1小时、2小时、

3 小时血糖值。空腹 5.6mmol/L，1 小时 10.3mmol/L，2 小时 8.6mmol/L，3 小时 6.7mmol/L 均为标准，1 项高于标准值为糖耐量异常，2 项以上（含 2 项）达到或超过标准值，可诊断为妊娠糖尿病。

有以下一种或一种以上情形的准妈妈，最好在怀孕 24～28 周之间到医院作糖尿病筛查：

年龄≥30 岁；

体重≥90 千克；

有糖尿病家族病史；

孕期尿糖检测多次呈阳性；

有过多次自然流产史；

本次妊娠胎儿偏大或羊水过多；

患有复杂性外阴阴道假丝酵母菌病；

有死胎或分娩足月新生儿窘迫症（RDS）儿、巨大儿、畸形儿史。

小腿抽筋时如何缓解疼痛感

通常，引起孕妈妈小腿抽筋的原因是缺钙。因为血钙是维持人体神经、肌肉兴奋性的重要物质，血钙减少会引起抽筋。

另外，怀孕后胎宝宝和孕妈妈对钙的摄取量会明显增加，如果孕妈妈室外运动减少，饮食中维生素 D 含量又不足，就不能保持血钙正常值，很容易引起小腿抽筋。

一旦出现小腿抽筋，孕妈妈千万不要着急，只要用对方法，抽筋现象很快可以消除。小腿抽筋时，肌肉处于持续收缩的状态，因此只要让肌肉放松即可。

让小腿肌肉放松的3个步骤

1. 将脚趾用力向上翘，或用力将足跟向下蹬，使踝关节过度屈曲，腓肠肌拉紧，这样可以使得症状迅速缓解。
2. 将脚慢慢地伸直，小腿扳向身体心脏方向。
3. 轻轻按摩抽筋的部位。

如果抽筋太久造成腿部肌肉酸痛，可请准爸爸帮忙进行热敷与按摩，并做好腿部保暖工作。做以上动作时，大脑会释放出放松肌肉的信息，抽筋现象会自然消除。

预防小腿抽筋

1. 不要长久站立，避免使腿部的肌肉过于疲劳。
2. 久坐时，双脚可以多动一动，或是坐一两个小时后就起来走一走。
3. 睡觉前针对易抽筋部位做一些伸展运动，或作一些局部按摩以及热敷。
4. 睡觉时，在脚下垫个枕头，这样可以减少对腿部神经的压迫。
5. 平时不要穿紧身裤。
6. 保证适当的户外活动，比如散步。
7. 经常做一些小腿伸展的运动。如孕妈妈坐在地垫上，两腿并拢伸直，试着用手碰触脚趾。
8. 补充维生素 D。维生素 D 可以帮助钙的吸收，主要是在饮食中注意摄取以及平日里多晒晒太阳。

孕妈妈做胎教

❀ 运动胎教

孕期体操：脚腕运动

随着孕妈妈体重增长的加快，日渐增大的肚子已经使得孕妈妈行动显得有点不方便。为了能轻松行走，孕妈妈需要使自己的脚腕关节变得柔韧有力，这里给孕妈妈介绍一个锻炼脚腕的孕期体操——脚腕运动。

1. 孕妈妈仰卧在床上，双腿放松，平放于床。

❷ 左右摇摆两只脚腕，重复 10 次。
❸ 左右转动两只脚腕，重复 10 次。
❹ 前后活动两只脚腕，充分伸展、收缩跟腱 10 次。
❺ 如果有必要，休息 2 分钟，接着按照 1~4 步的方法进行练习。

另外，经常做这个练习脚腕的孕期体操还有助于消除妊娠后期的脚部水肿。

孕妈妈只要觉得脚部有疲劳的感觉或者是想要锻炼一下脚腕，无论是坐在椅子上时还是躺下时，都可以按照上述方法经常做一做。

孕期体操：猫姿

这个月，孕妈妈可以尝试着练习这个孕期体操——猫姿。这是一种倾斜骨盆的练习，它不仅可以有效地预防腰痛，还可以对分娩时所需的肌肉进行锻炼，能更好地支持子宫，这种锻炼有助于孕妈妈将来的顺产。

❶ 趴下，手与双膝分开，身体呈爬姿，手、腿与腰同宽。
❷ 一边呼气，一边拱起背部，前倾骨盆，头部弯向两臂中间，直至看到肚脐，想象着猫夹着尾巴的姿势来绷紧腹部。
❸ 吸气后，再一边呼气一边慢慢放松腹部。
❹ 呼气的同时一边恢复到原来的姿势，一边向上抬头。
❺ 边吸气边前抬上身。
❻ 边呼气边后撤身体，直至趴下。
❼ 注意在整个过程中，肘部不要弯曲。重复 10 次。

这套猫姿在做的过程中可能引起宝宝在腹中旋转，因此不适合孕晚期的妈妈练习。

孕期居家瑜伽：阿帕那式

这里给孕妈妈介绍一种有助于排除体内毒素的孕妈妈瑜伽姿势，可以帮助清除肺部的二氧化碳，促进消化和吸收，起到按摩腹部器官的作用。孕妈妈还可以非常安全地练习双腿分开的姿势，减轻背部疼痛。另外，这个简单而重要的瑜伽姿势可以帮助恢复身体的协调，做起来也非常舒适。

❶ 仰卧，将膝盖并拢，双脚分开，弯曲至胸前。

❷ 双手分别放在两膝上，整个练习中双手都要放在这个位置。

❸ 吸气时伸直手肘，缓慢推动膝部与身体分离。

❹ 呼气时双膝收回至胸前。

❺ 重复 10～20 次。

练习时臀部要一直与地面接触。

孕期体操：抬腰提肛

孕中期的妈妈虽然肚子渐大，但却是最适合做一些比孕早期动作稍微复杂一些的运动的。这个月给孕妈妈介绍经常训练抬腰提肛运动，这套动作对于分娩时放松肌肉很有帮助，还可以帮助缓解孕妈妈的便秘，对于孕中期可能会出现的漏尿情况也有好处。

❶ 孕妈妈仰卧，平躺于床上，双腿放平，两手放于身体两侧，平静地呼吸。

❷ 右脚向上弯曲，然后右腿向右边打开。

❸ 重复第 2 步 4 次，放回原位。

❹ 换左脚，同样动作重复 4 次，放回原位。

❺ 双腿放平，慢慢吸气，同时收缩肛门，腰部抬起。

❻ 慢慢呼气，放松腰部，再放松肛门。

❼ 重复第 5～6 步 5 次。

❽ 这个运动每日可以早晚做 2 次，每次 5 分钟左右。

❀ 音乐胎教

孕妈妈进行音乐胎教应该每日定时，让宝宝养成按时"收听"的习惯和生物钟反应，每天早晚各做一次，每次 20 分钟左右。在进行音乐胎教时最好依照较固定的程序来做。

选择适合胎教的音乐。将收录机或 CD 机等放在离孕妈妈正前方 1 米以上的距离，这样一是保证孕妈妈左右耳收集到的声波相同；二是避免电磁波的辐射。选择那些音质柔和、优美，节奏明快、频率适中的音乐，不要选择那些节奏过于强烈、杂乱、频率过高的音乐，也不要选择旋律低沉、悲哀、沮丧、放荡、不正气的乐曲。具体的音乐在前面的音乐胎教中已作过叙述，孕妈妈们可以参考。

选择舒适的姿势。最好取半坐姿势，或者靠在沙发上，最好不要平躺下，以免宝宝活动不方便。然后轻轻拍拍肚子，说一声"宝宝，我们听音乐啦"，让宝宝作好准备，这样也可让熟睡的宝宝醒来，一般养成了习惯，宝宝在这个时间就不会睡着。孕妈妈要注意放松全身，让呼吸保持轻松、自然、通畅。

集中注意力。不管是欣赏专为孕妈妈制作的胎教音乐，还是为宝宝制作的胎教音乐，孕妈妈都必须集中注意力。毕竟音乐胎教的效果要通过母体才能作用于宝宝，所以孕妈妈在听音乐时要摒除杂念，入情入境，将自己完全沉浸于音乐所表达的意境和节奏中，然后随音乐充分发挥想象。想象带着爱意与宝宝一同徜徉在美丽的大自然中。若孕妈妈心不在焉，胡乱想或是做一些与音乐胎教无关的事，都不能收到预期效果。

反复多次。国外专家认为，让宝宝在一段时间内反复多次听同一首曲子很有好处，不仅能使宝宝熟悉音乐，对音乐产生兴趣，而且还能使宝宝记住乐曲，最好在一段时间里放同一旋律的音乐，以免宝宝因旋律变化太大而出现不适应的情况。以上讲的是音乐胎教中的器物灌输法，其实音乐胎教中还有以下几种方法：

哼歌谐振法。孕妈妈每天可以哼唱几首歌，要轻轻地哼唱，不必放声大唱。最好选择抒情歌曲，也可唱些"小宝宝，快睡觉"等类似摇篮曲的歌。唱时要心情舒畅，富于感情，如同面对亲爱的宝宝，倾诉一腔柔爱。这时，孕妈妈可想象宝宝正在静听你的歌声，从而达到宝宝心音的谐振。孕妈妈每天要定时欣赏一些名曲和轻音乐，如《春江花月夜》、《江南好》等传统轻音乐曲，约翰·施特劳斯的《春之声》圆舞曲，莫扎特的那些轻松明快的室内乐曲，等等。孕妈妈在欣赏音乐时，要沉浸到乐曲的意境中去，如痴如醉，旁若无人，如同进入美妙无比的仙境，幻想翩翩，遐思悠悠，以获得心理上、精神上的最大享受和满足。

孕妈妈教唱法。宝宝虽然具有听力，但毕竟只能听不能唱。孕妈妈要充分发挥自己的想象，想象腹中的宝宝神奇地张开蓓蕾般的小嘴，跟着你的音乐和谐地"唱"起来。具体做法可先将音乐的发音或简单的乐谱反复轻唱几次，如哆、来、咪、发、嗦、啦、西，每唱一个音符后等几秒钟，让宝宝跟着"学唱"，然后再依次进行。

准父母唱歌比录音机、CD机的效果更佳。准父母给宝宝唱歌，是任何形式的音乐都无法取代的。有些孕妈妈认为自己没有音乐细胞，不能给宝宝唱歌。其实，只要是带着深深的爱意去唱，对宝宝来说，都是悦耳动听的，所以我们更多地提倡准父母用哼歌谐振法和孕妈妈教唱法来进行音乐胎教。

从哆来咪开始打好宝宝音乐根基

在胎宝宝第6个月的时候，听觉已经开始能记录在脑电波中，到胎宝宝胎龄为24周左右时，他的耳蜗形态和听神经的分化已经基本完成。因此，现在孕妈妈和准爸爸可以教胎宝宝唱一唱音乐中最基本的内容——音符。音符刺激可以在胎宝宝的大脑中构成记忆，奠定后天的音乐基础。

做法：

❶ 孕妈妈或准爸爸先熟悉音符的发音，"1、2、3、4、5、6、7、i"——"i、7、6、5、4、3、2、1"。

❷ 反复轻声教唱若干遍，每唱完一个音符停顿几秒钟，给胎宝宝学习和复唱的时间。

❸ 在教唱时，孕妈妈可以想象子宫中的胎宝宝跟随父母唱的样子。

❹ 在教胎宝宝唱音符时，室内应保持安静，尽量避免噪音干扰。

❺ 每天教唱1～2次，每次3～5分钟。

❀ 语言胎教

怀孕的第6个月，宝宝的听觉器官已经发育得比较完善，对外界的声音刺激变得敏感了，并且已经有了记忆和学习的能力。因此，孕妈妈要时刻牢记宝宝的存在，而且经常与之谈话，这是一项十分重要的行为。

准父母与腹中的宝宝对话，是一种积极有益的胎教手段。虽然宝宝听不懂话的内容，但宝宝能够通过听觉听到父母的声音和语调，感受到来自父母的呼唤。用语言刺激宝宝听觉神经系统及其大脑，对宝宝大脑发育无疑是有益的。

在和宝宝对话之前，准父母首先给宝宝起个中性的名字，并经常和宝宝说话，呼唤宝宝的名字。这样做，一方面可以把父母的爱传递给宝宝，有利于母子感情交流的形成；另一方面，还可以使宝宝记住自己的名字，出生后呼唤他时，他会感到熟悉、亲切并有安全感。谈话内容应丰富多彩，但要以简单、轻松、明快为原则，要把生活中的一切活动和事物都讲给宝宝听。通过和宝宝一起感受、思考和行动，使母子间的纽带更牢固，并培养宝宝对母亲的信赖感及对外界的感受力和思考力。

准父母可以将生活中的衣食住行等都用作和宝宝对话的素材，如：今天好冷啊，多穿一件衣服吧；这件上衣配红色的领带比较好呀；今天的饭真香啊，家里的墙壁刷得雪白雪白的，可好看了；嘀，公园里真漂亮，青青的草，红红的花，还有鼓眼睛的小金鱼在不停地游来游去……总之，生活中所有的事都可和宝宝交谈。通过和宝宝共同生活、共同感受，使母子间的纽带牢固，并且为出生后宝宝的智力发展打下良好的基础。

准爸爸和宝宝对话也是很重要的，男性低沉的声音更易透过子宫壁传递给宝宝，更易被宝宝接受，还可以培养与宝宝的感情，也能增进夫妻感情。准爸爸和宝宝讲话时，孕妈妈仰卧或端坐在椅子上，准爸爸把头俯向妻子的腹部，嘴巴离腹壁不能太近也不能太远，以3～5厘米为宜。

准爸爸同宝宝讲话的内容应是以希望、祝福、要求、关心、健康等内容为主，要切合实际，语句要简练，语调要温和。

就寝前，可以由准爸爸通过孕妈妈的腹部轻轻地抚摸宝宝，同时可与宝宝交谈，如："爸爸来啦，让爸爸摸摸你的小手、小脚，在哪里呢？""爸爸要走了，再见。"对话时间可以在晚上9点左右，每次讲话时间以5～10分钟为宜，内容可多种多样。

在开始工作前，孕妈妈要对宝宝讲："乖宝宝，现在妈妈开始工作了，在我工作期间，精力必须集中在工作上，所以不能和你讲话。但是，妈妈并没有把你忘记，你暂时静听妈妈的工作节奏或者香甜地睡上一觉吧。"

在工休时间，孕妈妈主动地与周围的人交谈，让宝宝一同参与。同事们可以对孕妈妈的腹部说："你的妈妈很能干，热爱工作，待人和善，我们大家不仅喜欢她，而且非常喜欢她子宫中的你。我们这里有不少好吃的水果及糖果，还有书籍和劳动工具，你出生后就能吃到、看到或用到。"这类语言用于胎教是最理想、最有益的。周围的人还可以从书中挑出一首小诗、一段格言、一首儿歌、一则寓言故事，反复地朗诵或讲解给宝宝听，并将其内容记入胎教日记中。

胎教故事：小蚂蚁

勤劳的蚂蚁和懒散的蚱蜢

在一个晴朗的冬日，蚂蚁们正高兴地忙着翻晒夏天收集的粮食。一只饥饿的蚱蜢走过来，恳切地向蚂蚁讨一点吃的。蚂蚁问蚱蜢："你为什么不在夏天储存点粮食呢？"蚱蜢回答道："那时候我一直在唱歌，没工夫干活。"蚂蚁对蚱蜢说："你这样太傻了，整个夏天都被你唱过去，你有没有想过你冬天吃什么呢？吃饱了才能唱歌啊！"

小蚂蚁告诉我们：未雨绸缪，才能防患于未然，要提前为将来作点打算。

一只14世纪的蚂蚁带来的思考

14世纪，有一位将军被强大的敌人打败了，他被迫躲进一个废弃不用的马槽里躲避搜捕。一只蚂蚁恰好也在马槽里忙着扛玉米粒，试图爬上一堵垂直的"墙"，将军的目光和心智被它吸引了。

那粒玉米的重量不知是蚂蚁体重的多少倍，也许不亚于人类去托一头大象吧！第一次，玉米粒被它稍稍顶起，很快又掉下来，蚂蚁似乎连一丝的犹豫也没有，接着开始再次的努力，一次、两次、三次、四次……将军默默数到了第69次，这次玉米粒被蚂蚁顶上去了，但又掉了下来。将军想，蚂蚁不可能成功了，69次的失败就是证明。就在这时，奇迹出现了，蚂蚁终于把那颗玉米粒推出了"墙头"。

将军被感动了，也找回了失落的自信心，后来重整军队，把敌人打得落花流水。

小蚂蚁是非常勤劳的动物哦，很多不起眼的地方都可能有小蚂蚁在忙碌。小蚂蚁还告诉我们：只要坚持不懈，一定可以解决眼前的困难。

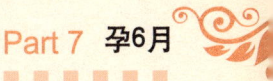

❀ 阅读胎教

用医学的观点解释，人体必需的14种维生素都有促进大脑细胞的兴奋、维持人体各组织器官的正常功能的作用。而持之以恒地读书，则使大脑充满活力。由此看来，兴奋与活力、维生素与读书对大脑的作用竟然如此的巧合及雷同。

孕妈妈通过阅读书籍，可以产生敏捷的思维和丰富的联想。医学研究表明：母亲的思维和联想能够产生一种神经递质，这种神经递质经过血液循环进入胎盘而传递给宝宝，然后分布到宝宝的大脑及全身，并且给宝宝脑神经细胞的发育创造一个与母体相似的神经递质环境，使宝宝的神经向着优化方向发展。因此，孕妈妈阅读有益的书刊，就犹如给子宫中的宝宝服用了"超级维生素"，使宝宝健康发育。

读科普书，就好比人们把节省下来的钱存入银行一样，积少成多，为美化生活及培养后代作准备。孕妈妈把学到的美德、学识、才能、修养等一点一滴地积累到大脑的"存折"上，以陶冶情操，尽消杂念。难怪宋代大文人韩驹说："唯书有真乐，意味久犹在。"

孕妈妈适合看什么书

轻松幽默的杂志或小说；
优美、欢快的散文；
色彩艳丽、明快的时尚杂志；
胎教、分娩、育儿的知识书。

❀ 想象胎教

有不少孕妈妈在孕期里喜欢欣赏漂亮的宝宝照片，有的还在自家墙上张贴可爱的宝宝照片，有空时就凝神欣赏一番，希望自己的宝宝出生后也能像照片上的宝宝一样健康、漂亮。

据说经常欣赏漂亮宝宝的孕妈妈，今后生出的宝宝也会漂亮。目前没有人对这种说法设计一个对照组，进行严格的科学验证，但无论这种说法有无科学根据，经常欣赏漂亮的婴宝宝照片，能使孕妈妈心情舒畅是可

以肯定的。

我国自古就有"欲子美如,数视璧玉"的说法,现代科学记忆想象力也是一种,既可作用于自身,又可作用于宝宝,所以有些专家认为在孕期设想的宝宝形象在某种程度上相似于将要出生的宝宝。即孕妈妈经常设想自己宝宝的模样,还是较有益处的。我国古代就有人总结过这样的内容:看珠宝玉器,欣赏图画,可使宝宝有美感;音乐可融和人心;观看军人队列,听雄壮的乐曲,可有秩序感等。这也就道出了孕妈妈的感受都会影响到宝宝。宝宝心智和情商方面的发展,更有赖于孕妈妈本身的文化素质、道德情操的提高和升华。

一般来说,孕妈妈可以把自己的想象通过语言、动作等方式传达给腹中的宝宝,并且要持之以恒。例如可以告诉宝宝:"眼睛要长得像妈妈,鼻子要像爸爸……"可以在临睡前与宝宝交流,亲切而愉快的情感沟通,能培养宝宝与妈妈的感情,理解妈妈的需求,但愿宝宝出生后真能在外貌上取父母之长,成为健康、美丽的宝宝!

孕妈妈对未来的宝宝的猜想,是孕妈妈本人美好的愿望。在想象的过程中,准爸爸应加以正确引导,让孕妈妈多想一些对宝宝有益的事,消除对宝宝不利的想法。在妊娠中期,可以多想一下宝宝是多么的聪明与可爱、活泼与健壮等。

用联想法教胎宝宝学算术

这个月孕妈妈可以教胎宝宝来学习算术。用于算式的实物可以选一些你喜欢吃的东西,像饼干、梅子、奶糖等,也可以是一些好玩的,像小的布娃娃、玩具等。

在一个苹果的旁边再放一个苹果,就变成两个苹果,用算式表示就得出"1+1=2"这个式子,再通过你的视觉将其印在脑子里,同时出声地对胎宝宝说:"这里有一个苹果,我再从筐里拿一个摆在这里,现在变成几个了?"你要把注意力集中在眼前的苹果和算式上,要和胎宝宝一起思考,代替胎宝宝回答"两个"并传递给胎宝宝。

以数字8为例,孕妈妈可以准备彩色的万能墨水笔和图画纸,用很大的字来进行含有8的加减法运算,像4+4=8,5+3=8,6+2=8,8-1=7,8-2=6,8-3=5等。进行各个数字的组合,而且每个数字都用不同颜色,一张图画纸只写一个算式。

抚摩胎教

宝宝对触觉刺激具有较为灵敏的反应，在妊娠6个月时，孕妈妈可在腹部明显地摸到宝宝的头、背及四肢，这时正是进行抚摩胎教的好时机。

抚摩胎教宜在起床后或睡觉前进行，具体的做法是：孕妈妈排空小便，仰卧在床上，平静均匀地呼吸，眼睛凝视着上前方，全身肌肉彻底放松，用双手从不同方向抚摩宝宝，左右手轻轻交替、轻轻放压，用双手手心紧贴在腹壁上，轻轻地旋转，可以向左，也可以向右，这时宝宝会有相应的反应，如伸胳膊、蹬腿等。这种胎教运动坚持做一段时间，宝宝就会习惯了，形成条件反射，只要妈妈把手放在腹壁上，宝宝就会进入胎内运动，此时再伴随着轻柔的音乐，则效果就更理想。

准父母在为宝宝做抚摩胎教时，也别忘了还要轻轻地、充满爱意地和宝宝说话，让宝宝更强烈地感受到父母的爱意。也可以在触摸宝宝的时候谈心，交流感情，憧憬一下宝宝出生后美好的生活，营造出温馨、亲密的气氛，这样有利于加深一家三口间的感情。

在进行抚摩胎教时，抚摩及按压动作一定要轻柔，以免用力过度引起意外。有的孕妈妈在怀孕中、后期经常有一阵阵的腹壁变硬，可能是不规则的子宫收缩，此时不能进行抚摩胎教，以免引起早产。孕妈妈如果有不良分娩史，如流产、早产、产前出血等，则不宜使用抚摩胎教。

帮助宝宝运动的时间应该固定，一般选在晚上8时左右较为适宜，每次运动5~8分钟即可，这对培养一个健康、活泼的宝宝是大有好处的。

光照胎教

适当的柔和光照有助于增强宝宝的视网膜发育，刺激宝宝脑细胞活动,从而增强宝宝的智力和机体活动能力。

宝宝对光照不是毫无感觉的,当孕妈妈在阳光灿烂的地方晒太阳时,宝宝会显得很安详,或机体细胞活动处于很积极活跃的状态;而孕妈妈待在光线较暗的地方时,宝宝的机体活动程度明显减低。这说明光线对宝宝个性的活跃程度、身体健康程度都有一定的影响。

如果用手电筒对孕妈妈腹部照射,光线适中时,宝宝会有转过头来、眨眼等积极反应;光线太强时,宝宝会有皱眉、扭头避开光线等反应。从这一实验可以看出,一定的光线对宝宝有积极的刺激作用,它可以促使宝宝的视网膜感光细胞进行活动,从而促使宝宝的机体也开展一系列活动,即通过视觉神经将此信息传入大脑皮层,通过大脑神经进行一系列复杂活动,再引导机体对此作出反应。所以专家们认为,适当的光照对促进宝宝眼睛、大脑、机体的积极活动和协调动作是很有好处的。

光照练习,促进宝宝视觉发育

在胎宝宝睡醒时,用光照对胎宝宝的视觉进行训练可以促进视觉发育,增加视觉范围,强化昼夜周期(即晚上睡觉,白天觉醒)和促进动作行为的发展。光照胎教最好从怀孕第24周开始,早期也可适度刺激。

方法:

❶ 选用一个电池手电筒,内装4节1号电池。

❷ 紧贴妈妈腹壁照射胎头部位,持续3分钟左右。

❸ 重复2次。

❹ 手电筒放在孕妈妈腹部,反复关闭、开启手电筒数次,一闪一灭地进行光线照射。

❺ 这个游戏每天可以进行3次,每次5分钟左右。

❻ 照射的同时,准爸爸孕妈妈可以同

时对胎宝宝进行语言胎教，告诉胎宝宝现在是什么时间或询问宝宝现在的感受等。

每次照射时应记录下胎宝宝的反应，切忌用强光，照射的时间也不宜过长。

情绪胎教

父母的好情绪、好心情是胎教的最根本、最朴实的内容。如怀孕后，人们常称为有喜了，是件很高兴的事，这个消息会给盼望已久的父母带来无限的欢乐和希望，这种喜悦的情绪是最原始的胎教。妻子讲："噢，这是一个聪明、漂亮的宝宝，眼睛会像你，嘴巴会像我，肯定会很漂亮。"年轻的夫妻沉浸在美好的想象之中，因为宝宝是他们爱的结晶，生命的延续。于是他们会格外地珍惜这个宝宝，慎起居、美环境；注意营养、戒烟酒，以其博大的母爱关注着自己宝宝的变化。这是一种极好的自然的胎教，宝宝通过感官得到的是健康的、积极的、乐观的信息，这也是胎教最好的过程。

相反，当一个母亲没有作好接受宝宝所需的情感上的准备，内心不喜欢这个宝宝的出现，更不愿承担责任，或者是持模棱两可的态度，丈夫也对此漠不关心时，这种情况下，整个孕期似乎是一种精神上的负担与痛苦。随之带来妊娠的强烈反应，恶心、呕吐、焦躁不安，这种心理与生理的反应形成了恶性循环。这种胎教是将一种不良的负面胎教信息传递给宝宝，后果不堪设想。

孕妈妈要学会控制愤怒情绪。愤怒，往往是自身的利益和价值受到侵犯，认为别人为自己做得太多或者太少，有些不合情理的事情应该加以改正的信号。愤怒并非恶意，而是具有建设性和公正性的呼吁。但是，妊娠期间无论碰上多么委屈的事情，孕妈妈都不能愤怒。孕妈妈愤怒难制可以导致流产或流血等。祖国医学《傅青主女科》中有"大怒小产"的论述。所以，孕妈妈必须用理智来控制愤怒情绪。如果碰上不愉快或利益受到伤害时，可用以下 3 种方法调节：

一分为二：对事态辩证分析，不要只看到不利的一面，也要看到有利的一面。既要宁静淡泊，又要乐观处事。

结合音乐熏陶法和哼歌谐振法：尽量在短时间内使自己的情绪得到缓解和松弛，时刻想到宝宝需要母亲的欢乐情绪及良好的精神状态。

用幽默处理愤怒：幽默是情绪改善剂，它可以使烦恼化为欢畅，痛苦变为快乐，尴尬转为融洽。同时，妙趣横生的语言无疑对宝宝是一种潜移默化的滋润。

如何摆脱消极的胎教情绪

告诫提醒法。明白了消极情绪对人的负面影响，就应在漫长的孕期生活中，时时告诫自己不要生气，不要着急，不要烦恼，不要悲伤，为了宝宝，为了自己，想开点儿，尽量提高心理承受能力，遇到挫折要有思想准备，从而防患于未然。

摆脱转移法。有时消除烦恼的最好办法就是努力摆脱那些使人烦恼的人和事，离开那种使人不愉快的场合，转移自己的注意力，参加一些平时喜欢的活动，如听音乐、相声，看电视小品，欣赏山水风景画册，出去郊游，上街逛商店、购物等，使不良情绪转移。

宣泄释放法。不良情绪要疏导而不能堵塞，疏导的方法之一就是要让它有个宣泄释放的途径，这是相当有效的调剂方法。孕妈妈可向知心好友或日记本倾诉自己的处境和困惑，让烦恼通过宣泄有个出口。

外向社交法。那些内向性格的孕妈妈一旦有了不良情绪，常常闭门独居，郁郁寡欢，心中的结久久难解。所以，有了烦恼应走出去，向亲友倾诉，广交朋友，将自己置身于乐观向上的人群中，充分享受友情的欢乐，从而使情绪得到积极的感染，从中得到满足和快慰。

情绪放松法。每天应抽出不少于30分钟的时间与丈夫到居家附近草木茂盛的宁静小路上散散步，看看街景，逛逛商场，使自己脑子放松一下，心情会变得非常舒畅。尤其是美妙的鸟鸣声、清新的空气、悦目的花草树木，更能帮助消除紧张情绪，使孕妈妈深受感染而自得其乐。

孕妈妈动手：十字绣

十字绣是一种古老的民族刺绣，即使孕妈妈没有缝纫经验，两分钟之内也能学会。怀孕后，孕妈妈有很多闲暇的时间，这时候绣一幅十字绣是不错的选择。

❶ 促进胎儿的大脑发育。锻炼手指可以使脑部变得发达，孕妈妈进行一些手工作业时，手指上的神经会对脑部产生一定的刺激作用，这种刺激作用也会传递给胎儿，促进胎儿的大脑发育。孕妈妈还可以在刺绣的同时与胎儿聊天。可以说一说正在制作的东西，也可以说对各种颜色的喜好，这样会有更好的胎教效果。

❷ 培养耐心和专注力。十字绣是很需要时间的事情，如果不够耐心，很容易半途而废，因此绣十字绣可以培养孕妈妈和胎儿的耐心和专注力。

❸ 能放松心情。在刺绣过程中，孕妈妈会沉浸在刺绣所带来的乐趣之中，不知不觉间就忘记烦恼，经过自己一针一线的努力，完成作品那一刻的喜悦是什么也替代不了的。

绣十字绣时，孕妈妈不要让自己太疲劳，刺绣使人眼光和神经都集中在了针尖那一点上，所以很容易产生疲倦的感觉；另一方面，孕妈妈也不适合长久保持刺绣的姿势。因此，孕妈妈最好把每次刺绣的时间控制在1个小时之内。

环境胎教

现代医学证明，不良的环境可以导致孕妈妈情绪的变化，而孕妈妈的不良情绪在整个孕期都会对宝宝产生不良的影响。为了优生、优育，有必要为宝宝创造一个优美、寂静的生活环境。

孕妈妈居室环境的要求是：

居室中应该整洁、干净、安静、不拥挤、通风通气。

温度适宜，以20℃～26℃最好。温度太高会使人感到精神不振，头昏脑涨，全身不适；温度太低，又会影响人的正常生活，使人发冷，易感冒。夏天可用风扇、空调降温，但不宜让风直吹孕妈妈；冬季可使用暖气升温，也可使用煤炉，但需防止一氧化碳中毒。特别需要提示的是，孕妈妈不可直接睡在正在通电工作的电热毯上。

适宜的湿度，以50%的湿度为最理想。湿度太低易使人口干舌燥，鼻黏膜充血；湿度太高，让人关节酸痛，极为难受。湿度太低可使用加湿器或在室内洒水；湿度太高可开门窗通风。

安全方便，室内设施要便于孕妈妈使用，不能让孕妈妈有爬高、踮脚等危险动作发生。家中设施要摆放整齐，以免孕妈妈磕着、碰着，光滑的地板上要注意添上防滑设施。

高频率的音响刺激、噪声不利于孕妈妈的健康和宝宝的发育，它会使孕妈妈心烦意乱，听力下降，会使宝宝不安，引起早产，甚至脑功能发育受损。但是，无声也不利于优生。过于寂静使孕妈妈感到孤独、寂寞，使宝宝失去听觉刺激。所以，两者均不可取。家中可以经常播放一些有益的胎教音乐，经常对宝宝说话。

重新改变居室布置，换个新鲜心情

如果有需要的话，孕妈妈可以重新布置一下居室的环境。这有利于消除孕妈妈的疲劳感，增添情趣，也能给自己换个新鲜的好心情。

可以在居室的墙壁上悬挂一些活泼可爱的婴幼儿画片或照片，他们可爱的形象会使孕妈妈产生许多美好的遐想，形成良好的心理状态。悬挂一些景象壮观的油画也是有益的，不仅能增加居室的自然色彩，还能使视野开阔。

另外，对居室进行一些绿化装饰也十分有益，不过要注意应以轻松、温柔的格调为主，无论盆花、插花装饰，均应以小型为好，不宜大红大紫，花香也不宜太浓。孕妈妈处在被花朵装饰得温馨雅致的房屋里，一定会有舒适轻松的感觉，这有利于消除孕妈妈的疲劳感，增添情趣。

准爸爸做胎教

❋ 坚持每天对宝宝讲话

声学研究表明：宝宝在子宫内最适宜听中、低频率的声音，而男性的说话声音正是以中、低频率为主。因此，准爸爸坚持每天对子宫内的宝宝讲话，让宝宝熟悉准爸爸的声音，这种方法能够唤起宝宝最积极的反应，有益于宝宝出生后的智力及情绪稳定。尽情地说吧！因为人的大脑一生（包括宝宝时期）可以储存1000万亿个信息单位。

另据观察：没有经过胎教的新生儿常常会有这种情况：即使不熟悉的女性逗乐也会因逗乐而微笑，而准爸爸逗乐则反而会哭。这正是宝宝从胎儿期到出生后的一段时间里，对男性的声音不熟悉所造成的。为了消除宝宝对男性包括对准爸爸的不信任感，妊娠第5个月后准爸爸应对宝宝讲话。

对话方法

首先让孕妈妈坐在宽大而舒适的椅子上，然后由孕妈妈对宝宝说："乖宝宝，下面我们开始与你的爸爸进行十分愉快的对话！"这时，准爸爸应该坐在距离妻子50厘米的位置处，用平静的语调开始对话，随着对话内容的展开再逐渐提高声音，不能一下子发出高音而惊吓宝宝。

准爸爸在开始和结束对宝宝讲话的时候，都应该常规地用抚慰及能够促使宝宝形成自我意识的语言对宝宝讲话。开场白的语言是："宝贝（或者叫乳名），我是你的爸爸，我叫×××，我会天天和你讲话，我会告诉你外界一切美好的事情。"

准爸爸应将每天讲授的话题构思好,最好在当天的胎教日记中拟定一篇小小的讲话稿。稿子的内容可以是一首纯真的儿歌、一首内容浅显的古诗、一段优美动人的小故事,也可以谈自己的工作及对周围事物的认识,以刻画人间的真、善、美。用诗一般的语言,童话一般的意境,描述祖国的锦绣大地。还可以是生活中的理想,等等。如此集思广益、博采众长的教学内容,定能智慧两代人。

对话结束时,要对宝宝给予鼓励:"宝贝学习很认真,你是一个聪明的宝宝,但愿我对你讲授的一切都能对你将来的人生有用。好吧,今天就学习到这儿,再见!"

Part 8

孕7月

如何安全食用姜蒜

胎宝宝的发育和孕妈妈的变化

❋ 胎宝宝变得更结实，这个月他会睁眼睛啦

怀孕第7个月时，宝宝体长已有35厘米，重量达1000克，脸面很像人样了。皮肤呈粉红色，皮下脂肪仍沉积不多，皮肤表面有一层白色或灰色的油脂物，称为胎脂；宝宝头发已长出5毫米左右，眼睑分界已经很清楚，眼睛已睁开了；男宝宝的阴囊明显，睾丸已经开始由腹部往阴囊下降，并降至阴囊内；女宝宝的小阴唇、阴核已清楚地突起。

宝宝的脑组织开始出现皱缩样，大脑皮质已很发达；胎膜内的羊水量显著增加，宝宝能够自由地"游泳"；胎位不完全固定，甚至出现胎位不正；内耳与大脑发生联系的神经通路已接通，对声音的辨认能力更为提高，宝宝开始能辨认妈妈的声音，同时对外界的声音也有喜欢和厌恶的反应。

此时若发生流产，宝宝由于肺和气管还没有完全发育成熟，故较难存活下来。

❋ 不仅肚子，妈妈的大腿和腰也明显开始变粗

孕妈妈从外观上已能看出，肚子明显有沉重感，身体动作更加笨拙、迟缓。孕妈妈腹部向前挺得更为厉害，身体的重心移到腹部下方，完全呈现出一副孕妈妈的体态。孕妈妈只要身体稍微失去平衡，就会感到腰酸

背痛，有时疼痛会放射到下肢。

　　孕妈妈子宫底的高度上升到肚脐之上，不仅下腹部，连上腹部也大起来，肚子感到相当沉重。子宫越来越大，由于压迫下半身静脉，会出现静脉曲张。由于子宫压迫骨盆的深部，易患便秘和痔疮。此时孕妈妈挺着大肚子走路，不但不便，因挺胸走路，还会引起后背和腰部疼痛。有的人还会出现腿肚子抽筋、头晕等症状。此时，孕妈妈不可参加剧烈的运动，以防引起早产。上下楼梯要注意安全，不要拿重东西，不要向高处伸手，不要久站和突然站起。为防止便秘，每天早晨要喝牛奶和水，多吃些水果和蔬菜。

　　另外，孕妈妈的心脏负担加重，血压开始升高，心跳由原来每分钟65～75次，增加到每分钟80次以上。

孕妈妈的饮食营养

❀ 盐少一点，油多一点

　　孕妈妈在妊娠第7个月时的饮食要求和第6个月时差不多，不过，此期的孕妈妈极易患妊娠高血压综合征。故孕妈妈在饮食上要少吃咸食，少吃咸菜、咸蛋等盐分高的食品，减少盐的摄入量，水肿明显者要控制每日盐的摄取量，限制在2～4克。同时，要保证充足、均衡的营养，必须充分摄取蛋白质，适宜吃鱼、瘦肉、牛奶、鸡蛋、豆类等。忌用辛辣调料，多吃新鲜蔬菜和水果，适当补充钙元素。

另外，要注意增加植物油的摄入。此时，宝宝机体和大脑发育速度加快，对脂质及必需脂肪酸的需要增加，必须及时补充。因此，增加烹调所用植物油即豆油、花生油、菜油等的量，既可保证孕中期所需的脂质供给，又提供了丰富的必需脂肪酸。孕妈妈还可吃些花生仁、核桃仁、葵花子仁、芝麻等油脂含量较高的食物，并控制每周体重的增加在450克左右，以不超过500克为宜。

❀ 孕晚期警惕营养过剩

孕晚期，孕妈妈的孕期反应基本已经消失了，胃口大开，这时候要小心营养过剩，孕期营养过剩有可能使母、胎出现许多并发症。孕妈妈在妊娠期间摄入营养过多，会使脂肪储存增加、细胞代谢异常、胞外间隙增大，出现以水肿、高血压、尿蛋白为主要症状的妊娠高血压综合征（妊高征）。蛋白质的过多摄入会增加母体的肾脏负担；摄入钙过多会导致宝宝骨骼过早钙化，妨碍成长；维生素A、维生素D过多摄入，会造成中毒和宝宝畸形；碘、钙、锌的过多摄入也会导致体内无机盐及微量元素的紊乱；营养过剩还会造成孕妈妈血糖过高，这会加重胰脏负担，诱发糖代谢障碍，严重者日后就可能发展为糖尿病患者。有糖尿病的女性极易伴发真菌性阴道炎等生殖或泌尿系统感染。营养过剩的孕妈妈其宝宝往往过大。

宝宝过大容易发生早破水、胎位不正、自然分娩困难、手术率增加、产后出血、感染、产道损伤、伤口愈合不良等。同时，宝宝宫内缺氧、新

生儿产伤如颅脑损伤、肩难产、肢体骨折等发生率也增加，胎、婴死亡率明显上升。

此外，孕期体重增长过多还会加重孕妈妈的心脏、肝脏负担，分娩后体重恢复到孕前水平的时间会延长，产褥期卵巢功能恢复缓慢，产后月经推迟，甚至会出现一系列卵巢功能不良的表现。

所以，女性在妊娠期间不应贪食，应保持均衡营养，多样化地摄取各种食品，以保证自身营养和宝宝发育的需要。

❋ 孕妈妈要多吃植物油，少吃动物脂肪

一些研究发现，母亲在怀孕期间吃植物油少，宝宝湿疹发生率就高。

宝宝湿疹是一种常见的与"变态反应"有密切关系的皮肤病，一般以剧烈的瘙痒，多种形态的皮肤损害、反复发作为特点。宝宝湿疹大多发生在出生后1~3个月，6个月后逐渐减轻，大多数患儿到1岁半后可逐渐自愈。

科学研究证实，人体所必需的脂肪酸，如亚油酸、亚麻酸和花生四烯酸等，人体自身不能合成，只能靠食物供给。而这些脂肪酸主要存在于植物油中，动物油中含量极少。人体缺乏脂肪酸，会引起皮肤粗糙、头发易断、皮屑增多等，宝宝则易患湿疹。因此，为了预防宝宝患湿疹，孕妈妈应多吃植物油。

❋ 孕妈妈不宜多吃热性香料

香料属于调味品，人们在日常饮食中常食用，可调口味，开胃口，增进食欲。

香料主要指小八角、花椒、桂皮、五香粉、辣椒粉等，一般为热性香料，因孕妈妈内热，如果再常吃这些热性香料则不利。女性在怀孕期间，体温相应增高，肠道也较干燥，而热性香料生大热且具有刺激性，很容易消耗肠道水分，使胃肠腺体分泌减少，造成肠道干燥，出现便秘或粪石梗阻。肠道发生秘结后，孕妈妈必然用力屏气解便，这就会引起腹压增大，压迫子宫内的宝宝，极易造成胎动不安和

宝宝发育畸形，或者出现羊水早破、自然流产、早产等不良现象。

当然，少量热性香料用作调味品还是可以的，但绝对不可多用。

❀ 孕妈妈忌饮咖啡、可乐类饮料及浓茶

据研究表明，一瓶 340 毫克的可乐类饮料含咖啡因 50～80 毫克，如果一次口服咖啡因剂量 1 克以上，就可使人的中枢神经系统兴奋性增高，表现为呼吸加快、心动过速、失眠、眼花、耳鸣等。即使服下的咖啡因不到 1 克，由于对胃黏膜的刺激，也会出现恶心、呕吐、头晕、心悸、心前区不适等表现。人若长期过量饮咖啡易成为咖啡嗜好者，大多数会患失眠症，有的还会诱发心律失常、血压升高、冠心病和维生素 B_1 缺乏症。

会迅速通过胎盘而作用于宝宝。专家认为，孕妈妈每天喝 8 杯以上咖啡或较大量的含咖啡因饮料，生下的宝宝没有正常宝宝活泼，肌肉发育也不够健壮。这就是饮料中含丰富咖啡因的强烈作用的结果。孕妈妈大量摄入咖啡因还会影响宝宝的骨骼发育，诱发宝宝畸形，甚至死胎。

孕妈妈若是喝太多的浓茶也会对宝宝造成危害。茶叶中含有 2%～5% 的咖啡因，每 500 毫升浓红茶中大约含咖啡因 0.06 毫克，如果每日喝 5 杯浓茶，就相当于服用 0.3～0.35 毫克咖啡因。咖啡因由于具有兴奋作用，会刺激宝宝增加胎动，甚至影响宝宝的生长发育。孕妈妈每天饮 5 杯浓红茶，就会使新生儿体重减轻。

此外，茶叶中含有多量鞣酸，会与食物中的铁元素合成一种不能被机体吸收的化合物。孕妈妈如果过多饮用浓茶，就有引起妊娠贫血的可能，也给宝宝留下先天性缺铁性贫血的隐患。研究发现饮白开水者铁的吸收率为 21.7%，

宝宝对咖啡因尤为敏感。咖啡因

而饮浓茶者，铁的吸收率仅为6.2%。

虽然浓茶对孕妈妈没什么好处，但是适当喝一点淡茶对身体还是有益的。夏天喝一点绿茶，秋冬喝一点红茶，一是可以防暑防寒，二是可以调节心情。普洱茶和乌龙茶茶汤都比较浓，最好还是不要喝。

❀ 孕妈妈不宜吃山楂

山楂开胃消食，酸甜可口，很多人喜欢吃，尤其孕妈妈在孕早期常有恶心、呕吐、食欲缺乏等妊娠反应，更愿意吃些山楂及山楂制品，调节口味，增强食欲。但是吃山楂对孕妈妈十分不利。

山楂对孕妈妈子宫有兴奋作用，会促进子宫收缩。倘若孕妈妈大量食用山楂或山楂制品，就有可能刺激子宫收缩，进而导致流产，尤其是以往有过自然流产史或怀孕后有先兆流产症状的孕妈妈，更应忌食山楂。

❀ 孕妈妈不宜多吃甘蔗

甘蔗中含有大量蔗糖，进入胃肠道经消化分解后，会使人体内血糖浓度增高，吃得越多血糖就越高。当血糖超过正常限度时，会促进皮肤上的葡萄球菌生长繁殖，容易引发皮肤起小疖子或疖肿。若病菌侵入皮肤深部，则可能引起菌血症而威胁宝宝生存的内环境。过多地摄入糖分还会使身体内的酸性代谢产物产生过多，使孕妈妈血液变成酸性，也容易导致宝宝发生畸形。即使分娩后宝宝正常，但有可能在成年后诱发糖尿病。所以，孕妈妈对于含糖高的食物不要食之过多。

怀孕第7个月的营养食谱推荐

玉米面发糕

原料：玉米面500克，红糖100克，小红枣150克，面种25克，碱面5克。

做法：

❶ 小红枣洗净，放入碗内，加水适量，上屉蒸熟，取出晾凉。

❷ 面种放入盆内，加水溶开，倒入玉米面，和成较软的面团发酵；待面团发起，加碱面和红糖揉匀。

❸ 将屉布浸湿铺好，把面团倒在屉布上，用手沾水抹平，约2厘米厚；将小红枣均匀地摆在上面，用手轻按一下，上笼用旺火蒸30分钟即熟；取出扣在案板上，切成菱形小块即可。

特点：香味浓郁，食之不厌。

清炖牛肉汤

原料：牛肉200克，香菇50克，熟豆油30克，干辣椒1个，精盐、味精、姜片、葱丝各适量。

做法：

❶ 把牛肉洗净，切成3厘米见方的小块，放入沙锅；把香菇洗净，去蒂，切成4瓣。

❷ 沙锅内放进干辣椒、姜片、葱丝、熟豆油、精盐和500毫升清水，用中火煨3个小时；加入香菇，继续煨1小时，撒入味精，即可出锅。

特点：牛肉性味甘、温，能补中益气、益养脾胃、强健筋骨、消水肿。本汤尤宜于妊娠后身体虚弱之女性食用。

奶油鸭头

原料：鸭头250克，陈皮10克，油炒面25克，葱头丝80克，奶油25克，牛奶100克，精盐、味精、胡椒粉、辣酱油、高汤少许，植物油适量。

做法：

❶ 将鸭头浸泡洗净，控净水，与陈皮一起煮至半熟捞出，撒精盐、胡椒粉，加葱头丝，用油煎熟，再放少许辣酱油，煨一会儿，待用。

❷ 取油炒面放牛奶、奶油、胡椒粉、精盐、味精、高汤拌成浆，浇在鸭头上，即可。

特点：本菜呈白色，咸香适口。

肉丝炒鸡蛋

原料：鸡蛋3个，腊肉100克，豆油少许，精盐、味精、酱油、料酒、高汤各适量。

做法：

❶ 把鸡蛋打入碗内，加入精盐、味精搅打均匀；腊肉蒸熟，切成细丝待用。

❷ 用旺火将锅烧热，加入豆油，油热下入肉，快速炒透，再将打好的鸡蛋倒入翻炒，待鸡蛋结成块，加入料酒、酱油和高汤，炒2～3分钟即成。

特点：鲜香不腻。

番茄鱼片

原料：上好的鱼肉500克，番茄200克，料酒、精盐、味精、淀粉、香油少许，4个鸡蛋清，葱30克，姜4片，蒜末少许，白糖50克，鲜豌豆60克，米醋15克，植物油、汤适量。

做法：

❶ 把鱼肉切成片，用少许料酒（去鱼腥）、精盐、味精稍腌一会儿，再用蛋清、淀粉糊上浆。

❷ 大锅放油，烧至四成热时，将鱼片下锅滑散，捞出，锅内留油少许，放葱、姜、蒜末煸锅，放入番茄，炒成酱样加白糖，添少许汤，放点鲜豌豆、米醋、精盐，见汤稠浓时，放鱼片颠翻几下，加少许味精，淋香油即成。

特点：鱼肉外酥里嫩，酸甜之中微辣。

山药汤圆

原料：山药150克，白糖150克，水磨糯米粉250克，胡椒粉适量。

做法：

❶ 将山药蒸熟，剥去皮，放入大碗中加白糖、胡椒粉，拌匀成馅泥。

❷ 糯米粉揉成软料，将山药馅泥包成汤圆，煮熟即可。

特点：香、甜、糯。补肾益气，适用于身体虚弱的孕妈妈食用。

芹菜粥

原料：芹菜连根120克，粳米250克。

做法：

将芹菜洗净切碎，用粳米煮粥。

特点：温热服食，可清肝热，降血压。

孕妈妈的保健护理

❁ 孕期便秘的调理方法

进入孕中期之后，由于体内激素分泌的改变以及子宫增大给肠道带来的压迫等，不少孕妈妈都容易发生便秘。

为了胎宝宝的安全，孕期便秘又不能随便用药，最好是从饮食、起居等各方面来进行调理：

❶ 多吃新鲜蔬菜，如芹菜、大白菜、韭菜、南瓜等以利于排便。正在便秘期间的孕妈妈，不宜进食苹果、菠萝、柿子、桂圆、橘子等，这些水果会加重便秘。

❷ 多喝水，尤其是每日清晨起床后，可以喝一杯温水，润通肠道，促进排便。

❸ 少吃辛辣和带刺激性的食物，避免大量饮酒。这些饮食都会导致大便秘结，加重便秘。不易消化的食物如莲藕、蚕豆、荷包蛋、糯米等也要少吃。

❹ 适当进行一些活动，可以促进肠管运动增强，缩短食物通过肠道的时间，并能增加排便量。

❺ 养成良好的排便习惯，每日定时排便 1 次，有条件的孕妈妈可使用坐式马桶，以减轻下腹部血液的淤滞和痔疮的形成。

怎样摆脱孕期水肿

多数孕妈妈在孕期都会出现水肿的情况，尤其是在孕后期。根据原因的不同，孕期浮肿主要可以分为病理性水肿和生理性水肿。

病理性水肿是由疾病造成的。例如：妊娠毒血症、肾脏病、心脏病或其他肝脏方面的疾病，这些疾病不仅会对孕妈妈的身体造成不同程度的影响，对胎宝宝的健康也会有危害。它不仅呈现在下肢部位，双手、脸部、腹部等都有可能发生水肿。如用手轻按肌肤时，肌肤反应多会呈现下陷、没有弹性、肤色黯蓝等现象。如有以上症状，应及时就医。

生理性水肿主要是孕妈妈子宫越来越大，压迫到下腔静脉，因而造成血液和淋巴液循环不畅，代谢不良，导致腿部组织体液淤积造成的。它一般多发生在脚踝或膝盖以下处，通常孕妈妈在早晨起床时并不会有明显症状，但在经过白天久站和夜间活动量减少后，大约在晚上睡觉前，水肿症状就会比较明显。

对于病理性的水肿，孕妈妈需及时去医院就医。而对于生理性的水肿，孕妈妈可以通过各种生活中的细节进行缓解。

❶ 注意保暖，但不要穿过紧的衣服。为了消除水肿，必须保证血液循环畅通、气息顺畅，所以不能穿过紧的衣服。

❷ 保持侧卧睡眠姿势，并保证充分的休息，这可以最大限度地减少早晨的水肿。孕妈妈每天卧床休息至少9个小时，最好中午也能躺下休息1小时。

❸ 孕妈妈要避免久坐久站，要经常改换坐立姿势。步行时间不要太久；坐着时应放个小凳子搁脚，促进腿部的血液循环通畅，每一个半小时就要站起来走一走；站立一段时间之后就应适当坐下休息。

❹ 不要吃过咸食物。为了避免水肿加重，孕妈妈要吃一些清淡的食物，不要吃过咸的食物，尤其是咸菜。水肿较严重时，需适当控制水分的摄入。

❺ 适当食用红豆、洋葱、薄荷、大蒜、茄子、芹菜、冬瓜、西瓜等利尿消肿的食物，可帮助身体排出多余水分，消除水肿。

❻ 适量的泡澡也可以减轻水肿症状。

同时还可以配合适当的按摩消肿。注意按摩时要从小腿方向逐渐向上，这样才有助于血液返回心脏。

❼ 适当运动，如散步、游泳等都有利于小腿肌肉的收缩，使静脉血顺利地返回心脏，减轻水肿。

注意预防腰椎间盘突出

怀孕期间，由于体内激素水平的改变，孕妈妈体内的各种韧带都比较松弛，胎宝宝持续不断地给孕妈妈的腰椎增加负担，这些使孕妈妈患腰椎间盘突出症的风险大大增加。进入孕晚期后孕妈妈一定要注意保护腰部，不可腰肌劳损，尽量避免腰椎间盘突出。

预防孕期腰椎间盘突出

❶ 保暖。受寒是腰椎间盘突出症的一个重要诱因。尤其是怀孕期间受力较重的腰部，更容易受风寒侵袭。为避免受到腰椎间盘突出症的困扰，孕妈妈做好保暖工作是非常必要的。

❷ 休息。充分休息可帮助孕妈妈减轻腰部负担，恢复肌肉的弹性，降低腰肌劳损和扭伤的概率，减少孕妈妈患腰椎间盘突出症的机会。所以，孕妈妈在孕期应该多休息，少干重活，更不要搬动重物，以免对自己的腰部产生伤害。

❸ 注意保护腰部。孕妈妈睡觉最好采取侧卧睡姿，这是最有利于保护腰部的姿势。平时的生活中，孕妈妈也应做到不穿高跟鞋，以免加剧原有的挺腰姿势，增加腰骶部的负担。

❹ 适当控制体重。体重增加会使孕妈妈的腰部负担加重，增加腰椎间盘突出症的风险。所以，在维持正常增长的基础上，孕妈妈一定要注意控制体重，以免身体不堪重负，罹患腰椎间盘突出症。

多多运动手和脚

怀孕是一个较漫长的过程，现在孕妈妈很快就要进入孕晚期了，运动的项目又比较有限，行动也不十分方便了，很多孕妈妈会感觉烦闷。其实，孕妈妈也可以去跳跳舞，改变一下花样。

跳舞其实和游泳一样，可以通过锻炼，使生产更顺利。孕妈妈可以配合旋律，使手、脚、腰等部位自然摆动，充分伸展、放松肌肉，从而实现健身的目的。

妊娠期间，虽然肚子很大，可是由于卵细胞激素的作用，会使身体令人意外的自由和柔软。如果能很愉快地运动，身体内就会分泌快乐激素，就会通过胎盘让宝宝感受到，使得胎宝宝身心健康成长，也可以促进生产的顺利进行。

如果孕妈妈从来没有跳过舞，也不必特意去学跳舞，只要顺着身体的感觉做到手舞足蹈就可以。

怎样解决失眠苦恼

怀孕之后，孕妈妈的睡眠需求会自然增加，然而不少孕妈妈孕期的睡眠质量反而有所下降，可能是因为体内激素分泌的变化以及精神和心理上的压力，容易引起失眠。解决失眠问题，要从睡姿、作息规律等方面入手。

改正睡眠姿势：孕期最好的睡觉姿势是侧卧，左侧卧尤佳，可以在两腿之间垫一个枕头。避免仰睡或俯睡。

保证作息规律：建立自己的生物钟，建议孕妈妈每天晚上能在11点之前进入睡眠。

临睡前不受刺激：睡前半小时内要避免过分劳心的工作，不要带着思考中的难题上床。

培养睡眠气氛：不在卧室内办公，不要在床上打电话、看电视或进行其他活动，只把床当成一个睡眠的场所。

怎样缓解孕期腹胀

孕期腹胀是孕妈妈常见的困扰之一。随着胎宝宝的不断成长，逐渐增大的子宫会自然压迫到孕妈妈的胃肠道，除了会将胃稍微往上推外，肠道也会被推挤至上方或两侧，胃肠在受到压迫时，便会影响其中内容物及气体的正常排解，从而引起腹胀。

此外，孕妈妈怀孕以后，活动量要比孕前减少许多，所以导致胃肠的蠕动减弱。再加上过多高蛋白质、高脂肪的摄入，使蔬菜和水果的补充相对不足，造成了粪便更容易在肠道内滞留，引起便秘而使腹胀感更加严重。

如果只是孕期的生理变化及个人生活习惯所造成的腹胀，孕妈妈可以从注意饮食、加强运动等方面着手，来改善孕期的腹胀问题。

缓解腹胀的方法

❶ 少量多餐。孕妈妈可采用少量多餐的进食原则，每次吃饭的时候记得不要吃得太饱，便可有效减轻腹部饱胀的感觉。

❷ 细嚼慢咽。孕妈妈在吃东西的时候应保持细嚼慢咽、进食时不要说话、避免用吸管吸吮饮料、不要常含着酸梅或咀嚼口香糖等，都可避免让过多不必要的气体进入腹部。

❸ 补充纤维素。孕妈妈可多吃含丰富纤维素的蔬菜和水果，如茭白、笋、韭菜、菠菜、芹菜、丝瓜、莲藕、苹果、香蕉、奇异果等。因为纤维素能帮助肠道蠕动，促进排便。

❹ 多喝温开水。孕妈妈每天至少要喝1500毫升的水，充足的水分能促进排便。如果大便累积在大肠内，胀气情况便会更加严重。

❺ 保持愉快轻松的心情。紧张和压力大的情绪，也会造成孕妈妈体内气血循环不佳，因此学会放松心情在怀孕期间也很重要。

❻ 保持适当运动。孕妈妈在怀孕期间做适当运动能促进肠蠕动，舒缓胀气情况，建议孕妈妈可于饭后30分钟至1小时，到外面散步20~30分钟，可帮助排便和排气。

孕期患上痔疮怎么办

据统计，约有99%的孕妈妈会在孕期受到痔疮的困扰。怀孕以后，孕妈妈逐渐膨大的子宫，会慢慢影响盆腔内静脉血液的回流，使得肛门周围的静脉丛发生淤血、凸出，从而形成痔疮。

孕妈妈从生活饮食方面要注意，避免痔疮随着孕期而加重。

❶ 多吃富含纤维素的新鲜蔬菜，如韭菜、芹菜、青菜，以利大便通畅。不要吃刺激性的调味品，如辣椒、胡椒、姜、蒜等。

❷ 不要久坐，尤其是不要长时间坐沙发。因为沙发质地软，久坐会加剧淤血程度，造成血液回流困难，诱发痔疮或加重痔疮。

❸ 平时注意多饮水。晨起后空腹喝一杯500毫升的淡盐水有助于排便。并且要养成每天定时排便的良好习惯。排便后，最好能用温水坐浴，以促进肛门局部血液循环。

❹ 适当增加提肛运动的频率，每天有意识地做3~5组提肛运动，每组30下。具体步骤：思想集中，并拢大腿，吸气时收缩肛门括约肌，呼气时放松肛门。

❀ 孕期眩晕该怎样护理

在孕期，由于孕妈妈体内孕酮荷尔蒙的变化，使得血管扩张，从而导致血压下降，使孕妈妈常有眩晕的感觉。有时孕妈妈站立得时间较久时，也会感到眩晕、眼冒金星、天旋地转，甚至发生昏厥。

所以孕期要有个良好的生活习惯，以减少眩晕的发生。

❶ 吃饭要规律、少食多餐，让血糖水平保持平稳。

❷ 避免用一个姿势长时间坐着或站着，或猛然变换姿势。如果孕妈妈的工作性质是长时间站着，要把重心放在两脚交替轮换着站，并尽可能多坐下休息，还可以多走动以刺激血液循环。不要在坐着的时候跷二郎腿。

❸ 在条件允许时，平时注意将双腿抬起，放在桌上或其他可以促进血液回流的地方。

❹ 尽量不要使自己过热。多穿几件宽松、舒适的衣服，以便可以在需要时一件件脱下来。

❺ 在孕晚期，一定要避免仰卧，孕妈妈要多侧卧（最好是左侧卧），可能的话用枕头垫着腿，并且不管躺了多长时间，坐起来时都别着急。

当孕妈妈觉得要晕倒时，就赶快

坐下，或躺下，把头埋到两膝之间（如果能做到的话）。此外，在额头上放块湿毛巾也可以起到很好的缓解作用。

孕期后背发麻孕妈妈要注意

不少孕妈妈怀孕到中后期时，总是感到后背一阵一阵发麻，有时半天无法缓解。造成发麻的原因大多是体形的改变。但症状如果难缓解，就要尽快到医院进行产检，小心流产。

后背发麻多因体形改变

怀孕7个多月的孕妈妈体形会发生很大的变化，体重增加、组织水肿、下腹外挺、肌肉关节松弛都可使脊柱神经根受压，引起后背发麻的症状。孕妈妈不用过分担心这种症状，只要在平时行动上多注意一下，如不要长时间做一个姿势，活动要适量，用电脑时间避免过长等，都可不同程度地缓解和避免生理性后背发麻。

发麻难治愈应警惕先兆流产

如果经过休息、锻炼等方法调适，孕妈妈后背发麻的症状持续存在，就应该尽快到医院进行产检，排除是否先兆流产和其他专科疾病。因为仅靠后背常常发麻这一特异性不大的症状，很难断定孕妈妈得的是什么病。正常的怀孕会有下腹胀坠、子宫无痛收缩等情况，但不会后背常常发麻。

孕期最好不用蚊香、花露水

孕妈妈怀孕之后最好不要再使用普通的蚊香和灭蚊剂来驱蚊，也不宜使用花露水。

普通蚊香里含有超细微粒，据研究，一盘蚊香燃烧释放出的微粒相当于4～6包香烟的量。超细微粒一旦被吸进肺里，短期内可能引发哮喘，出现呼吸困难、头痛、眼睛痛、窒息、反胃等现象，因此孕妈妈最好不要用普通蚊香。

有些灭蚊产品添加了芳香剂，可对蚊虫产生窒息作用，对人体的危害

更大，不适合孕妈妈使用。

另外，花露水中若含有麝香等挥发成分，则可能引起子宫收缩、流产，孕妈妈要禁用。

了解妊娠瘙痒症

有少数孕妈妈在怀孕期间会出现瘙痒症状，但没有明显的皮肤变化，这一方面可能与体内的胆汁郁积有关，可作肝功能检验；另一方面则与怀孕之前就存在的湿疹或荨麻疹有关。若是身体其他部位也有特别的皮疹出现，则应请皮肤专科医师作诊断。

妊娠瘙痒症的特点

❶ 瘙痒持续3天以上，在没有治疗的情况下，妊娠期瘙痒症通常将持续到分娩。

❷ 除了瘙痒，发痒处没有皮肤的损害。

❸ 角膜有轻微的黄染，或者小便带有轻微的黄色。妊娠期瘙痒症会引起肝功能轻微损害，产生黄疸。

❹ 上次怀孕过程中发生了皮肤瘙痒，这次怀孕再发生的概率很大。

❺ 孕妈妈的母亲怀孕时也曾发生过持续的皮肤瘙痒。

❻ 妊娠瘙痒症有家族遗传倾向，它与皮肤病不同的是局部一般没有小疹子。

怎样预防孕期抑郁症

对大多数女性来说，怀孕期间是一生中感觉最幸福的时期之一，然而事实上也有将近10%的孕妈妈在怀孕期间会感觉到不同程度的抑郁。

预防孕期抑郁症

❶ 和准爸爸多多交流。保证每天有足够的时间和准爸爸在一起，并保持亲昵的交流。

❷ 尽量使自己放松。可以试着看看小说，在床上吃可口早餐，去树林里散散步等，尽量多做一些会使自己感觉愉快的事情。

❸ 和压力作斗争。不要让生活充满挫

败感，可以考虑参加孕期瑜伽练习班。这种古老而温和的运动，可以帮助保持心神安定。

❹ 把情绪表达出来。向准爸爸和朋友们说出自己对于未来的恐惧和担忧，轻松而明确地告诉他们自己的感觉。

❺ 进行积极治疗。在作了种种努力后，如果情况仍不见好转，那么就应该及时寻求医生的帮助。

孕妈妈怎样预防恶性打鼾

入睡时不仅鼾声很大，而且不均匀，总是打着打着就停止了呼吸，或被憋醒，一夜反复多次发作，早晨起来感觉头昏脑涨。这类打鼾往往会带来严重的后果，影响到胎宝宝的正常发育，故称为恶性打鼾。孕妈妈如果有恶性打鼾现象，一定要去医院看医生。

恶性打鼾的预防

首先，要控制身体发胖，因为肥胖是引起打鼾的重要原因之一。在饮食上，必须注意膳食结构合理均衡，常吃富含维生素 A、维生素 C 及叶酸的蔬菜、水果，尽量少吃或不吃高脂高糖类食物。孕妈妈应常称量体重，每周增加 0.5 千克，到足月分娩前，总体重增加 9~11 千克为宜。

其次，如果已经发胖，就要在医生的指导下进行适度的运动，既可减肥，又有利于母婴健康。此外，睡觉时尽量不要采取仰卧体位，孕期采取左侧卧比较适宜。

值得一提的是，孕妈妈必须戒烟戒酒，也不要服用安眠药，因为这些都会使打鼾加重，并影响胎宝宝的正常发育。如果通过上述努力，孕妈妈打鼾仍较严重，应及时到医院进行诊治。

孕妈妈做胎教

❋ 运动胎教

宝宝的正常发育需要适当的运动刺激。运动可以促进血液循环，增加氧的吸入，加速羊水循环并能刺激宝宝的大脑和感觉器官、平衡器官以及循环和呼吸功能的发育。

孕妈妈可根据妊娠需要，做以下的12种胎教运动：早晨散步、足尖运动、踝关节运动、搓脚心运动、膝胸卧位、骨盆韧带运动、盘腿坐、盆底肌肉运动、站立、行立、手指健脑操及腹式呼吸。

最适宜的运动——散步

早晨散步即是孕妈妈最适宜的运动。孕妈妈可在绿树成荫、环境幽静的公园，绿色的田野、树林以及河畔等处散步，这些地方空气清新，空气中负离子较多，孕妈妈在散步时可吸进较多的氧气，既可改善和调节大脑皮层和中枢神经系统的功能，又能增强对疾病的抵抗力；既有防病功效，又有利于宝宝发育。不过，由于妊娠第8个月时，孕妈妈的腹部膨大，行动缓慢，故运动量要适宜。若孕妈妈感觉疲劳可上床休息。

减轻分娩痛苦的运动——腹式呼吸

腹式呼吸是指肩膀自然放平，仰卧床上，两脚自然放松，把手轻轻地放在腹部，不断地进行深呼吸。其方法是：先把气全部呼出，然后慢慢地吸气，使肚子膨大起来，在气吸足后，屏住呼吸，全身放松，然后将气慢慢地呼出。5~6秒一次。这种方法可在分娩开始时，孕妈妈感到有宫缩及阵痛出现时进行。

孕期体操：抬腿运动

孕妈妈在孕7月期间腿脚很容易水肿，这个月可以试着练习孕期体操中的抬腿运动。

❶ 孕妈妈仰卧，平躺于床上，双腿放平，两手放于身体两侧，平静地呼吸。

❷ 右脚向上弯曲，然后右腿向右边打开。

❸ 重复第2步4次，放回原位。

❹ 换左脚，同样动作重复4次，放回原位。

❺ 孕妈妈起身，跪在床上，双手尽量前伸，然后跪着趴下来，这样趴可以不碰着肚子里的宝宝。

❻ 抬起右腿伸直，然后尽量向外打开，收回，重复4下。

❼ 换左腿，按第6步操作。

❽ 略微休息，抬起一条腿，伸直，向上抬腿，收回，重复4下。

❾ 换腿，按第8步操作。

❿ 孕妈妈慢慢起身，左侧卧。

⓫ 右腿向上抬，收回，重复4下，换右侧卧抬左腿继续。

⓬ 平躺，慢慢呼吸，结束。

拉梅兹呼吸法

拉梅兹呼吸法是配合整个生产过程而创立的，整个练习过程需要较长时间。需长期坚持练习，孕妈妈才能在临产时不乱阵脚，有效减轻分娩的疼痛。

拉梅兹呼吸法的全部过程：

准备工作：放松身体

在客厅地板上铺一条毯子或在床上练习，室内可以播放一些优美的胎教音乐。孕妈妈可以选择盘腿而坐，在音乐声中，孕妈妈首先让自己的身体完全放松，眼睛注视着同一点，然后开始拉梅兹呼吸法练习。

阶段一：胸部呼吸法

应用阶段：应用于分娩开始的阶段。此时宫颈开3厘米左右，孕妈妈可以通过这种呼吸方式准确地给家人或医生反映有关宫缩的情况。

呼吸指导：孕妈妈可以学习用鼻子深深吸一口气，随着子宫收缩就开始吸气、吐气，反复进行，直到阵痛停止才恢复正常呼吸。

阶段二：嘻嘻轻浅呼吸法

应用阶段：应用于胎儿一面转动，一面慢慢由产道下来时（子宫颈开7厘米以前）。

呼吸指导：首先让自己的身体完全放松，眼睛注视着同一点。然后用嘴吸入一小口空气，保持轻浅呼吸，让吸入及吐出的气量相等，呼吸完全用嘴呼吸，保持呼吸高位在喉咙，就像发出"嘻嘻"的声音。当子宫收缩强烈时，需要加快呼吸，反之就减慢。

练习时由连续 20 秒慢慢加长，直至一次呼吸练习能达到 60 秒。

阶段三：喘息呼吸法

应用阶段：子宫开至 7～10 厘米时，孕妈妈会感觉到子宫每 60～90 秒钟就会收缩一次，这已经到了产程最激烈、最难控制的阶段了。

呼吸指导：先将空气排出后，深吸一口气，接着快速做 4～6 次的短呼气，感觉就像在吹气球，比嘻嘻浅式呼吸还要更浅，也可以根据子宫收缩的程度调节速度。

练习时由一次呼吸练习持续 45 秒慢慢加长至一次呼吸练习能达 90 秒。

阶段四：哈气呼吸法

应用阶段：第二产程的最后阶段。此时孕妈妈想用力将胎儿从产道送出，但是医生却要求孕妈妈不要用力，以免发生阴道撕裂，等待胎儿自己挤出来。这一阶段孕妈妈可以用哈气法呼吸。

呼吸指导：阵痛开始，先深吸一口气，接着短而有力地哈气，如浅吐 1、2、3、4，接着大大地吐出所有的气，就像在吹一样很费劲的东西。

练习时每次呼吸需达 90 秒。

阶段五：用力推

应用阶段：此时宫颈全开了，助产士要求产妇在即将看到胎儿头部时，用力将胎儿娩出。孕妈妈此时要长长吸一口气，然后憋气，马上用力。

呼吸指导：下巴前缩，略抬头，用力使肺部的空气压向下腹部，完全放松骨盆肌肉。需要换气时，保持原有姿势，马上把气呼出，同时马上吸满一口气，继续憋气和用力，直到胎儿娩出。当胎头已娩出产道时，孕妈妈可使用短促的呼吸来减缓疼痛。

每次练习时，至少要持续 60 秒用力。

音乐胎教

宝宝是有听觉能力的，他的身体能感受到胎外音乐节奏的旋律。宝宝可以从音乐中体会到理智感、道德感和美感。孕妈妈可以从美妙的音乐中感到自己在追求美、创造美，是为了生活的美、人类的美贡献自己的力量。

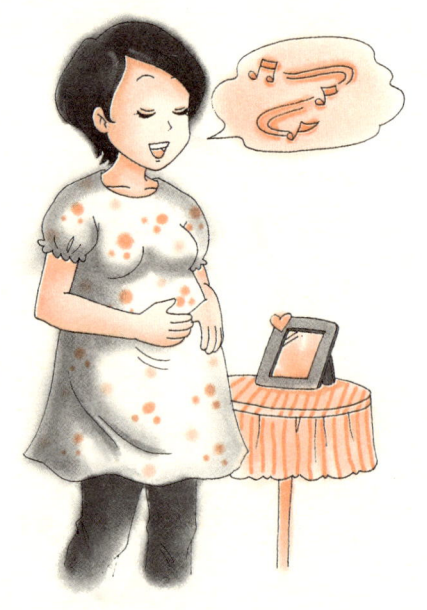

胎教音乐要具有科学性、知识性和艺术性。不要违背孕妈妈和宝宝的生理、心理特点，也不要刻板地灌输正规理论，要在寓教于乐的环境中达到胎教的目的。

胎教音乐的内容一般可按孕期分为早、中、晚三个阶段。早期孕妈妈应听一些轻松、愉快、诙谐有趣、优美、动听的音乐，使孕妈妈感到舒心。中期的宝宝生长发育较快，营养需求更多，宝宝的听觉能力有了明显的提高，胎教音乐的内容也更为丰富，如大提琴独奏曲或低音歌声或乐曲之类。准爸爸的低音唱歌或者哼一些曲调，宝宝会更容易接受。后期的孕妈妈面临分娩，难免有些忧虑、紧张的感觉。由于体重的增加，孕妈妈会感觉身体的笨重、劳累。为此，这时期播放的音乐，音色上要柔和一些、欢快一些，这样对孕妈妈是一种安慰，可以增强孕妈妈战胜困难的信心，由衷地产生一种即将做母亲的幸福感和胜利感，并把这种愉快的感觉传给宝宝。

孕妈妈在听音乐时，实际上宝宝也在"欣赏"。因为宝宝的身心正处于迅速发育生长时期，多听音乐对宝宝右脑的艺术细胞发育是有利的。婴宝宝更早地接受音乐教育，更早地开发和利用右脑有利于宝宝成长。宝宝出生后继续在音乐气氛中学习和生活，会对宝宝智力和接受能力带来更大益处。

固定乐曲的音乐胎教效应

选择一种频率范围不太宽而且节奏较明显的胎教乐曲，把它一遍又一遍地转录在空白磁带上，使磁带的每面都是同一首曲子。从今天开始每天都让宝宝先听这首曲子，反复播放，不断地强化；当宝宝出

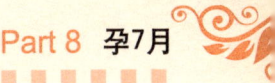

生后会对这首曲子有记忆的表现。这样就为宝宝出生后的音乐天赋提供了良好的基础。

❀ 光照胎教

刺激视网膜的光照胎教

准父母每天定时用1号电池手电筒作为光源,对宝宝进行光照胎教。其具体的做法是:

孕妈妈仰卧床上或将上身垫高躺下,在温暖的室内将孕妈妈腹部袒露,准爸爸将光线照射到孕妈妈腹壁上,一闪一灭地进行照射,持续时间5分钟左右。开始及结束前可反复开关手电筒,让宝宝有适应的时间,以减少对宝宝视力的不良刺激。大多数时候,准父母可以用各种颜色的彩灯,先后照向腹部,1~2分钟变换1次,灯光要柔和,由近而远,逐渐形成多种形式。对宝宝进行视觉训练并促进视力发育,增加视觉范围,同时有助于强化昼夜周期(白天觉醒,晚上睡觉)和促进动作行为的发展。每次照射时都要记下宝宝的反应。切忌用强光照射,且照射时间不宜长。

胎教实施中,孕妈妈应注意把自身的感受详细地记录下来,如胎动的变化是增加还是减少,是大动还是小动,是肢体动还是躯体动。通过一段时间的训练和记录,孕妈妈可以总结一下胎宝宝对刺激是否建立起特定的反应或规律。

孕妈妈也可以迎着阳光散步,让太阳柔和、温暖的光线直射腹壁,促进宝宝的视觉发展。

❀ 美育胎教

欣赏名画《西斯廷圣母》

《西斯廷圣母》完成于1514年,1574年后一直保存在西斯廷教堂,故得此名,现为德国的德累斯顿博物馆收藏。

意大利画家拉斐尔在画面里创造

了一个具有崇高牺牲精神的母性形象。为拯救人类，圣母将儿子送向人间。画中，绿色帷幕刚揭开，圣洁而美貌的圣母赤着双脚，怀抱耶稣，在光辉普照的天空的背景中正徐徐下落来到人间。她似乎正在挪动轻盈的步子，从云端里走下来，晶莹的目光注视着苦难的人间，被紧紧搂着的耶稣瞪着两只小眼睛，似乎等待圣母为他决断未来的命运。

整幅画面虚实相生而又流畅平稳，分散的人物实际上是在一个圆形的色彩联合体内。观者既能领悟到直观的形象，又可产生一种和谐的幻觉。

西斯廷圣母具有高贵的文雅、美貌与温柔，一位俄国画家曾说："拉斐尔画的圣母，本身就是人类的想象力的创造。"《西斯廷圣母》尽管是对圣母的讴歌，但它其实歌颂的是人间的母性和母爱。孕妈妈通过对这幅画的欣赏，要激起做母亲的自豪感和即将成为母亲的母性意识。

培养胎宝宝的文学细胞

孕妈妈应当看一些轻松、幽默、使人精神振奋、积极向上的作品，如《居里夫人传》、《小木偶奇遇记》、《克雷诺夫寓言诗》、《三毛流浪记》、《塞外风情》、《长江三日》、《伊索寓言》、《西游记》、《儒林外史》、《钢铁是怎样炼成的》，以及安徒生童话、格林童话等。

一些儿童文学作品，在欣赏过程中会使自己回到童年时代，产生童心和童趣，无形之中培植了孕妈妈的爱子之心。而且有助于领悟儿童的心理特征，使自己成为一位称职的妈妈。

另外，朱自清、冰心、余秋雨等作家的散文作品优美隽永、耐人寻味，也应欣赏。除此，吟咏古典诗词，如李白、杜甫、白居易、苏轼等诗人的诗词能令人受到良好的熏陶。

为了保持孕妈妈的心境宁静、情绪稳定，孕妈妈不宜看那些低级下流、污秽、打斗、杀戮的作品，写得过分悲惨凄厉的文学作品也不宜看。

教宝宝学认汉字

孕妈妈在教宝宝学习时，要精力集中，使其通过眼、耳、口、手等器官的刺激，专注、认真地观察、学习和讲解，这样会对腹内的胎宝宝起到潜移默化的影响。

把一些笔画简单、容易记忆的字制成鲜艳的卡片，例如：把"人"、

"山"、"大"、"日"、"月"用不同颜色的彩笔写到闪光卡上。卡片的底色与卡片上的字分别要用对比度鲜明的颜色，如黑与白或红和绿等。

训练时，孕妈妈应集中精力、全神贯注，就像教小学生识字一样。一边用手沿着字的轮廓反复描画，一边读音，要告诉胎宝宝字的形状、颜色、意义等，还要告诉胎宝宝和这个字对应的实物是什么。比如：在教"人"时，可以在闪光卡上画一个小孩的形象，然后告诉胎宝宝，这就是"人"，咱们都属于人类；教"日"时，告诉胎宝宝"日"是指"太阳"，把空中的太阳指给胎宝宝看等。应注意笔画一定要正确，每天抽出时间定时进行，这样久而久之，将有助于孩子识字能力的培养。

孕妈妈阅读：诗中有画

望岳　杜甫
岱宗夫如何，齐鲁青未了。
造化钟神秀，阴阳割昏晓。
荡胸生层云，决眦入归鸟。
会当凌绝顶，一览众山小。

春望　杜甫
国破山河在，城春草木深。
感时花溅泪，恨别鸟惊心。
烽火连三月，家书抵万金。
白头搔更短，浑欲不胜簪。

早发白帝城　李白
朝辞白帝彩云间，千里江陵一日还。
两岸猿声啼不住，轻舟已过万重山。

望天门山　李白
天门中断楚江开，碧水东流至此回。
两岸青山相对出，孤帆一片日边来。

山居秋暝　王维
空山新雨后，天气晚来秋。
明月松间照，清泉石上流。
竹喧归浣女，莲动下渔舟。
随意春芳歇，王孙自可留。

竹里馆　王维
独坐幽篁里，弹琴复长啸。
深林人不知，明月来相照。

唐诗讲究诗中有画，用很简练的语言，寥寥数语就可以将事件交代清楚，并且可以抒发诗人自己的情感。孕妈妈在诵读的时候可以先在脑海中联想出一幅幅优美的画卷，然后再去体验诗中优美的意境。

抚摩胎教

南宋著名的妇产科医生陈自明在其所著的《妇人大全良方》中指出："女性在妊娠四五月时，宝宝如果有蠕动，孕妈妈可用食、中二指轻轻弹按腹部，逗宝宝玩；宝宝出现烦躁时，应立即停止，不可勉强。戏逗之法，每日1～2次。"法国心理学家贝尔纳蒂斯曾说："在母腹中做过体操锻炼的宝宝，肌肉的力量比较强，特别是竖向的肌肉力量比较强，甚至于刚一出生便能坐起来。"

为什么这样说呢？原来，孕5个月以后，宝宝体表绝大部分表层细胞已具有接受信息的初步能力，宝宝生活在充满羊水的子宫内，羊水流动着，不断地向宝宝提供更多的触觉刺激。而通常采用的触觉刺激方法，则是通过孕妈妈的腹部间接地抚摩胎体来给予良好的刺激，借以传递到宝宝大脑，促进大脑协调发育，增进宝宝的智能发育，并可使宝宝产生安全感。同时，这也是一种"宫内散步"或者叫做"和宝宝玩耍"，借以增加宝宝的肌肉活动，健全呼吸器官，激发宝宝运动的积极性。经过训练的宝宝，出生以后，站立、爬行、行走等动作都较一般宝宝为早，步履坚，更稳健。但是，应该注意的是，如果宝宝躁动不安、胎动频繁时，便应立即停止抚摩，以免发生脐带缠绕等意外事故。

"宝宝操"

妊娠第7个月后，为了利于宝宝出生后肌肉组织的发育，特意安排"宝宝操"与"宝宝散步"运动，并与抚摩胎教及音乐胎教同步进行。

"宝宝操"的做法：

孕妈妈卧床，全身放松，用手指轻按腹部常有胎动的肢体部位，轻轻按下—抬起—轻轻按下—抬起，每天反复轻按6次。时间一长，宝宝一定会作出反应。你按一下，宝宝动一动，这就是有趣的"宝宝操"。这种体操，可促进宝宝大脑和身体的灵敏度的发育。

❋ 情绪胎教

孕妈妈良好的情绪是胎教的最高境界。胎教的最大障碍是孕妈妈持有杂乱、不安、恍惚的心情，如在妊娠第7～10周时孕妈妈情绪过度不安，会导致宝宝口唇畸变，出现腭裂或唇裂。在妊娠晚期，孕妈妈精神状态的突然变化，如惊吓、恐惧、忧伤、严重的刺激或其他原因引起的精神过度紧张，会使大脑皮层与内脏之间的平衡关系失调，引起循环紊乱，胎盘早期剥离，甚至造成宝宝死亡。

另外，当孕妈妈情绪不安时，胎动次数会较平时多3倍，最多达正常的10倍。如宝宝长期不安，体力消耗过多，出生时往往比一般宝宝体重轻。如有的孕妈妈与人争吵后3周内情绪不好，在此期间胎动次数较前增加1倍。孕妈妈在孕期的情绪长期受到压抑，宝宝出生后往往出现身体功能失调，特别是消化系统容易出现紊乱。

呼吸法——帮助孕妈妈稳定情绪和集中注意力

身体采取舒适的姿势，或坐或躺，腰背舒展，全身放松，双目紧闭，用4～5秒的时间缓缓地吸气，让自己有一种将气体储存于腹部的感觉，然后用8～10秒的时间呼气，直至出现无意识的深呼吸时为止。每天早晨起床时、中午休息前、晚上临睡前各进行一次这样的呼吸，对妊娠期焦躁的精神状态会有较大的改善。

笑——紧张情绪的放松剂

常言道："笑一笑，十年少。"这话一点不假。研究表明：笑是一种全身运动，1分钟的笑能使全身放松45分钟。笑能疏肝理气，调节精神，称得上是人体紧张情绪的放松剂。

从医学的角度来看，笑是一种刺激。它可以激活人体的呼吸系统、循环系统、神经系统，兴奋大脑和肌肉，使内分泌系统包括脑垂体都能增强活动，分泌儿茶酚胺、肾上腺素、去甲肾上腺素，对调节人体各种功能有益。笑对心脏十分有益，它能够起到强心的作用。因为，笑能使动脉的平滑肌放松，血管内径增大，动脉压力相应减少，

对高血压和心脏病有益。笑使胸廓得到全面运动,增加肺活量,有利于残存气体排出。

微笑可以缩短人与人之间的距离,改变自己周围的不利气氛,表白自己善意的为人;在获得友谊的同时,既消除了不利因素,又缓和了紧张的情绪状态。妊娠期间夫妻更应该笑口常开,微笑常驻。因为快乐的情绪不仅有益于宝宝的发育,还能消除早孕反应等不适。

克服胎教中的忧郁心理

有些女性怀孕后,情绪就会异常低落,心中烦闷,神情沮丧,提不起精神,这就是孕妈妈的忧郁心理。如果忧郁情绪持续一段时间,会造成孕妈妈失眠、厌食、性机能减退和植物神经紊乱。忧郁心理又会使孕妈妈心情压抑,体内血液中调节情绪和大脑的各种功能的物质含量偏低,直接影响到宝宝的正常发育。受母亲的影响,这样的宝宝出生后觉得好委屈,表现为长时间啼哭。长大后,又会表现为缺乏自信心,感情脆弱,郁郁寡欢。由此可见,孕妈妈忧郁不利于胎教,不利于宝宝的发育和发展。

为此,有了忧郁心理的人,一定要积极调整自己的心态。积极的人生观是克服忧郁心理的基础。丈夫此时要努力帮助妻子,可别被妻子的情绪所感染,要多体谅和理解妻子。

给胎宝宝讲述自己的期盼

常常听到一些父母抱怨:"我们当初积极胎教,又是唱歌又是听音乐,忙活了半天也没有生出个神童来。"言语之间对胎教颇感失望。准爸妈一定要知道,胎教就是为宝宝的出生所作的事前准备。胎教不是神话,但是胎宝宝寄托着准爸妈美好的愿望,准爸妈有理由把最最美好的愿望一天天地念叨给他,一旦实现的那一天,将会带来无限的惊喜。

医学权威指出,当胎宝宝还在腹内时,孕妈妈就经常对胎宝宝诉说梦想,与孕妈妈没有这么做的孩子相比,出生后一年就会有很大的差异。

当胎宝宝还在腹中时,孕妈妈可以看一些美丽的图画,同时可以常常对胎宝宝说:"希望你以后成为一个有领导能力的好孩子。"实践证明,以这种方式来进行胎教,结果生下的孩子真的对交际活动有着浓厚的兴趣。待其长大成人后,有些甚至成为出色的社会活动家。

有位孕妈妈知道自己怀孕时,常

常对亲人、朋友说："希望我的宝宝将来能有非凡的画画天分。"她持续不断地这样想，结果宝宝出生后，果然崭露出非凡的才能，最后真的成了一个画家。

语言胎教

准父母坚持用文明、礼貌和富有哲理的语言，有目的地对宝宝讲话，能为宝宝后天的学习打下基础。准父母可以讲一些小故事以促进宝宝的语言学习能力。

讲故事

给宝宝讲故事是一项不可缺少的胎教内容，讲故事时孕妈妈应把腹内的宝宝想象成一个大宝宝，娓娓动听地讲，亲切的语言通过语言神经传递给宝宝，使宝宝不断地接受客观环境的影响，在不断变化的文化氛围中发育成长。讲故事既要避免尖声尖气的喊叫，又要防止平淡乏味的读书，方式可以根据孕妈妈的具体情况而定。内容由孕妈妈任意发挥，讲随意的故事。也可以读故事书，最好是图文并茂的儿童读物。还可以给宝宝朗读一些儿歌、散文等。故事的内容宜短小、轻快、和谐，最好选择那些色彩丰富、富于幻想的故事。内容可以选择提倡勇敢、理想、幸福、友爱、聪明、智慧等的故事。那些容易引起恐惧、伤感以及使人感到压抑的故事，就不适宜讲给宝宝听。

学习数字

在教宝宝学习数字时，孕妈妈要通过深刻的视觉印象将数字的形状及声音一起传递给宝宝，要以立体形象而不是平面形象传递，例如要将"1"想象成"竖起来的铅笔"、"电线杆"等，将数字具体化、形象化地告诉宝宝。只有这样，才能让宝宝容易记住。当然，这时要清楚地发好数字的读音。孕妈妈还可以让宝宝预先掌握生活中的智慧和一般常识，以便宝宝出生后对日常生活的事物更加感兴趣。如做菜时，可以讲述有关炊具和烹调的方法，通过视觉将菜的颜色"告诉"宝宝，通过嗅觉将菜的气味传递给宝宝。宝宝的大脑有如一张白

纸,对外界的信息是没有什么难易之分的,好奇就接受,厌烦就一概拒绝。这样就不妨有选择地挑选一些有趣的话题,通过感官和语言传递给宝宝,以刺激宝宝的思维和好奇心。

语言胎教与家务活巧妙结合

制订做家务事的计划,不失为语言胎教的一种好方法。合理地安排家务,既能融语言胎教于家务活中,又能使夫妻的生活规律舒适。既能留出一段安静的时间进行语言胎教,又能节省时间去郊外观光野营。

例如:安排星期一和星期四购物,外出采购注意改变路线,并且花一定的时间观察并向宝宝讲解生活中的各种现象,有意识地去幼儿园或学校观察学生上课以及在操场上玩耍的情景。星期二打扫起居室、卧室、家具,给宝宝讲述这个温馨的家。星期三擦拭窗户和门框,冲洗厕所和浴室,教宝宝爱劳动、讲卫生的科学知识。星期五打扫和整理厨房,安排星期六和星期日的食谱,给宝宝讲述各种营养素的作用,告诉宝宝自己怎样安排每天的膳食以保证孕期的营养需要。星期六和星期日这两天主要是在家里休息或者去植物园、动物园、花园、田野、沙滩等地方,除了享受日光浴外,还能向宝宝传授自然界的知识。

读故事:狐假虎威

狐假虎威

从前,在茂密的大森林里住着一只狡猾的狐狸,还有老虎和其他许许多多的小动物。由于狐狸经常欺骗大家,所以小动物们都很恨他。可是由于狐狸狡猾无比,大家也没有想到什么好的办法来对付他。

有一天,狐狸不小心被老虎抓住了,狐狸吓得要死,以为这下要命丧虎口了。可是他马上冷静下来,他对着老虎说:"慢着慢着!你怎么敢吃我啊?我是森林之王啊!"老虎奇怪了:"我才是森林之王呢,怎么会是你狐狸啊?"狐狸趁着老虎发愣的时候又说:"你不相信的话我带你去四处看看,小动物们见到我就吓得到处乱跑呢。"老虎有些怀疑地说:"好吧!我跟你去看看!"

于是,老虎跟着狐狸到森林里到处走。小动物们看见狐狸大摇大摆地走过来都很奇怪,可是马上就发现狐狸后面跟着一只大老虎,吓得马上四处逃窜。狐狸得意地对着老虎说:"看看,怎么样,我没有骗你吧?我才是森林之王!"老虎惊呆了,只好让狐狸走了。

为什么那么多小动物看到狐狸都要逃跑呢？其实狐狸并不是森林之王，他只是借着老虎的威风吓跑了其他小动物，老虎被狐狸给欺骗了！所以碰到问题要冷静分析，不要被表面的假象给迷惑了啊！

准爸爸做胎教

❋ 按摩消除妊娠纹

通过按摩，孕妈妈腹部的妊娠纹可以得到有效的预防或淡化。准爸爸是孕妈妈进行这项按摩的最佳拍档。

为了保护好腹中的胎宝宝，在作腹部按摩之前，准爸爸一定要作好准备：去掉手上的戒指、手表等物件，洗净双手，擦干，把手搓热，然后给孕妈妈的腹部抹上一层按摩霜或按摩油，用指尖轻柔地做缓慢的环行运动，就像在给皮肤瘙痒，要避免过度强烈的拉扯。

除纹霜或者按摩膏要以安全、温和为标准，橄榄油对于消除妊娠纹是一个不错的选择。坚持作轻柔的腹部按摩，可以增加皮肤弹性，配合除纹霜同时使用，可以有效预防妊娠纹生成或淡化已形成的细纹。

给幸福的大肚留个纪念

孕中期是孕妈妈最美的时候，不少人都会选择这段时间拍摄一套"大肚照"。最好选择在第 7 个月左右，不要超过 8 个月，这时候孕妈妈的肚子刚刚显出来，行动还没有那么笨拙。

为了让拍照过程顺利和愉快，去拍照之前准爸爸要作好一些准备：

1. 和照相馆预约好一个人少的日子。提前 20 天，可以在网上了解一些更详细的内容。
2. 考虑到拍照时间比较长，照相馆旁边最好有卫生条件好的餐厅，或者自己带上食物和水，中途及时补充能量，并休息一下。
3. 最好选择专门给孕妇拍摄的影楼，不仅会有很多孕妇服装可以选择，而且衣服都是经过消毒的。也可以带上自己的孕妇装。
4. 带上自己的安全化妆品，跟化妆师沟通好自己想要的妆容。最好不要用影楼的化妆品。

拍摄的时候，千万别害羞、遮遮掩掩的，既然是拍大肚照，一定至少要有一组露出肚子的照片。顺便还可以涂些亮亮的橄榄油，大胆地秀出肚子。

孕妈妈要和摄影师充分沟通，由他带你进入角色。孕妇照和婚纱照及个人写真是不一样的，表现的是快要做人母的姿态，应该拍出幸福感、美好感、母爱感。

Part 9

孕8月

胎宝宝的发育和孕妈妈的变化

❀ 到出生前，宝宝开始保持头朝下的姿势

妊娠第 8 个月时宝宝的身长为 40~44 厘米，体重达 1500 克左右。从这时起，羊水量不再像以前那样增加了，迅速成长的宝宝身体紧靠着子宫，一直自由转动的宝宝，到了这个时期，位置也固定了。由于头重，一般头部自然朝下。

宝宝的主要器官已初步发育完毕，男胎的睾丸开始由腹内向阴囊下降。皮下脂肪开始丰满起来，但皮肤仍有皱纹，听觉神经已经发育完成，对声音开始有所反应。肌肉也发达起来，宝宝的活动更为激烈，有时可用脚踢蹬子宫壁。

假如在这个时期发生早产，如慎重保养，可以存活。因为肺等内脏器官和脑、神经系统都发展到了一定程度。

❀ 孕妈妈的行动更困难了

孕妈妈到妊娠第 8 个月时，子宫向前挺得更加明显，孕妈妈肚子越发突出，子宫底的高度在 25~27 厘米。身体沉重，行动困难，如较长时间行走，多会感到下腹部和脚跟疲劳和笨重，若稍微多走点路，孕妈妈就会感到腰痛或足跟痛。有的孕妈妈会出现水肿，故走路、上下楼梯要慎重。随着怀孕日期的增加，子宫底的高度上升，以至于升到上腹的子宫顶压膈肌

Part 9 孕8月

和胃，孕妈妈因胃受到压迫饭量减少，也会出现胸口上不来气，甚至需要肩协助呼吸。

在这个时期最可怕的是妊娠高血压综合征。应注意在每天的生活中避免过劳，在饮食中避免摄取过多的盐分，保持足够的睡眠，在中午要争取休息一会儿或睡一觉。只要接受产前检查，就能早期发现妊娠高血压综合征的征兆，为此要接受每两周一次的产前定期检查，还可预防早产。

此时期孕妈妈乳房高高隆起。乳房、腹部以及大腿的皮肤上的一条条淡红色的花纹更为增多。由于激素的作用，孕妈妈乳房周围、下腹、外阴部的颜色日渐加深。

孕妈妈的饮食营养

❋ 保证基础热量，限制体重

随着妊娠月份的增加，此期孕妈妈子宫已占据了大半个腹部，孕妈妈的胃部被挤压，饭量受到影响，因而常有吃不饱的感觉。在这个时期，母体基础代谢率增至最高峰，而且宝宝生长速度也达到最高峰。这时孕妈妈应该尽量补足因胃容量减小而减少的营养，实行一日多餐，均衡摄取各种营养素，防止宝宝发育迟缓。第8个孕月，宝宝开始在肝脏和皮下储存糖原及脂肪。此时如糖类摄入不足，将导致母体内的蛋白质和脂肪分解，易造成蛋白质缺乏或酮症酸中毒，所以孕8月应保证热量的供给。除需大量葡萄糖供宝宝迅速生长和体内糖原、脂肪储存外，还需要有一定量的脂肪酸，尤其是亚油酸。此时也是宝宝大脑增殖高峰，大脑皮层增殖迅速，丰富的亚油酸可满足宝宝大脑发育所需。

为了减轻水肿和妊娠高血压综合征，在饮食中要少放盐。同时，饮食不可毫无节制，应该把体重的增加限制在每周450克以下。

❀ 不要忽视粗粮，粗细搭配

大米、面粉等细粮内含蛋白质、糖类、矿物质、维生素等营养成分，但是大部分都含在稻和麦子的麦皮内，集中于胚芽周围。如果把米加工得过分精细，碾磨得特别白，就会使营养成分丢失很多。据有关部门统计表明，将糙米碾成精米，损失的糖类、丢失的维生素都很多。长期吃精米，不摄入其他含矿物质、维生素较多的食物，就会引起钙、磷等微量元素、B族维生素、烟酸、核黄素等的不足，从而导致骨质疏松、人体功能紊乱、智力下降、食欲减退、恶心、呕吐、烦躁不安、健忘、精力不集中、多梦、胸腹胀闷、心跳增快、气喘、水肿，从而诱发神经炎、口角炎、睑缘炎、角膜充血、脂溢性皮炎等病症。

土豆、红薯、玉米等杂粮作物，虽然没有精米、白面口感好，可营养丰富，纤维素多，摄入后不仅可营养身体，而且可刺激肠蠕动，减少毒素的吸收，防止便秘和肠道肿瘤的发生，被营养学家誉为人类的平衡食物。兼搭着吃，有益于身体健康。实践证明，土豆、玉米、大豆、红薯等一类杂粮，有的营养成分高于主食和鱼、肉。如2千克红薯或土豆，所含的蛋白质、脂肪、糖类、矿物质、维生素，比0.5千克粳米或面粉要多得多，还能弥补粳米、面粉中缺乏维生素C和胡萝卜素的弊病；玉米含有相当丰富的亚油酸、卵磷脂、维生素E，大大超过粳米和小麦；硒、镁等微量元素，有抗癌作用；赖氨酸，是人体必需的氨基酸之一，有利于人体新陈代谢和促使儿童的智力发育。因此，医学家认为，玉米可预防高血压、动脉硬化、冠心病、癌症等疾病。大豆的营养就更比米、面食物丰富，蛋白质的含量高达36.3%，脂肪、糖类、钙、磷、铁和B族维生素，都可与粳米、小麦相比拟，被营养学家称为"植物蛋白"，受到发达国家人民的青睐。

那么孕妈妈吃多少粗粮合适呢？怀孕期间，粗粮和细粮的比例最好约为1∶4，如果不好把握，每个星期的主食有三四顿是粗粮就可以了，吃多了反而会影响某些营养物质的吸收。

孕妈妈不宜多吃菠菜

菠菜含有较多的草酸，而草酸对人体所需要的重要营养素钙、锌有不可低估的阻碍作用。如果锌和钙被草酸破坏，形成草酸钙、草酸锌之类的化合物，就难以被人体吸收，而排出体外，会使孕妈妈和宝宝得不到适量的钙和锌。宝宝期缺钙，宝宝有可能发生佝偻病，出现鸡胸、罗圈腿以及牙齿生长迟缓、发育不良等症状。在妊娠早期缺锌，会干扰宝宝中枢神经系统的发育，严重的会造成中枢神经系统畸形；在妊娠晚期缺锌，会使宝宝神经系统的发育异常。所以，孕妈妈不宜多吃菠菜。

若是孕妈妈喜欢吃菠菜，可在做菜前将其用沸水焯一下，以除去大部分草酸，然后烹饪。

孕妈妈不宜多吃刺激性食物

刺激性食物主要是指葱、姜、蒜、辣椒、芥末、咖喱粉等调料和蔬菜。这些食物用于调味或做菜，可以促进食欲，促进血液循环和补充人体所需的维生素、微量元素（如锌、硒），这些食物正常人食用大为有利。

葱、姜、蒜少量当做调料调味，而且制熟后食用，其产辣性大大减弱，因而对人体的刺激性也大大减轻，孕妈妈还是可以食用的。甜椒因没有辛辣之味，制熟食用也无妨。但是，辣椒、生葱、生姜、生蒜以及芥末、咖喱辛辣过重，孕妈妈不宜食用。

这是因为，这些辛辣物质会随母体的血液循环进入宝宝体内，给宝宝造成不良刺激，影响正常生长发育。从孕妈妈身体来说，怀孕后大多呈现血热阳盛的状态，而这些辛辣食物从性质上来说，都属于辛温，而辛温食品会加重血热阳盛状态，使体内阴津更感不足，会使孕妈妈口干舌燥、生口疮、心情烦躁等症状加剧，这样不利于宝宝的正常发育。

孕妈妈宜多吃玉米

有些孕妈妈不喜欢吃玉米，只是吃精米、精面，这就失去了玉米对宝宝健脑的大好机会。

玉米中含蛋白质、脂肪、糖类、维生素和矿物质都比较丰富。它特有的胶质蛋白占30％，球蛋白和白蛋白占20％~22％，尤其黄玉米含有较多的维生素A，这些营养物质对人的智力、视力也都有好处。玉米脂肪中的维生素E较多，对防止细胞氧化、抗衰老有益，从而有益于宝宝的智力发展。维生素E还有助于安胎，可用来防止习惯性流产、宝宝发育不良等。玉米中含有较多的维生素B_1，能对人体中的糖类代谢起重要作用，它能增进食欲、促进发育，提高神经系统的功能，使宝宝的大脑发育得更加完善。玉米中还含有维生素B_6，有助于减轻妊娠呕吐。

玉米中粗纤维多,食后宽肠,有利于消除便秘,有利于肠道的健康,也间接有利于宝宝的智力的开发。有一种甜玉米,蛋白质的氨基酸组成中以健脑的天冬氨酸、谷氨酸含量较高,脂肪中的脂肪酸主要是亚油酸等不饱和脂肪酸。这些营养物质对宝宝的智力发展有利。

怀孕第8个月的营养食谱推荐

肥肠扒白菜

原料:熟肥肠150克,白菜250克,精盐、花椒水、葱块、姜块、味精、鸡汤、植物油、湿淀粉、香油各适量。

做法:

❶ 把白菜剥去老帮,去掉菜根和菜头,洗净再切成两瓣,放入开水内焯一下,捞出放凉。

❷ 把白菜顺刀切成12厘米长、1厘米宽的条(根部相连),整齐地码在盘内,再把熟肥肠切成斜刀厚片摆在白菜盘内。

❸ 锅内放油烧热,用葱、姜块炝锅,添鸡汤加精盐、花椒水、味精;烧开后取出葱、姜块,把白菜、肥肠投入锅内盖严,移在小火上煨几分钟,再移在中火上,用湿淀粉勾芡,淋香油翻匀出锅即成。

特点:色泽洁白,鲜香不腻。

鲜蘑豆腐

原料:豆腐250克,鲜蘑150克,精盐2克,味精2克,鸡汤20克,葱、姜各2克,淀粉20克,香油2克,植物油10克,白糖2.5克。

做法:

❶ 将豆腐切成1厘米见方的丁;选用个体与豆腐丁大小相似的鲜蘑,或选用个体较大的鲜蘑切成大小相似的丁也可以,用开水焯过,滤干水分。

❷ 葱、姜切片后放入碗中,加入精盐、味精、淀粉、鸡汤及白糖和少许香油,调好味汁。

❸ 炒锅上火,放入油,略热后加入豆腐和鲜蘑共同煸炒,炒匀及受热均匀后,放入味汁,迅速翻炒,即可装盘。

特点:咸鲜略甜,色泽清淡。

小窝头

原料：细玉米面400克，黄豆粉100克，白糖250克，小苏打0.2克，桂花5克。

做法：

❶ 将细玉米面、黄豆粉、白糖、小苏打掺在一起，再逐渐加温水，慢慢揉和，和得与饺子面相仿即可。

❷ 将和好的面揪成小块，每50克面做10个；再蘸着桂花水团成小窝头，上屉蒸熟即可。

特点：含有丰富的蛋白质、糖类及其他微量元素。

香干芹菜

原料：芹菜200克，香干50克，酱油10克，植物油10克，精盐4克，味精适量。

做法：

❶ 芹菜连叶一起洗净，切成3厘米段，用开水焯过，盛在碗里待用；香干洗过，切成细丝。

❷ 先用热油锅炒芹菜，加精盐，把香干放入，加酱油，旺火快炒一会儿即成，起锅前加入味精。

特点：色泽艳丽，口感丰富。

油焖大虾

原料：对虾500克、葱末、姜末、青蒜、料酒、精盐、味精、白糖、熟猪油、高汤各适量，香油少许。

做法：

❶ 将对虾剪去腿、须、尾，头部开一口，取出沙包，虾背剖开，抽去沙线洗净，切成段；青蒜洗净切段。

❷ 锅内放熟猪油，用旺火烧至六成热时下葱、姜末炝锅，下对虾翻炒，烹料酒，加精盐、白糖、味精、高汤适量，香油少许；烧开后移至微火上焖约5分钟，再改用旺火焖，待汤汁已浓，撒上青蒜即成。

特点：色泽鲜艳，味道鲜美。

柠檬煲鸭汤

原料：鸭1只，鲜柠檬1个，姜3片，精盐适量，白糖半汤匙（或随意）。

做法：

❶ 鸭放入滚水中煮5分钟，取出洗净。

❷ 柠檬洗净，切薄片。

❸ 将清水约10杯烧开，放入姜片、鸭，转慢火煲2小时。

❹ 将柠檬片放入，再煲约30分钟，放入精盐、白糖拌匀，即可趁热食用。

特点：味道香浓，营养丰富。

柏子仁粥

原料：柏子仁 15 克，粳米 100 克，蜂蜜 100 克，清水 1000 毫升。

做法：

① 柏子仁洗净，去硬壳，切碎。

② 粳米淘净，去杂质，入锅加水煮沸，加柏子仁煮成粥，调入蜂蜜即可食。

特点：除风湿，安五脏，养心气，润肾燥，兴阳道，益智安神。

孕妈妈的保健护理

❈ 孕妈妈早产的紧急应对

在我国，规定妊娠满 28 周至 36 周前出生的婴儿为早产。早产儿不仅只是体重小，而且生存能力差，体温调节功能不良，呼吸功能、消化功能及免疫功能均差，所以很容易发生感染。孕妈妈应在孕期定期进行产前检查，评估是否有早产倾向，以便尽早发现问题，采取应对措施。

如未满孕周却有"见红"并伴有规律宫缩、持续性下腹痛、下背酸痛、阴道有温水样的东西流出等异常情况出现，即为早产的征兆。

当孕妈妈出现早产征兆时，一定不要过于慌乱，导致手足无措。事先了解一下早产有关知识，并采取以下措施：

① 孕妈妈一旦发现产兆，要先放松心情，可以做一做深呼吸、听听音乐，或者卧床观察与休息，及时补

充水分，并尽快打电话给为自己做产检的医生询问情况。

❷ 如果有落红及破水现象，孕妈妈应立刻就医。

❸ 如果使用以上两步经过半小时仍然无法改善，那么应立刻到住所附近设有"新生儿加护病房"的医院就诊。这样可以防止宝宝出生后再次转院而错过急救黄金时间，从而缓解宝宝早产的危机。

❀ 孕晚期应避免性生活

进入孕晚期之后，夫妻间应尽可能停止性生活，以免发生意外。

孕晚期是胎宝宝发育的最后阶段。胎宝宝生长迅速，孕妈妈的子宫明显增大，对任何外来刺激都非常敏感。

此时胎膜里的羊水量也日渐增多，张力随之加大，在性生活中稍有不慎，即会导致胎膜早破，致使羊水大量流出，使胎宝宝的生活环境发生变化而活动受到限制，子宫壁紧裹于胎体，直接引起胎宝宝宫内缺氧，引起早产，不利于胎宝宝的安全。即使在胎膜破裂后勉强保胎，也有可能引起宫腔内感染，使胎宝宝在未出生之前就饱受了各种细菌的袭击，引起新生儿感染，轻者会给婴儿后天的发育及智力带来不良影响，重者危及生命。

尤其是在临产前3～4周必须禁止性交。因为这个时期胎宝宝已经成熟。为了迎接胎宝宝的出世，孕妈妈的子宫已经下降，子宫口逐渐张开。如果这时性交，羊水感染的可能性更大。

怎样减轻假宫缩带来的不适

到了孕晚期，孕妈妈偶尔会觉得肚子一阵阵发硬发紧，这是假宫缩，不需要太紧张。假宫缩，也叫迁延宫缩，宫缩间隔的时间不等，可能10多分钟1次，也可能1小时以上1次，没规律，每次持续的时间也不相同，几分钟到10多分钟都有可能。

出现假宫缩时，孕妈妈可以适当地改变一下姿势，如果孕妈妈一直站立可以稍微躺会儿；若之前一直坐着或卧着，可以起来走走。此外，可以喝1~2杯水，因为脱水可能会引起宫缩，也可以喝一杯温牛奶。如果这些措施依旧不能改善宫缩的痛苦，孕妈妈可以咨询自己的妇产科医生。如果宫缩频繁，或者有疼痛感时，应立刻休息，必要时应及时去医院就诊。

建议处于孕晚期的孕妈妈，要注意避免走太远的路，站立的时间不要过长。有时间的话，认真地记录下每一次有规律的胎动。此外，适当地参加些分娩课程，多了解些相关的内容，会让孕妈妈踏实些，心情也会舒展些。

怎样应对孕期静脉曲张

妊娠后盆腔血液回流到下腔静脉的血流量增加，增大的子宫压迫下腔静脉而影响血液回流，致使出现下肢及外阴静脉曲张。约有1/3的孕妈妈会产生严重程度不等的下肢静脉曲张或微血管扩张。

孕妈妈可以通过以下方法来进行防治：

❶ 每天适度温和的运动。坚持锻炼有助于避免过量脂肪堆积，保持良好的血液循环并强韧血管。慢走、游泳都是不错的选择。

❷ 不要穿紧身的衣服。腰带、鞋子都不可过紧，而且最好穿低跟鞋。

❸ 控制体重。如果超重，会增加身体的负担，使静脉曲张更加严重。孕妈妈应使妊娠期的体重增加控制在正常范围：10~12千克。

❹ 睡觉时尽量左侧躺，避免压迫到腹部下腔静脉，减少双腿静脉的压力。建议孕妈妈睡觉时用枕头将脚部垫高。

❺ 尽量避免长期坐姿、站姿或双腿交叉压迫。休息的时候可将双腿抬高，帮助血液回流至心脏。

❻ 可以在医生的指导下，穿着渐进压力式的医疗级弹性袜来减轻静脉曲张症状。

❀ 孕晚期要注意护腰

在怀孕后期，孕妈妈的体重增加迅速，再加上胎宝宝的重量，对腰部和膝关节都会造成不小的负担，而腰部又是承受胎宝宝力量的主要支柱，所以孕妈妈一定要注意护腰。

护腰小运动

❶ 仰卧，双腿弯曲，腿平放床上，利用脚和臂的力量轻轻抬高背部，可以减轻怀孕时腰酸背痛。每日5～6次。

❷ 仰卧，双腿弯曲，双手抱住膝关节下缘，头向前伸贴近胸口，使脊柱、背部及臂部肌肉成弓形，伸展脊椎然后再放松。每天练数次。

❸ 双膝平跪床上，双臂沿肩部垂直支撑上身，利用背部与腹部的摆动活动腰背部肌肉，可放松腰背肌肉。

❹ 双手扶椅背，在慢慢吸气的同时使身体的重心集中在双手上，脚尖立起，抬高身体，腰部挺直，使下腹部靠住椅背，然后慢慢呼气，手臂放松，脚还原。每日早晚各做5～6次，可减少腰部的酸痛。

❀ 孕晚期需格外保持外阴清洁

进入孕晚期之后，很多孕妈妈都会发现阴道的分泌物明显增多，这是正常的现象。因为孕期激素水平增加会使分泌物增加，这也是一种自我保护。但要保持外阴清洁，防止产生炎症。

阴道分泌物增多会使菌群结构改变，产生细菌增生的场所，容易产生炎症。而且女性的外阴有许多褶皱、汗腺、皮脂腺，阴道的分泌物常常积存于这些褶皱之中，阴道口又位于尿道口和肛门之间，很容易受到污染。孕妈妈在平时一定要注意清洁，一般用清水清洗阴道就可以了，不要用任何冲洗剂。如果孕妈妈阴道有黄绿色的分泌物，或者是豆渣一样的分泌物，或者是有臭味，有痛的感觉，就要去医院进行检查了。

孕妈妈在清洗的时候，应先洗外阴，再清洗肛门。清洗的毛巾、盆必须专用。但要注意不必每天清洗，因为汗液或各种分泌物可以维持适当的酸性环境，有利于外阴健康。内裤宜选择天然纤维的，并每天换洗。

❊ 眼睛干涩慎用眼药水

到了怀孕后期，准妈妈眼内的眼泪分泌量减少，同时泪液中的黏液成分增多，怀孕引起的眼睑水肿导致的眼睑发炎又会破坏孕妈妈泪液膜中的油脂分泌，使眼泪变得更容易蒸发。这些都会使孕妈妈经常感到眼睛很干涩，有的孕妈妈还因此患上结膜炎、角膜炎等眼部疾病。

眼睛干涩时不可轻易使用眼药水，因为怀孕是一个特殊时期，任何不当用药都会对胎宝宝的发育产生不良影响。

市场上应用广泛的眼药水中，含有氯霉素的眼药水因为具有严重的骨髓抑制作用，使用后可能使宝宝出生后出现严重的不良反应，是绝对不能使用的。含有四环素的眼药水因为具有致畸作用，也不适合孕妈妈使用。只有以红霉素为主要成分的眼药水比较安全，但也必须在医生的指导下使用。

如果孕妈妈患了干眼症，可以通过多吃富含维生素 A 的食物，如胡萝卜、南瓜、红薯、西红柿、柿子、绿色或黄色蔬菜、红枣等进行饮食调理，通过食疗来缓解干涩症状。

学会判断异常宫缩

一般情况下，到预产期只有伴有疼痛的宫缩，才是分娩的先兆。孕妈妈一定要学会判断常见的三种异常宫缩：

1. 频繁宫缩。一般计算宫缩时，如果每小时宫缩次数在 10 次左右就属于比较频繁的，应及时去医院，在医生指导下服用一些抑制宫缩的药物，以预防早产的发生。
2. 假性阵痛。到了怀孕最后期，宫缩变得频繁，甚至 10～20 分钟就收缩一次，部分还呈现规律性，有时伴有阵痛，令孕妈妈感到很不舒服。这时候的宫缩，很难与进入待产的真正阵痛区分，必须到医院检查与进一步观察。
3. 早产宫缩。当孕妈妈发生早产时，子宫收缩压力增加，孕妈妈不但下腹部酸痛，还会痛到腹股沟甚至有持续性下背酸痛；严重的还会伴随阴道分泌物增加及阴道出血。而当有不正常的分泌物或出血情况时，就要尽快就诊，预防早产。

怎样矫正胎位不正

胎位是指胎儿在子宫内的位置与骨盆的关系。正常的胎位应该是胎儿的头部俯曲，枕骨在前，分娩时头部最先伸入骨盆，医学上称之为"头先露"，这种胎位分娩一般比较顺利。除此以外的其他胎位，就是属于胎位不正了，包括臀位、横位及复合先露等。

矫正胎位的方法

1. 膝胸卧位。准备前，孕妈妈需要排空大小便，换上宽松、舒适的衣服。将小腿与头和上肢紧贴床面，在床上呈跪拜样子，但要胸部贴紧床面，臀部抬高，使大腿与床面垂直，保持 15 分钟，然后再侧卧 30 分钟。每天早、晚各做一次，连续做 7 天。患有心脏病、高血压的孕妈妈忌用此方法。

❷ 桥式卧位。准备前，孕妈妈也需要排空大小便，换上宽松、舒适的衣服。先用棉被或棉垫将臀部垫高 30～35 厘米，孕妈妈仰卧，将腰置于垫上。每天只做 1 次，每次 10～15 分钟，持续 1 周。

❉ 矫正胎位不正的最佳时间

胎位不正从胎儿刚刚一开始形成时就已经存在了，但是，由于最初胎儿体形比较小，并且不断在子宫内运动，所以孕晚期之前一般不便于也不必对胎位进行纠正。而从这个月开始，如果发现胎儿胎位不正，则可以采取相应的纠正措施。

医学上通常在怀孕第 7 个月（怀孕第 28 周）之前不对胎位不正作诊断，仅加强观察即可。到了第 7 个月（怀孕第 28 周）后，如果胎位仍然不正，就应该及时诊断、及时处理，以免孕妈妈在提前破水、早产等紧急情况下出现难产。

臀位是最常见的一种异常胎位，对母子安全危害巨大，必须及时纠正。孕妈妈可以在怀孕第 30～34 周时尝试做膝胸卧位，同时用激光照射或用艾条灸两小脚趾外侧的至阴穴进行纠正。如果不奏效，可在怀孕第 36 周左右请医生实施外部倒转。

❉ 避免枕头影响睡眠

一些孕妈妈怀孕后总是睡不好，这与睡眠习惯有很大的关系，影响到了睡眠的质量。又旧又脏的枕头容易滋生霉菌和螨虫，进而引发过敏或者呼吸道疾病，因此，为了自己和胎宝宝，孕妈妈应注意及时更换枕头。

枕头应该是每 1～3 年就更换一次，最好能方便清洗并可烘干，这样才可用得长久，还能保证睡眠健康。

判断是否该换枕头的标准

❶ 在没有其他身体疾病的情况下，晨

起后常常觉得颈部麻木酸胀。

❷ 枕头已失去弹性,需要拍打好一阵才能使其恢复一些弹性。

❸ 在好不容易调整完枕头之后,它又迅速回复扁平。

❹ 枕头有结块、凹凸不平的现象,且填充物有受潮的异味。

孕妈妈做胎教

❀ 音乐胎教

音乐是情感的表达,是心灵的语言。它能使人张开幻想的翅膀,随着优美的旋律翱翔于海阔天空。音乐可唤醒宝宝的心灵,打开智慧的天窗。

哼歌谐振法

准父母在进行音乐胎教时,可以选择多种方法。前面我们已讲过器物灌输法、母教子唱法以及哼歌谐振法等,其中对宝宝最为有利、影响最深的就是哼歌谐振法。为什么这样说呢?

孕妈妈在哼唱时,音乐渗入心灵,能够激起无意识超境界的幻觉,并能唤起平时被抑制了的记忆。音乐还能使孕妈妈心旷神怡,浮想联翩,从而改善不良情绪,创造良好的心境。母亲在唱歌时产生的物理振动,能使宝宝从中得到情感上的满足。哼歌谐振法还能让宝宝记住父母的声音和音乐的节奏,前者可以加强准父母与宝宝的感情，父母与宝宝会更加融洽、和谐；后者可使宝宝产生对音乐的爱好，进而陶冶其情操，培养其完善的性格。

有的孕妈妈认为，自己五音不全，没有音乐细胞，哪能给宝宝唱歌呢？其实，完全没有必要把唱歌这种事看得过难，要知道给宝宝唱歌并不是登台表演，不需要什么技巧和天赋，要的只是母亲对宝宝的一片深情。只要你带着对宝宝深深的母爱去唱，你的歌声对于宝宝来说，一定是十分悦耳动听的。唱的时候，尽量使声音往上颚部集中，唱得甜甜的，你的宝宝一定十分喜欢。此法每天可进行几次，每次不超过20分钟。孕妈妈可采用自己认为舒适的姿势，为宝宝唱一些摇篮曲、抒情以及欢快的歌曲。孕妈妈可以哼唱、清唱、随录音机唱或唱卡拉OK。唱歌时心情要舒畅，富于感情，如同面对着你可爱的小宝宝，倾诉一腔柔情和母爱，这时孕妈妈可想象宝宝正在静听你的歌声，从而达到母子心音的谐振。孕妈妈不妨平时多哼哼歌，不仅能使自己心情畅快，也于宝宝有益。

音乐最好选用一些固定乐曲

音乐除了声波的作用之外，它和颜色一样对感觉器官的直接刺激可影响人的心理状态和情绪，并通过旋律、速度及力度的变化影响人的神经系统功能。

选择一些优美的胎教乐曲，每天重复播放，以不断地强化记忆。跟踪测试证明，当胎宝宝出生后会对这些熟悉的曲子有记忆的表现，这就为胎宝宝出生后的音乐天赋提供了良好的基础。

胎教童谣：大树妈妈

大树妈妈

大树妈妈个儿高，
托着摇篮唱歌谣，
摇啊摇，摇啊摇，
摇篮里的小鸟睡着了。

大树妈妈个儿高,
对着小鸟呵呵笑,
风来了,雨来了,
绿色的雨伞撑开了。

今天你给胎宝宝唱歌了吗?关于妈妈的儿歌、童谣有很多很多,即使你不会唱歌也没关系,歌词就已经很美了。

儿歌:小毛驴

小毛驴

我有一只小毛驴,我从来都不骑,

有一天我心血来潮骑着去赶集。

我手里拿着小皮鞭,我心里正得意,

不知怎地哗啦啦啦啦,我摔了一身泥。

这是一首非常有趣的儿歌,如果你愿意,可以从现在一直唱到宝宝长大。如果不会唱,用电子琴(哪怕是玩具琴)都可以弹出它的旋律。哪怕只是念歌词,胎宝宝也会喜欢的。

语言胎教

宝宝长到第8个月时,已经是一个能听、能看、能"听懂"话、能理解准父母的有生命、有感情、有思想的"小人儿"了,准父母和宝宝谈话绝不是什么"对牛弹琴"。准父母和腹中的宝宝讲话,是一种非常积极的胎教方法。宝宝通过听觉、感觉来感受父母的声音和语调,感受来自父母的深深的爱,用语言来刺激宝宝的听觉神经系统及其大脑,丰富宝宝的精神世界,对宝宝大脑的发育无疑是十分有益的。

准父母在进行胎教时,最好是将针对日常生活内容和表达感情的话语加以简化,如"宝宝,爸爸妈妈都爱你"、"宝宝,今天的饭好香哟!"等,经常重复说给宝宝听,以加深宝宝对这些话的印象,促进其记忆力和理解力。准父母也可系统性地给宝宝进行语言胎教,选择一个固定的时间(如晚上睡觉前)和宝宝说话,时间长短大体相对不变,每次10分钟左右;对话内容要在一段时间内重复,以加深宝宝对一些简单句子的理解。

语言胎教并非给宝宝"上课"

在进行语言胎教时,孕妈妈不要

对语言胎教理解得太狭隘，以为语言胎教就是"让宝宝学会一样东西"，然后就像在学校里给宝宝们上课那样，对宝宝进行僵化死板的"授课"，这样会把宝宝当成被动的学习工具，宝宝也会不喜欢的。首先要把宝宝当成一个有生命活力的、有兴趣选择能力的宝宝来对待，所以实行语言胎教的内容和方法都要活泼生动、简明，适合宝宝用感觉器官来感知一切的特点，即能刺激宝宝情感，引起宝宝兴奋的。孕妈妈进行语言胎教还应该采用一种能与宝宝互动的形式，即孕妈妈说话时必须自己是兴致勃勃的，选的文学阅读材料也是鲜活的、能引起自己兴趣的。

教宝宝认识字母

在胎教过程中，让宝宝提前接受些字母和数字的信息吧！

学习字母：

❶ 准备彩笔和白纸。

❷ 按照汉语拼音 a、o、e、i、u 的顺序，用彩笔在白纸上写下这些字母，每天教 4~5 个。

❸ 写"a"这个汉语拼音时，一边反复地发这个音，一边用彩笔写它的笔画。

❹ 通过视觉将"a"的形状和颜色深深地印在脑海里。

❺ 孕妈妈对这一字母理解的信息，会以最佳状态传递给胎宝宝。

学习数字：

❶ 从"1"开始，先想象"1"的写法，再联想各种事物，如"竖起来的铅笔"、"一根电线杆"等，让数字变得具体和形象。

❷ "2"可以想象成"浮在水面上的天鹅的倩影"。

❸ 教"8"时，可以告诉胎宝宝"8"的形状看上去像两个圆粘在一起，上面的圆比下面的圆要稍微小一点。

❹ 读音清楚地数几遍。

尝试用英语和胎宝宝说话

孕中晚期，胎儿各项感官条件都已发育成型，并且具有学习的能力了。孕妈妈可以尝试着用英语与胎宝宝对话，以此来提升语言能力。

一开始，孕妈妈可以讲一些简单点的话，比如："This is Mommy""It's a nice day""Let's go to the park""That is a cat"等，将自己看到、听到的东西简单地告诉胎宝宝。当然啦，虽然不说汉语了，但是起的名字还是别忘了叫，或者你还可以再给胎宝宝起个好听的英文名，比如：Tom、David、Lisa 等。

接下来，孕妈妈就可以说得长一些了，可以描述一件事情，比如："David, I am your Mom and I love you so much!""Johnny, you are my lovely baby and I will try to give anything that you like!"

再以后，孕妈妈还可以选择一些优美的英语小文读给宝宝听，也可以收到不错的效果。

绕口令：一只青蛙一张嘴

一只青蛙一张嘴

一只青蛙一张嘴，两只眼睛四条腿，扑通一声跳下水。

两只青蛙两张嘴，四只眼睛八条腿，扑通、扑通跳下水。

三只青蛙三张嘴，六只眼睛十二条腿，扑通、扑通、扑通跳下水。

……

就是这样，一只接着一只下去，相信你有胎宝宝的帮助一定会赢准爸爸的。

这个好玩的绕口令可不光是为了练练嘴皮子，更多的是考验孕妈妈的速算能力，最初几只青蛙应该是不在话下的，但多了可能就绕不过来了。叫上准爸爸一起参与吧，一定很讨胎宝宝喜欢。

美容胎教

怀孕后期，皮肤很容易过敏，所以不要随意改用化妆品，否则可能会使皮肤粗糙或留下斑点。化妆要尽量明快、活泼一些，以掩饰住脸部的憔悴。

这时，到医院检查的次数越来越多。体检时不要化妆，不要涂胭脂、眼影、口红、指甲油，因为孕妈妈的

Part 9 孕8月

脸色与指甲的颜色往往是医生检查时的指标。如果它们被化妆品掩盖住，就很难作出正确的诊断了。

到了怀孕后期，鞋子应宽大一些。因为在这期间，双脚会有轻微肿胀的状况。

应该选用布胸罩，合成纤维制作的胸罩会造成乳房的摩擦裂伤。有些孕妈妈要让乳房结实，就按别人介绍的经验，用酒精涂乳头。其实这样做不好，因为酒精会使皮肤变得过分干燥，引起乳头裂伤，妨碍哺乳。

孕妈妈如果有乳头扁平或是下陷，到第8个月的时候，就要开始作乳房的按摩了。将乳晕（乳头四周的黑色部分）往上、下、左、右的方向推压，每天1~2次，每次做数分钟。到了第9个月时，就要每天作促使乳腺畅通的按摩，将乳房用拇指和食指扶住，轻轻推压，每次1~2分钟，每天坚持做。这种按摩能促使乳液的产生，并能使乳腺畅通。

怀孕后期，阴道分泌物增多，外阴部容易污染，所以要每天清洗以保持清洁。这期间外阴会局部充血，皮肤黏膜特别容易受伤，所以洗澡时动作千万要轻缓，浴毕可使用爽身粉，保持身体的舒适与清爽。在住院待产前，就要事先洗好头，保持全身的清洁。怀孕后期，最好不要烫发。

在走路时，不要过分后仰。过分后仰会因过分挺胸而背痛，而且姿势不是很雅观。为了保持良好的姿势，孕妈妈应选择一双合适的中跟鞋。

为了弥补体形上的不足，你应该更加注重脸部的美容。头发要梳理得整齐美观，化妆要仔细、自然。头发要剪短一些，服帖一些，这样你那略显沉重的体形就会显得轻松了许多。你可以把头发梳成一种使头部显得小巧玲珑、完全露出脖子的发型。到了怀孕中期，你的身体日渐粗大，质地太软、颜色灰暗、褶皱明显的衣料，你都该避而远之。紧身的衣裙、粗毛绒衫或是耸肩缩领的衣服也不适合孕妈妈穿着。在穿连裤袜时，要穿与裙子颜色协调一致的，这样会显得身材修长。

通过种种努力，孕妈妈将变得更加美丽、可爱，身体更加健康，精神更为舒畅，这会使腹中的宝宝处在一个安定、舒适的环境之中，这对宝宝的发育是大有好处的。而且，这也是胎教的良好基础。

情绪胎教

对一个怀有身孕的人来说，其精神状态和心理情绪不好，不仅对人的身体有害，而且影响宝宝的健康发育。因此，孕妈妈在孕期注意保持心绪宁静，对胎教十分重要。

早在2000多年以前，祖国医学中就有"喜、怒、忧、思、悲、恐、惊"七情在疾病中发生作用的记载。我国古代的"胎教之说"也特别强调孕妈妈心境对宝宝的影响。因此人们主张，孕妈妈应心境平和，善于修身养性，喜、怒、哀、乐有节制。"和调则胎安，气逆则胎病，恼怒则气不顺。欲生好子者，必须先养其气。"于是古人提出了"宁静即胎教"的主张。由此可见，注意心境宁静对优生、优育大有益处。

孕妈妈动手：给宝宝做个相册

宝宝出生后，爸爸妈妈会给他拍很多的照片，而且展示宝宝的照片也是很多爸爸妈妈的爱好，这样家里面就需要准备很多的相框来摆放照片。

下面给孕妈妈介绍一种可以展示宝宝照片的小挂饰的做法，这种简单的宝宝照片挂饰，既可以挂在包上，也可以贴在墙上或是柜子上，只要爸爸妈妈愿意，贴在哪里都是没有问题的。

❶ 准备材料：两块不织布（不织布也可以用硬纸板代替）。不织布也叫无纺布，是指不经过平织或针织的传统编织方式制成的布，通常可以做DIY手工艺品，一般小饰品商店就可以买到。

❷ 将不织布裁剪成圆形，大小随意，最好用花边剪剪出花边，也可以自己剪出小锯齿状。照片头像应尽量在中间位置，大小略小于不织布就行。

❸ 先用线缠X形，然后一直这样交叉缠下去。注意缠第一下时锯齿跨度越大，缠好后中间展示照片的空间越小。

给胎宝宝画个红苹果

这个月的胎宝宝，脑细胞已十分敏锐，对认识外界事物已有接受能力。可以对宝宝进行绘画胎教，使宝宝认识外面事物的形象更具体，更深刻。

来试着画一个红苹果：

❶ 先取一张画纸，可以准备一个绘画

本，如果一时没有，也可以用普通白纸代替。
❷ 准备几支彩色铅笔，便于画画的时候着上漂亮的颜色。
❸ 孕妈妈先在纸上画个圆形。
❹ 将圆形的顶部中央修改成心形样。
❺ 画上苹果把儿。
❻ 用红色的彩笔将苹果涂色。
❼ 向胎宝宝作介绍：这个大苹果红红的，多漂亮，吃起来甜甜的、沙沙的，可好吃了。

孕妈妈没有画画的经验或者是画得比较少也没关系，可以自己先学着画。在学的过程中，不论是动脑还是动手，都能波及胎宝宝，变成母子同学。

美育胎教

妊娠第8个月时，宝宝已具有了初步的意识萌动，所以此时可以为宝宝进行较抽象、较立体的美育胎教。

美育胎教要求孕妈妈通过听、看，体会生活中一切的美，将自己的美的感受通过神经传导输送给宝宝。

听，主要是指听音乐。这时孕妈妈在欣赏音乐时，可选择一些富含主题、意境饱满的作品，比如贝多芬的《月光奏鸣曲》、肖邦的《英雄》、维瓦尔第的《四季》等。这些乐曲都有较鲜明的主题和风格，能促使人们美好情怀的涌动，也有利于宝宝的心智成长。

看，主要是指孕妈妈要阅读一些优秀的作品和欣赏优美的图画。孕妈妈要选择那些立意高、风格雅、个性鲜明的作品阅读，尤其可以多选择一些中外名著。比如我国现代作家朱自清和俄国作家屠格涅夫的散文；中国古代诗词及外国诗人普希金、雪莱等人的诗歌；西方著名作家雨果、托尔斯泰的小说和我国现代的著名小说等。孕妈妈在阅读这些文学作品时，一定要边看、边思、边体会，强化自己对美的感受，这样宝宝才能受益。有条件的话，孕妈妈还可以看一些著名的美术作品，比如中国的山水画、西方的油画。在欣赏美术作品时，调动自己的理解力和鉴赏力，因此而产生的美的体验一定会传导给宝宝。

体会，既指贯穿听、看活动中的一切感受和领悟，也指孕妈妈在大自然中对自然美的体会。孕妈妈在这个阶段也要适度走动,可到环境优美、空气质量较好的大自然中去欣赏大自然的美,这个欣赏的过程也就是孕妈妈对自然美的体会过程。孕妈妈通过饱览美丽的景色而产生出的美好情怀,可以促使宝宝脑细胞和神经系统的发育。

欣赏雷诺阿的母子油画

雷诺阿(1841—1919)是卓越的法国人物画大师,他笔下的女性丰满娇丽、妩媚动人、仪态万千;他笔下的儿童天真烂漫、聪明伶俐、纯洁可爱。他喜欢以日常生活为题材,描绘人们的欢愉情景。

晚年的时候,他偏好以沐浴在阳光下的女性为主题,她们柔和的肌肤、柔软的发丝,让人有想触摸之感。

《母爱》作于1885年,画面细腻,感情真挚,宝宝吮乳的嘴、舒服惬意的眼神,都描摹得十分到位。宝宝的小胖手扳住一只跷起的小胖脚(这个动作,将在未来的几个月内真实地出现在你眼前),脚指头刻画得都那么精致!

诗歌:三字经

《三字经》节选

人之初,性本善。性相近,习相远。苟不教,性乃迁。教之道,贵以专。昔孟母,择邻处。子不学,断机杼。窦燕山,有义方,教五子,名俱扬。养不教,父之过。教不严,师之惰。子不学,非所宜。幼不学,老何为?玉不琢,不成器。人不学,不知义。为人子,方少时,亲师友,习礼仪。香九龄,能温席。孝于亲,所当执。融四岁,能让梨。弟于长,宜先知。首孝悌,次见闻,知某数,识某文。一而十,十而百,百而千,千而万。三才者,天地人。三光者,日月星。三纲者,君臣义,父子亲,夫妇顺。曰春夏,曰秋冬,此四时,运不穷。曰南北,曰西东,此四方,应乎中。曰水火,木金土,此五行,本乎数。

在传统教育中,小孩子们都是通过背诵《三字经》来识字知理的。它是中国传统文化的缩写,短小的篇幅蕴涵着深刻的道理,是国学中的经典。

准爸爸做胎教

❋ 消除妻子的心理负担

丈夫应该持有"生男生女，听其自然"的坦荡胸怀，从思想观念上尽可能消除妻子的心理负担，不要让妻子为宝宝的性别担惊受怕。生男生女不是人的主观意愿所能决定的，任何责怪妻子或采取医疗手段保男弃女的做法，都可能增加妻子的心理压力，造成对胎教的不良影响。

调理好妻子的饮食

应过好生活调理关。众所周知，每个女人在妊娠期间都程度不同地有一些生理和心理反应。有的厌食，有的挑食，尤其是怀孕头3个月，大多反应较明显，常出现恶心、呕吐现象，甚至有个别孕妈妈承受不了这种妊娠反应，产生一些可怕的念头，这对胎教是十分不利的。作为丈夫应学会调理，想方设法去妥善安排好妻子的饮食起居，保证怀孕的妻子吃好、休息好，尽可能为妻子创造舒适的生活环境，使她随时保持良好的心境，从而健康孕育宝宝。

关注妻子的健康

生儿育女是夫妻双方的责任，作为孕妈妈，更多关心的是宝宝的孕育成长。而当丈夫的应较多关注妻子的安危，如随时注意妻子的体重、血压以及胎动数，定期陪妻子散步，协助妻子做产前保健操，或与妻子一起欣赏音乐、歌舞等，使妻子感受到丈夫的温暖，增加对"十月怀胎"的信心和勇气。

注意孕期感情

男女的感情不仅体现在婚前，而且也应体现在婚后，尤其体现在妻子怀孕期间。作为丈夫，在情感上要给予孕妻更多的爱，让妻子从丈夫的爱中产生温馨、宁静的心情。在这种环境中建立起来的夫妻之爱，最为真挚，最为笃厚，也最为长久。

坚持和宝宝交流

准爸爸贴近孕妈妈的肚子听胎音，给宝宝讲故事、看图片、放音乐。

Part 10

孕9月

胎宝宝的发育和孕妈妈的变化

❀ 宝宝除了瘦点，已经很像出生时的样子了

宝宝发育：妊娠第9个月时，宝宝身长45～48厘米，体重达到2200～2500克。宝宝开始变得漂亮了。象征着成熟的特征正一点点地出现，皮下脂肪增多，使得皮肤有了光泽和颜色，并且比以前光滑了；原来长满全身的胎毛逐渐消退，面部皱纹消失，指甲已达指尖。内脏已完全形成，肺和胃肠的功能已开始发达，具备了一定的呼吸和消化功能。

若是男婴，睾丸已下降到阴囊中；若是女孩，大阴唇隆起，左右两侧贴在一起，生殖器官基本形成。这时宝宝头部大多已朝下，是娩出的准备姿势。宝宝此时动作经常很激烈，手和脚能将妈妈的腹部顶起来。若此时早产，虽然个头并不大，但只要精心养护，在暖箱中宝宝可以健康地成长。

❀ 妈妈体重更重了，需要时刻有人陪伴

母体变化：女性怀孕到第9个月，是怀孕过程中最烦恼的时候。此时子宫继续在往上长，往大长，子宫底的高度为28～30厘米，已经升到心口窝，因此，会压迫心脏和胃，引起心跳、气喘或感觉胃胀、食欲缺乏。同时越来越沉重的子宫压在膀胱上，尿的次数更加频繁，阴道分泌物

也增多。孕妈妈的腹部还在向前挺，身体变得更加沉重，所以孕妈妈行动笨拙，一不留意便会引起腰部外伤，很容易使腰椎间盘突出。

由于胃部受压，一次吃不了太多的东西，一天可多吃几次饭，每次少吃一些。

此时，孕妈妈应准备分娩和住院，并要作好提前分娩的准备。

孕妈妈的饮食营养

❋ 饮食宜慢宜少，注意加餐

在妊娠第9个月时，孕妈妈的胃部还会有一种挤压感，所以每餐进食量不可能多。这时要注意适当加餐，以保证摄入充足的维生素和足够的钙、铁和其他营养物质。

在妊娠第9个月，孕妈妈要特别注意补充B族维生素和铁、钙。如果孕妈妈摄入B族维生素不足，易出现呕吐、倦怠以及体乏等状况，还会影响分娩时子宫收缩，使产程延长，分娩困难。另外，宝宝肝脏以每天5毫克的速度储存铁，直到存储量达到300~400毫克。此时铁摄入不足，会影响宝宝体内铁的存储，产后易患缺铁性贫血。妊娠全过程都需要补充钙，但宝宝体内的钙一半以上是在怀孕期最后2个月储存的。如第9个孕月里钙的摄入量不足，宝宝就要动用母体骨骼中的钙，致使孕妈妈发生软骨病。

此外在第9个孕月里，要继续控制食盐的摄取量，以减轻水肿的不适。由于孕妈妈的胃部容纳食物的空间不多，所以不要一次性地大量饮水，以免影响进食。

❀ 加餐注意营养均衡

孕妈妈在加餐的时候要注意食物的多样化和营养的均衡。

一般孕妈妈2.5~3个小时就可以加餐了，加餐的食物里面一定要稍微有一点主食即粮食类的东西，如全麦面包或者燕麦片等，这是基础。剩下的就是一天要求补充的500毫升奶，这500毫升奶建议分2~3次喝。其中最好有一部分放到加餐里面，早上喝一点，加餐的时候喝一点，晚上临睡之前的加餐也可以包括奶。还有一类就是水果，水果也是放在加餐的时候食用的。另外一类是坚果，一天可以加上3次，每次适量。

孕妈妈在加餐的时候最好不要喝饮料，但可以喝一些鲜榨的果汁。一些膨化食品和腌制食品都不要吃，比如薯片、豌豆脆、腌制的火腿香肠等。

❀ 孕妈妈怎样补水

水是生命之源，是人体必需的六大营养素之一。水可从食物和饮料中补充，身体内代谢时也能产生部分"内生水"补充需要。

孕妈妈选择什么饮品好呢？开水。对孕妈妈来说，最好的饮品就是开水，尽管各地区水中含的物质不尽相同，但我们可以通过其他途径补充水中所缺的物质，故不会出现营养物质的缺乏。开水经过煮沸消毒，清洁卫生，所以开水可作为孕妈妈补充水分的主要来源。

孕妈妈不要喝生水，以防腹泻或被传染其他疾病。咖啡及浓茶具有较强兴奋作用，应该少喝。矿泉水有许多微量元素，可以饮用。市场供应的许多饮料含糖分高，不宜多饮。夏天，西瓜是较好的饮料，既可补充水也可补充一些矿物质，又可消暑解热，孕妈妈可以吃。孕妈妈不论喝什么饮料，均不宜冰镇时间过长，太冷的饮料对消化道有刺激，大量喝进去会使胃肠血管痉挛、缺血，以致发生胃痛、腹胀、消化不良等。

孕晚期不宜进补

看到孕妈妈，周围的人都不忘提醒"多吃点补品"，不过，孕妈妈补得过火会造成营养过剩，同时因活动较少，反而会使分娩不易。孕期女性特别不适合服温补药。

女性怀孕后身体发生一系列的生理变化，如血流量增加、心脏负担加重、内分泌旺盛、胃肠功能不好等。中医认为，这是"阳常不足，阴常有余"。这时，应适当服用些清热养阴或清润平补的食物，才能协调孕妈妈机体的阴阳气血平衡。人参是大补之品，孕后久服或用量过大，很容易导致气盛阴耗，阴虚火旺。

到了妊娠中、晚期，由于宝宝的压迫等负担，孕妈妈往往出现高血压、水肿，此时如进大补之品，结果不仅对宝宝和孕妈妈无益，反而会火上加油，加重孕妈妈呕吐、水肿、高血压等症状，也会促使阴道出血、流产、死产或宝宝窘迫等。调查显示，很多先兆流产的人是因为吃了人参、桂圆所致。现代药理研究发现，黄芪有升提、固涩、利水作用，妊娠晚期服用，会干扰宝宝正常下降，并引起难产。除此之外，像鹿茸、鹿胎膏、鹿角胶和胡桃肉等属温热、大补之品，孕后也不宜服用。

所以说，女性孕期加强营养是必要的，但营养应适当，并非多多益善。

怀孕第9个月的营养食谱推荐

椒盐排骨

原料：排骨500克，植物油750克（约耗50克），鸡蛋1个，湿淀粉75克，面粉30克，精盐5克，白糖10克，料酒15克，味精1克，五香粉5克，咖喱粉2克，香油5克，椒盐少许。

做法：

❶ 将排骨洗净，斩成约4厘米长、2厘米宽的块，放在盆里，加入精盐、料酒、咖喱粉、五香粉、白糖、味精抓匀，约腌渍15分钟；鸡蛋磕入碗内打散，加入湿淀粉、面粉调成蛋糊，再将腌好的排骨块放入蛋糊中挂匀。

❷ 将炒锅上火放入植物油，烧至五成热时，将挂匀蛋糊的排骨块逐一下入油锅中炸至八成熟时捞出；待锅内油再烧至七成热时，将排骨再投入炸至呈金黄色捞出，随后放入凉熟油中浸一下（使其皮酥）捞出，沥去余油，装入盘中，淋上少许香油，吃时随带椒盐上桌即成。

特点：软嫩适口，含有丰富的优质蛋白质和极易被人体吸收利用的铁、锌等矿物质，并含有丰富的维生素A、维生素D、维生素B_{12}及尼克酸。

肉丁黄豆汤

原料：猪肉250克，熟黄豆200克，精盐2克，味精1克，葱、姜末各10克，酱油15克，熟猪油50克，高汤500克。

做法：

❶ 将猪肉切成小方丁。

❷ 锅置火上，下熟猪油烧热，放葱、姜末炝锅，放入肉丁炒之，待肉丁变白时放入酱油、熟黄豆、精盐，加高汤烧开，撇净浮沫，再放点味精即可。

特点：强壮身体，是家庭保健汤品，可预防小儿佝偻病，对孕妈妈增强体力有效。

红烧鲤鱼

原料：鲤鱼750克，植物油100克，高汤750克，酱油、白糖各15克，料酒、蒜片各20克，精盐3克，湿淀粉30克，姜块、葱段、香菇、笋片各25克。

做法：

❶ 鲤鱼去鳞、鳃、内脏后洗净，鲤鱼的一面用刀划十字花刀，另一面

横划数刀。

❷ 把鲤鱼炸至金黄色后捞出，原油锅放入蒜片、葱段、姜块、高汤、酱油、白糖、盐、料酒，开锅后放入炸好的鱼，再放入香菇、笋片移至微火煨，至汤剩一半时将鱼盛入盘内；锅移旺火用湿淀粉勾芡，浇于盘中鱼上即成。

特点：色金黄，味鲜美，汁浓鱼香。分娩前食用，有利于孕妈妈清除因水钠潴留所致的水肿。

奶汁烤鱼

原料：鲜河鱼1条（重约500克），黄油1块，牛奶1小杯，洋葱1个，胡萝卜3根，芹菜1棵，精盐、胡椒粉、味精各适量。

做法：

❶ 胡萝卜、芹菜切丁在水里略煮一下，滤干；洋葱切丁连同上面蔬菜一起在黄油里煸炒，煸炒时加精盐少许，炒好备用。

❷ 鲜河鱼洗净，煎锅烧热放黄油，油热时放入鱼，煎黄后放入盘中，铺上炒好的蔬菜丁。

❸ 小杯牛奶内调入味精、胡椒粉后淋在蔬菜上，鱼上刷黄油，整盘入烤箱，烤20分钟，逸出奶油和鱼的香味即可出炉。食用时鱼肉上撒精盐、胡椒粉。

特点：鱼肉鲜嫩，奶香浓郁。

木耳粥

原料：黑木耳30克，粳米100克，大枣3～5枚，冰糖少许。

做法：

❶ 先将黑木耳浸泡半天。

❷ 再用粳米、大枣煮粥；待煮沸后，加入黑木耳、冰糖适量，同煮为粥。

特点：润肺生津，滋阴养胃，补脑强心。适用于体质衰弱、虚劳咳嗽，以及慢性便血者食用。

烧萝卜

原料：萝卜500克，植物油30克，蒜泥少许，明油10克，酱油、精盐、葱丝、姜丝各适量。

做法：

❶ 将萝卜去叶、根、皮，削净节疤，清水洗净，沥干，切成粗条。

❷ 锅中放入明油少许，用旺火将油烧热，把萝卜放入煸炒至八成熟时盛起；碗内放入酱油、精盐、葱丝、姜丝、蒜泥和温水，拌均匀作为调料汁。

❸ 再在锅内放入油少许烧热，将调料汁和萝卜条同时放入炒拌，加入

明油,翻个身即可出锅。

特点:色泽鲜亮,味道鲜美。

蛋面

原料:面粉500克,鸡蛋250克,骨头汤、紫菜、淀粉各适量;香油、味精、精盐、香菜末、葱末、姜末各少许。

做法:

❶ 把鸡蛋打在盆内搅匀,再加入面粉,均匀揉拌成光滑的面团,盖上湿布,饧好;用干淀粉做补面,擀成大张薄片,撒少许干淀粉,前后折叠起来,用刀切成细丝备用。

❷ 将骨头汤烧开,把面条下锅煮熟,撒入香菜末、精盐、味精、撕好的小块紫菜、葱末、姜末,淋入香油,即可。

特点:醇香、味鲜、适口。

孕妈妈的保健护理

孕妈妈最好不用护垫

孕期有的孕妈妈习惯使用卫生护垫,有的孕妈妈不习惯使用,从科学的角度来看,孕期不宜使用护垫。

很多医生都不推荐女性使用卫生护垫,主要原因是因为卫生护垫虽然吸水性较强,但是绝大多数卫生护垫都含有胶质等材料,所以透气性很差,潮湿后不易干燥,因而细菌很容易在上面滋生。由于女性私密部位与卫生护垫是直接接触的,因此,污染的护垫很容易引发阴道炎。

而且,在怀孕期间,孕妈妈由于自身特点,患霉菌等妇科炎症的概率比平时就高很多,如果再加上经常使用不透气的卫生护垫,更容易引起阴道炎症,从而对胎宝宝和孕妈妈自身造成伤害。

所以,孕妈妈怀孕期间不宜使用卫生护垫,更不要使用一些带香味添加剂的护垫。

怎么应对胃灼热

宝宝9个月大了,孕妈妈有时候会出现胃灼热的情况,这时孕妈妈要适当放松胃部,做点力所能及的运动。另外还要保持好心情,胃灼热的情况多数都能自行缓解。

首先,孕妈妈应穿着宽松、舒服的衣服,不要让过紧的衣服勒着腰和腹部;睡觉时多垫几个枕头或楔形的垫子,垫高上半身有助于使胃酸停留在胃里,促进消化。

孕妈妈还应适当地运动一下,散散步或做一些简单、轻松的家务,对促进消化有帮助,从而防止胃酸倒流。另外,孕妈妈必须戒烟,因为抽烟会加速胃酸的分泌。

保持良好的心情也可以缓解胃灼热,任何精神方面的不良刺激,都会导致消化不良,加重身体的各种不适。妈妈最好多听音乐或观赏美术作品,以使自己心情愉快。

预防羊水过多或过少

正常情况下,直到孕晚期之初,孕妈妈的羊水量会一直增长。在第9个月初时,羊水量约为1000毫升。这之后,一直到宝宝出生,羊水会逐渐减少。

羊水量达到或超过2000毫升时,称为羊水过多。羊水过多的发病率约占分娩数的0.5%~1%。羊水在数天内急剧增加者称为急性羊水过多,这种情况占少数,大多数

是在较长时间内缓慢增加，称为慢性羊水过多。

如果孕妈妈腹中的羊水量少于300毫升，称为羊水过少。最少者只有几十毫升甚至几毫升黏稠、混浊、暗绿色的液体。羊水过少较为少见，发生率约占分娩数的0.1%。

羊水过多怎么处理

如果孕妈妈被诊断出羊水过多，医生一般会建议作高清晰B超检查，看是否存在畸形，也可能会让孕妈妈作羊水穿刺，看是否有遗传缺陷。

由于羊水过多，破水时发生脐带脱垂或胎盘早剥的风险也会更高。如果出现这两种情况都需要马上进行剖宫产。

此外，由于羊水过多的孕妈妈子宫被过度拉伸了，可能无法收缩得很好，所以，出现产后大出血的可能性也会增加。因此，生完宝宝后，孕妈妈要配合医生观察情况。

孕妈妈在剩下的孕期里，还需要定期作无激惹试验和B超检查，密切监控胎宝宝的生长发育情况，同时还应观察是否有早产的迹象。

入盆有什么感觉

一般，在怀孕第9个月的头2周，胎宝宝的头部就能入盆了。不过，胎宝宝的入盆时间也因人而异，可能会在第37～38周才入盆，还可能直到生产前都不会入盆。

胎头入盆的时候，由于胎头下降，压迫到了膀胱，孕妈妈会觉得尿意频繁，还会感到骨盆和耻骨联合处酸疼不适，不规则宫缩的次数也在增多，孕妈妈此间常常会感到下腹部坠胀难受，这些都表明胎宝宝在子宫中正逐渐下降。

如果孕妈妈身体还不错，那么不妨放松肚子上的肌肉，尽量让腹部向前挺，这样可以减轻胎宝宝入盆的困难；如果妈妈坐着的时间比较长，那么一定要注意向前倾斜着就座，让膝盖低于臀部，这会有助于胎宝宝向下移动。

临产孕妈妈需要作什么准备

眼看着孕妈妈的产期就要临近了，孕妈妈不要慌乱，理清思绪，尽量作好需要的准备：

1. 按时做产检。一般到了孕晚期，体检的次数会变得频繁，孕妈妈一定要坚持按时去体检，关注每一次检查的结果，以便及时发现异常，及时解决。

2. 学习分娩知识。孕妈妈要多阅读与孕产相关的图书或参加产前培训班，全面、客观地了解分娩，保持轻松和自信的状态，迎接宝宝的降生。

3. 联系好住院事宜。为了防止医院妇产科的床位紧张，孕妈妈必须提前联系好住院事宜，那样才能有备无患。

4. 确定好去医院分娩的路线和交通工具。分娩的时间很难预测，必须准备一个万全之策，准爸妈一定要在之前就设计好去医院的几种方案，以便在紧要关头孕妈妈能顺利、平安地抵达医院。

5. 随身携带通信工具。孕晚期妈妈不要单独一个人外出，如果一定要单独外出，手机一定要随身携带，以防有紧急情况出现的时候好与家人取得联系。

6. 准备好待产包。孕妈妈要把之前准备好的物品装包，放在随取随用的地方，方便入院后取用。

注意预防胎膜早破

正常情况下只有当宫缩真正开始，宫颈不断扩张，包裹在胎儿和羊水外面的卵膜才会在不断增加的压力下破裂，流出大量羊水，胎儿也将随之降生。提前破水是指还未真正开始分娩，胎膜就破了，阴道中的细菌会侵入子宫，给胎儿带来危险。

预防早期破水的方法：

❶ 定期到医院接受产前检查。

❷ 注意孕期卫生，避免发生霉菌性阴道炎和其他妇科炎症。

❸ 注意保持膳食的平衡，保证充足的维生素C和维生素D的摄入，保持胎膜的韧度。

❹ 怀孕期间如果分泌物比较多，有感染的迹象，应该及时到医院就诊，接受治疗。

❺ 怀孕后期（最后一个月）一定要禁止性生活，避免对子宫造成的任何压力。

❻ 如果是多胞胎，要多卧床休息。

❼ 避免过度劳累和对腹部的冲撞。

注意：孕妈妈一旦怀疑自己是破水，应该立刻去医院就诊。

避免会阴侧切

会阴指的是阴道与肛门之间的软组织。当胎宝宝的头快露出阴道口时，在孕妈妈会阴附近施予局部麻醉，然后用剪刀剪开会阴，使产道口变宽，以便胎宝宝的产出，这就是所谓的会阴侧切。

一般医生决定采用侧切，很大一部分理由就是为了避免孕妈妈的会阴撕裂。其实只要孕妈妈的产程很顺利，即使不剪会阴，撕裂的伤口也不会很大时，是可以避免侧切的。

据有关报道指出：国内女性生产时，经历会阴切开术的比率将近7成，初产妇遭切开会阴的比率近乎9成。国内之所以有这么高的手术率，除了跟孕妈妈的身体结构（骨盆腔小、外阴较紧等）有关外，与孕期的饮食和运动也有着密不可分的关系。

控制饮食

建议孕妈妈在怀孕 5~6 个月少吃淀粉类食物，并增加蛋白质的摄取，这样可以减少体重增加的速度，也避免胎宝宝生长过大。孕妈妈要加强锻炼，多散步、爬楼梯和练习拉梅兹呼吸法等，都可以加强肌力，帮助生产。

按摩运动法

准备自然分娩的孕妈妈从现在起应每天进行会阴的按摩和锻炼，这样可以增加肌肉组织的柔韧性和弹性，帮助自然分娩的顺利进行。

修剪指甲，然后将手洗净，坐在一个温暖、舒适的地方，把腿伸展开，呈一个半坐着的分娩姿势。把一面镜子放在会阴的前面，面朝会阴部。这样孕妈妈就可以清楚地看见会阴周围肌肉组织的情况了。

孕妈妈可以选择一些按摩油，例如纯的菜子油，或者水溶性的润滑剂，用拇指和食指把按摩油涂在会阴周围。把拇指尽量深地插入阴道，伸展双腿，朝直肠的方向按压会阴组织，轻柔地继续伸展会阴口，直到觉得有些轻微的烧灼或刺痛的感觉为止。保持这种伸展，直到刺痛的感觉平息，然后继续前后轻柔地按摩阴道。按摩当中，在阴道里勾起拇指，并且缓慢地向前拉伸阴道组织，分娩时胎宝宝的头也会这样出来。最后，前后轻柔按摩拇指和食指之间的肌肉组织大约 1 分钟。

临产心理

必须做会阴侧切的几种情况

一般以下几种情况需要进行会阴侧切：

1. 胎宝宝较大，胎头位置不正。
2. 会阴弹性差、阴道口狭小或会阴部有炎症、水肿等情况，胎宝宝娩出时可能会发生会阴部严重撕裂。
3. 35岁以上的高龄产妇，或者合并有心脏病、妊娠高血压综合征等高危妊娠时，为了减少孕妈妈的体力消耗，缩短产程，减少分娩对母婴的威胁，当胎头下降到会阴部时，一般会进行侧切。
4. 子宫口已开全，胎头较低，但是胎宝宝有明显的缺氧现象，胎宝宝的心率发生异常变化，或心跳节律不匀，并且羊水混浊或混有胎便。
5. 借助产钳助产时。

孕妈妈做胎教

❀ 情绪胎教

无须恐惧分娩

妊娠第9个月，距离预产期越来越近，孕妈妈一方面会为宝宝即将出世感到兴奋与激动；另一方面又会为分娩而紧张，特别是一些农村孕妈妈听了一些老人的话后更是害怕、恐惧。其实，现在医疗水平先进，医疗设备完善，完全可以保证母婴安全，孕妈妈大可不必为安全担心。在妊娠第9个月时，孕妈妈怎样以一种平和、欢快的心情度过呢？

孕妈妈在此期，不可多思多虑，对于你的"高血压怎么办"、"心率过速怎么办"等问题医生自会处理；对于你"能否顺利分娩"的问题，更用不着去多虑，还没有发生的事，想它又有什么意义呢？况且你也并不一定会难产。让还没有发生的事，徒然增添一些精神紧张，这多可笑。孕妈妈尤其不要听别人说分娩如何如何可怕，生活中自有喜欢夸大其词的人，您干吗去听人家的闲谈呢？

孕妈妈应该做到的是放下这种不必要的担心心理，想到孕期是一个正常的生理过程，从怀孕时的"合二为一"到分娩时的"一分为二"就像瓜熟蒂落一样自然，没必要过于紧张不安。作为生命延续的分娩，只是一个自然的生理过程，难免会有些疼痛，疼痛程度应是大多数人都能够承受的，而且疼痛也是宝宝脱离母体降临世界时的第一次"按摩"，对宝宝也是有好处的。孕妈妈在此期间，应是吃好、睡

好，养足精神，以平稳的情绪、冷静的头脑度过此期。要是孕妈妈产前检查的指标都较为正常，就更应该去做自己感兴趣的事，既对自身有利，对宝宝也是有好处的。

看看晴朗的天空能放松心情

这是一种解压的好办法，孕妈妈情绪不安的时候可以坐在窗口或是坐在公园的长椅上，抬起头来，看看天空中的云，看看它们像什么，像一只船，还是像只小熊？

有资料说，这种形象的思维还对开发右脑大有帮助呢！将来等宝宝大一些的时候，照样可以和他常做这种简单的游戏。

孕妈妈动脑：脑筋急转弯

随着临产期将近，多数孕妈妈现在什么都不愿意做，什么都不愿意想，这对胎宝宝的发育是很不利的。没事的时候，孕妈妈可以多看一些猜谜和脑筋急转弯，这样既能动脑又能娱乐，何乐而不为呢？

胎教心语：

❶ 盆里有6个馒头，6个小朋友每人分到1个，但盆里还留着1个，为什么？

❷ 有种动物，大小像只猫，长相又像虎，这是什么动物？

❸ 小张5次问小李同一个问题，小李回答了5个不同的答案，而且每次都对，小张问的是什么呢？

❹ 有9个苹果，必须全部平均分给13个小朋友，该怎么分？

❺ 你能做，我能做，大家都能做；一个人能做，两个人不能一起做。这是做什么？

❻ "先天"是指父母的遗传，那"后天"是什么？

❼ 在一次考试中，两个学生交了一模一样的考卷，但老师认为他们肯定没有作弊，这是为什么？

❽ 一个袋子里装着黄豆和绿豆，一个人把豆子倒在地上，很快就把黄豆和绿豆分开了，请问他是怎么分的？

❾ 如何才能把你的左手完全放在你穿在身上的右裤袋里，而同时把你的右手完全放在你穿在身上的左裤袋里？

答案：

❶ 最后一个小朋友把盆子一起拿走了。

❷ 小老虎。

❸ 几点了？

❹ 榨汁。

❺ 做梦。

❻ 明天的明天。

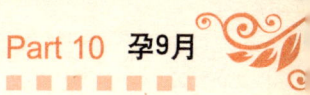

Part 10 孕9月

❼ 他们交的是白卷。
❽ 一颗黄豆，一颗绿豆。
❾ 反穿裤子。

音乐胎教

中国人自古便对胎教极为重视。近年来，随着科学技术的日新月异，通过超声波扫描及胎心音监测等精密仪器，使得从前对子宫内的宝宝原本一无所知的问题，均逐渐得到解答。研究人员经过种种实验后发现，宝宝可以听见母体以外的各种声音，在噪声的刺激下，宝宝会心跳加速、胎动增强；相反，在轻柔的音乐声中，宝宝会由烦躁转为安静，心跳及胎动也会逐渐恢复正常。

古典音乐能提供宝宝良性的听觉刺激，对胎教有相当的助益。甚至有学者指出，古典音乐中特别是巴洛克时期的音乐，会促进大脑形成α波，使精神较易安定。

所以准父母可多选择一些这类音乐欣赏。另外，由于宝宝此时已有了意识，所以音乐胎教在选取乐曲时要选择那些注重抒发作曲家内心的情感、充满深切的情感关怀、旋律流畅、意境深远的作品，如贝多芬的《致爱丽丝》、德沃夏克的《新世界》、海顿的《小夜曲》等。

在妊娠第9个月，孕妈妈很快就要分娩，心理上难免有些紧张，况且这时宝宝发育逐渐成熟，体重已达3~4千克，会使孕妈妈感到笨重。这时应选择既柔和而又充满希望的乐曲。如《梦幻曲》、《让世界充满爱》、《我将来到人间》，以及奥地利作曲家海顿的乐曲《水上音乐》等。特别是《梦幻曲》，是舒曼的钢琴套曲《童年情景》共13首曲子当中最脍炙人口的一支乐曲。柔美如歌的旋律，各声部完美的交融以及充满表现力的和声语言，刻画了一个童年的梦幻世界，表现了儿童天真、纯洁的幻想。孕妈妈随着柔美、平缓的主旋律，正如进入沉思的梦境，在梦幻中出现美丽的世界，在那梦幻中升腾，就像是进入一层比一层更美丽、更奇异的梦境中，仿佛看见了一个圣洁的小天使，你那期盼了好久好久的可爱的小宝宝向你走来。

多给胎儿哼唱歌曲

最好的胎教并不是高档的音响或是CD，而是孕妈妈亲自唱给胎儿听的歌，让胎儿听到妈妈的声音，感受到来自妈妈的爱意。

孕妈妈和准爸爸应多给胎儿哼唱歌曲，或者还可以去参加一些高雅的现场音乐会，这样胎儿除了感觉到音乐的节奏外，更重要的是来自爸爸妈妈的爱。

孕妈妈自己哼歌给胎儿听还有一个好处就是，绝对不会出现像播放器使用不当那样造成胎儿失聪的危险。早在20世纪80年代，一时兴起的各种播放器胎教就造成了不少孩子的听觉障碍。

孕妈妈唱歌的时候，不能时时唱、刻刻唱，而应是早、晚或早、中、晚限制时间和次数地进行，否则胎儿会疲倦。合理的胎教会令胎儿出生后有白天、黑夜的概念，而不会成了"夜哭郎"，而且具有良好的情绪自我调整能力。

对话胎教

有关研究表明，宝宝对母亲的声音最熟悉，听得最清楚，也喜欢听，因为母子一体相连，孕妈妈的声波容易传给宝宝。丈夫靠近妻子的腹部讲话，宝宝也能听到，但效果没有孕妈妈讲话好。因此，进行语言胎教，和宝宝对话的责任主要落在孕妈妈的身上。

孕妈妈必须充满感情地对宝宝讲话或讲故事，发出的声音要欢快、明朗、柔和，最好带着笑声，这样容易感染宝宝。孕妈妈在向宝宝叙述事物时应选择自己熟悉的、能理解的，而且要声情并茂、绘声绘色地讲述，就像托儿所老师对2岁左右的宝宝讲话一样。要注意追求形象化和形象美。

不能只对宝宝念画册上的文字解释,而要把每一页的画面进行描绘,仔细地讲给宝宝听。例如画册上画着金鱼,你就可以对宝宝说:"这叫金鱼,多有趣啊!你看,它有红红的头,红红的尾,身上的鱼鳞闪耀着金色的光芒。它在水中游起来慢悠悠的,圆圆的眼睛瞪着你,好像在对你说:'你看,我这个金鱼公主是多么美丽呀!'……"这样,就是把画面的内容视觉化了。宝宝虽然不能看到画册上画的形象或外界事物的形象,但孕妈妈用眼看到的东西,宝宝可以用脑感受到。孕妈妈看东西时受到视觉刺激,这种视觉刺激通过生动的语言描述就视觉化了,这种视觉化的语言让宝宝对外界事物会有一种感性认识。

其次,要将形象与声音同时传给宝宝。先在头脑中把所讲的内容形象化,像看到影视的画面一样,然后用动听的声音将头脑中的画面讲给宝宝听,这就是"画的语言"。例如讲《小猫钓鱼》的故事时,孕妈妈要声情并茂地描绘小猫兴冲冲地去钓鱼和后来在河边三心二意的样子。有声有色地讲述河边美丽的花草和翩翩飞舞的蝴蝶,栩栩如生地表现小猫又想抓蝴蝶又想钓鱼的不专心的心情,惟妙惟肖地表露小猫最后连一条小鱼也没有钓到的懊丧感觉。这样,宝宝就会和你一起进入小猫活动的世界。小猫遇到的种种事物及其个性特点,就通过形象和声音输入到宝宝的头脑里了。

将形象、声音、情感结合起来

例如你到公园里去散步,一边走一边看,感到轻松、愉快,有一种安详、宁静的情绪荡漾在心头。这时,你就要把这种感觉通过形象化的语言讲给宝宝听:"儿童乐园里的小朋友们玩得多么高兴呀,小宝宝,你看见了吗?你听到了吗?等你长大了,你也会与他们一样,妈妈带你到这里来和他们一起笑、一起跳。"在和宝宝对话时,只有将形象、声音、情感三者统一在一起,形象才活了、生动了、美了,母亲才能感到对话的有趣和快乐,这样宝宝的听觉才会感受到美好的信息,心灵才会留下美好的痕迹。

讲故事时注意体会胎宝宝的反应

选一则你们认为读来非常有意思、能够感到身心愉悦的儿童故事、童谣、童诗,将作品中的人、事、物

详细、清楚地描述出来，例如：故事的环境、太阳的颜色、房子的形状、主人公的模样、特点及穿的什么衣服，等等，让胎宝宝融入到故事描绘的世界中。

故事要避免涉及一些不好的内容，并且每天在固定的时间为宝宝讲故事，最好是准爸爸妈妈二人每天各念一次给胎宝宝听，借说故事的机会与胎宝宝沟通、互动。

在练习了"说故事时间"一个月之后，不妨试试看胎宝宝是否对有些特别的字或句子有特定的反应，故事的某一段是否特别容易让胎宝宝感到平静，胎宝宝是否对不同的故事作出不同的反应，对妈妈或爸爸的声音是否也有不同反应。

抚摸胎教

妊娠第9个月时，宝宝体表的绝大部分细胞已具有接受信息的能力了，并且能够通过触觉神经来感受体外的刺激，而且反应越来越灵敏。故孕妈妈或准爸爸在孕妈妈腹壁轻抚宝宝，可给予宝宝触觉上的刺激，促进宝宝感觉神经和大脑的发育。

抚摸可由孕妈妈进行，也可由准爸爸进行，也可轮流进行。先用手在腹部轻轻抚摸片刻，再用手指在宝宝的体部轻压一下，可交替进行。有的宝宝在刚开始进行抚摸或按压时就会作出反应。随着孕周的增加，宝宝的反应会越来越明显，当宝宝习惯指压后，他会主动迎上来。怀孕第28周以后，轻轻的触摸配合轻轻的指压可区别出宝宝圆而硬的头部、平坦的背部、圆而软的臀部以及不规则且经常移动的四肢。当轻拍宝宝背部时宝宝有时会翻身，手足转动，此时可以用手轻轻抚摸以安抚之。

需要注意的是，给宝宝做抚摸胎教应坚持，即使是在妊娠晚期孕妈妈活动不便时也要坚持，此时可以让准爸爸为孕妈妈抚摸。另外，给宝宝作抚摸应该定时，比较理想的时间是在傍晚胎动频繁时，也可以在夜晚9时左右，但不可太晚，以免宝宝兴奋起来，手舞足蹈，使母亲久久不能入睡。每次时间也不宜过长，5～10分钟即可。

想象胎教

想象自己的宝宝是什么样子，胎宝宝能够区别声音的种类，听出音调的高低、强弱，能分辨出是爸爸还是妈妈在讲话。有人作了这样一个试验，孕妈妈在妊娠期间，给胎宝宝起个小名，并让孕妈妈在孕期经常向腹中的胎宝宝唤他的小名。胎宝宝出生后，当听到唤他的小名时，会突然停止吃奶或从哭闹中安静下来，有的还露出高兴的表情。这项试验说明，胎宝宝不但有听力，还有一定的领悟力。

在音乐声中做放松冥想

身心过分紧张会削弱体内免疫系统的机能，冥思遐想带来的完全松驰，会减缓身体的紧张，缓解身心疲劳。

孕妈妈做冥想的具体方法如下：

背靠椅上，头部或靠或斜，顺其自然，闭目养神。然后想象一下以往的或者未来盼望的愉快、美好的事情，比如在闭目沉思中，描绘腹中未来小天使的形象，一双明亮的大眼睛、双眼皮、高鼻梁、粉红小嘴……

沉思冥想每天可进行2～3次，必须在进食2小时以后进行，以空腹为宜，如早餐前或睡前做效果更佳。

冥想的过程中可以听一些轻柔、放松的音乐。听些轻音乐效果很不错，像神秘园、班德瑞、雅尼的作品，巴赫的《恰空舞曲》、马斯内的《泰绮斯冥想曲》、李斯特的《冥想》、德彪西的《月光》等，也可以选择专门的瑜伽冥想音乐，或孕妈妈个人喜欢的轻柔、抒情的流行音乐。

在想象中与宝宝对话

8个月圆满结束以后，胎宝宝已经在孕妈妈的腹中长得很好了，说不定此时正在调皮地微笑呢！孕妈妈深呼吸一下，闭上眼睛，继续在心中塑造他的形象。

"亲爱的宝宝，我是最最爱你的妈妈。宝宝，现在你睡在妈妈的肚子里，还时不时地伸伸你的小胳膊、踢踢你的小腿，这些妈妈都能感觉到。再过一个多月，我们就能见面了，多么期待这一天的到来啊！"

"宝宝，不知道你长得像爸爸多一些，还是像妈妈多一些。不过，妈妈猜啊，你应该像爸爸那样有一个大大的充满智慧的脑袋，像妈妈一样有健康爽朗的性格，你应该有一双又大又亮的眼睛和一个肉嘟嘟的小屁股。你一定特别爱笑，是个健康又活泼的小天使。"

"宝宝，妈妈有时候有点烦，而且觉得累。不过，只要一想到你，想到你能带给妈妈和爸爸的快乐和幸福，妈妈现在所有的辛苦就不算什么了。宝宝，妈妈会给你最多最好的爱，让你无忧无虑地长大，给你买你喜欢的玩具和书，会和你一起玩游戏，给你讲故事。当然，如果你调皮了，不听话了，妈妈也会生气，也会难过。不过，妈妈相信我的宝宝会是个很乖的宝宝，不会经常惹妈妈生气的。"

尽量形象地在心中构思出较具体的影像，像放电影一样，越生动越好，这样会更加有效地将孕妈妈的所思所想传达给胎宝宝。

❀ 光照胎教

这个阶段如果孕妈妈用强光照射腹部，胎宝宝会为了避免受到光线的刺激而将脸转到一旁，或闭上眼睑；若改为弱光，胎宝宝则会有眨眼的动作，并且会感兴趣地将头部转向光源位置。只要是不太刺激的光线，皆可给予胎宝宝脑部适度的明暗周期，刺激脑部发育。利用晴朗天气外出散步时，也可让胎宝宝感受到光线强弱的对比。

准爸爸做胎教

❀ 帮助孕妈妈缓和情绪

对于妻子的紧张心理,丈夫一定要想办法帮助妻子消除,因为在妻子紧张的时候,也会造成宝宝心理的紧张,这样致使母子无法很好地相互配合,造成分娩的障碍。妻子的孕期生活,全靠丈夫照料,妻子的挑剔和耍脾气,丈夫要尽量耐住性子。妻子找碴,很可能是心情不畅的发泄,在这个时候,可不能和妻子针锋相对。一定要照顾好妻子的饮食和睡眠,千万不可马虎应付。

❀ 作充足的孕育准备

新生命的降临,也许会打破二人世界的宁静,却会给准爸爸注入三口之家的温馨。准爸爸要作好充分的准备,从一个准爸爸变成一个真正的好爸爸!

规划家庭开支计划

从现在起,准爸爸要作好家庭的开支计划,而且也要为宝宝未来的每一步作一个大致的计划。准爸爸可以去拜访一些已经做了爸爸的朋友,向他们讨教一些经验,也可以让他们告诉准爸爸一些做了爸爸之后的心得,看一看他们的生活状态。

学习一些育婴知识

准爸爸应多学习一些育婴知识，比如怎样给宝宝穿衣服、洗澡、喂奶、把尿等，以便在宝宝出生后，父母俩人能一起去照顾这个小生命。让准爸爸也深刻地体会到一个父亲肩膀上的责任，而且这也能够帮助激发起准爸爸心底的父爱。

把握角色转换

"丈夫"与"父亲"的角色转换，准爸爸也需要把握好。因为宝宝出生后，在给"父亲"带来父爱欢乐的时候，很容易也忽略了"丈夫"的角色。其实三个人生活的开始，并不意味着两个人浪漫的终结，宝宝出生后，"父亲"更需要呵护、关爱"母亲"。

胎宝宝的发育和孕妈妈的变化

❋ 宝宝已经作好了降生的一切准备

宝宝进入第 10 个月，体重增加迅速，每天大约长 30 克。到第 10 个月末，宝宝已经长到 48～50 厘米，体重增加到 3000～3500 克。

宝宝皮肤呈粉红色，皮下脂肪发育良好，已无褶皱，外观体形丰满，圆圆胖胖的。头发密生，有 3～4 厘米长，手和脚的肌肉也很发达。

宝宝的心脏、肝脏、肺脏、肾脏等已经发育成熟。除肩、背外，其余地方的毳毛已脱落。指甲已超过指尖。男性宝宝睾丸已全部降入阴囊，女性宝宝大小阴唇发育良好。

此时宝宝头部已进入孕妈妈的骨盆中，身体的位置稍稍下移，准备出世。若此时分娩，宝宝已经具备在体外生存的能力，而且哭声响亮，四肢活动有力，但吸吮力弱，有尿和胎便排泄出。

❋ 妈妈体重不再增加，但更需要心情上的调节

孕妈妈刚进入第 10 个月时，子宫继续往前挺，为了保持身体的重心，孕妈妈不得不上半身向后仰。因为，此时孕妈妈子宫底的高度达到 30～35 厘米。孕妈妈因而会感到腰痛、脊背痛，有时甚至肋间也痛，沉重的身体加重了腿部的负担，腿出现抽筋和疼痛。

Part 11　孕10月

孕妈妈到妊娠第10个月的后半月，由于胎头下降，孕妈妈的心脏和胃逐渐被"解放"，呼吸顺畅多了，食欲也倍增。但是，由于下降的子宫开始压迫膀胱和直肠，孕妈妈因此尿意不断，而且还经常便秘。

经过10个月怀胎，现在将近一朝分娩的时刻，孕妈妈会更加精神紧张不安，对分娩，内心感到有些惶恐和不知所措。这种心情应尽快减少，要以期盼和愉快的心情迎接宝宝的诞生。

孕妈妈的饮食营养

✿ 孕10月饮食要点

孕晚期，孕妈妈在补充必需的维生素的情况下，同时孕10月的饮食也有一些需要注意的。

❶ 选择易消化、少渣的食物。这个阶段应该吃一些富含蛋白质、糖类等能量较高的食品，为临产积聚能量。注意食物要易于消化，预防便秘和水肿。适当地吃些坚果、巧克力之类的食物，可增加体力，以应付随时可能来临的分娩。

❷ 低盐清淡饮食。要少吃盐和盐渍制品、刺激性大的食品（如某些香辛料）、污染食品。母亲吸烟、饮酒、喝咖啡或长期服用某些药物，会通过乳汁影响宝宝的健康，特别需要加以注意。

❸ 均衡营养。孕后期是胎宝宝大脑发育特别快的时期，此期间孕妈妈应注意食品多样化，荤素搭配，粗细搭配，摄入均衡营养。一日以4～5餐为宜。

❹ 保质保量。摄入食物的质量要好，并且数量也要相应地增加，特别是含蛋白质、铁、钙、维生素A、维生素B_2多的食品（如鸡蛋、牛奶、酸奶等）。为了预防贫血，应多摄入含铁高的食物，如动物肝脏、肉类、鱼类、某些蔬菜（油菜、菠菜等）、大豆及其制品等。

注意别让紧张的心情影响饮食

孕妈妈在进入孕10月后往往因心情紧张而忽略饮食，此时丈夫要帮助孕妻调节心情，做一些妻子爱吃的食物，让妻子减轻心理压力，正常地摄取营养。

在这个月应该限制脂肪和糖类等热量的摄入，以免宝宝过大，影响顺利分娩。为了储备分娩时消耗的能量，孕妈妈应该多吃富含蛋白质等能量较高的食品。在这个月里，由于宝宝的生长发育已经基本成熟，如果你还在服用钙剂和鱼肝油的话，应该停止服用，以免加重代谢负担。

顺利分娩宜补锌

近年，国外有人研究发现，孕妈妈分娩方式与其妊娠期间血液中锌水平的高低有极为密切的关系。他们测定一批孕妈妈血锌浓度，然后按其后来的分娩方式分组对比研究，结果发现，自然分娩的孕妈妈，妊娠期间血锌浓度最高，需要产钳帮助分娩的孕妈妈次之，行胎头吸引分娩的孕妈妈又比产钳助产者低，而需要剖宫产的孕妈妈，妊娠期间血锌浓度最低。

锌是人体必需的一种微量元素，对人的许多正常生理功能的完成，起着极为重要的作用。锌对分娩的影响，据专家研究，主要是锌可增强子宫有关酶的活性，促进子宫肌收缩，把宝宝驱出子宫腔。当缺锌时，子宫肌收缩力弱，无法自行驱出宝宝，因而需要借助产钳、吸引等外力，才能娩出宝宝，严重缺锌则需剖宫产。因此，孕妈妈缺锌，会增加分娩的痛苦。此外，子宫肌收缩力弱，还有导致产后出血过多及并发其他妇科疾病的可能，这又影响孕妈妈的健康。

在正常情况下，孕妈妈对锌的需要量比一般人多，这是因为孕妈妈除自身需要锌外，还得供给发育中的宝宝。因此，妊娠的女性，如不注意补充，就极易缺乏锌。所以，孕妈妈要多进食一些含锌丰富的食物，如面粉类食品、牛肉、羊肉、蛋黄、芝麻、花生、豆类以及橘子、苹果等水果，以利于分娩及母子健康。

❀ 临产前孕妈妈的饮食安排

在一般情况下，初孕妈妈仅第一产程就需12～16小时。而孕妈妈摄入的营养，既要满足自身呼吸、心跳、排泄等基础生命活动的消耗，又要为宝宝生存提供必需的养分，还要为子宫收缩所需提供大量的能量。所以孕妈妈在分娩前必须进食富含高能量、易消化的食物以满足分娩中营养的需求。

传统习惯中，中国人的家庭多吃鸡蛋，认为既可免去多尿，又能充饥。但大多数医务工作者认为吃熟鸡蛋并不合适，其养分被人体吸收得很慢，再说水分过少也不利于孕妈妈分娩。很多专家向大多数孕妈妈推荐的分娩食品为巧克力。巧克力含有丰富的营养素，每100克巧克力中含糖类55～56克、脂肪30～38克、蛋白质15克，还含有铁、钙以及B族维生素等，同时，巧克力中的糖类可迅速被人体吸收利用。此外，还可以准备一

些易消化吸收、无渣、可口味鲜的食物，如面条鸡蛋汤、面条排骨汤等，让孕妈妈吃饱、吃好，为分娩准备足够的能量，促进分娩的尽快完成。

两种催生食品

紫苋菜粥：将紫苋菜250克洗净切丝；粳米100克洗净，加水煮粥，粥将成时加入适量猪油、精盐、味精、紫苋菜，粥熟即可食用。孕妈妈临盆时食用，能利窍滑胎易产。

空心菜粥：将空心菜150克洗净切碎；粳米100克洗净，加水煮粥，粥半熟放入空心菜、精盐、猪油、味精各适量煮至粥成。孕妈妈临盆食之，能助滑胎易产。

剖宫产孕妈妈饮食禁忌

孕妈妈在接受剖宫产手术前，不宜滥用高级滋补品，如高丽参、洋参，以及鱿鱼等食品。因为参类具有强心、兴奋作用，鱿鱼体内含有丰富的有机酸物质——EPA，它会抑制血小板凝集，不利于术后止血与创口愈合。

另外，剖宫产术后6小时内孕妈妈应该禁食。剖宫手术，由于肠管受刺激而使肠道功能受刺激，肠蠕动减慢，肠腔内有积气，易造成术后的腹胀感。6小时后宜服用一些排气类食物（如萝卜汤等），以增强肠蠕动，促进排气，减少腹胀，并使大小便通畅。易发酵产气多的食物，如糖类、黄豆、豆浆、淀粉等，孕妈妈要少吃或不吃，以防腹胀。

怀孕第10个月的营养食谱推荐

糖醋三丝

原料：鸭梨2个，山楂糕50克，嫩黄瓜1条，精盐半汤匙，白糖2汤匙，醋2汤匙，香油1汤匙，味精少许。

做法：

❶将嫩黄瓜洗净控干，切成细

丝，放盘内，放点精盐腌渍一下。

❷鸭梨洗净削去皮和核，切成细丝，放凉开水中过一下，捞出沥干水，放入黄瓜丝盘内，加入精盐、白糖、醋和味精，拌匀。

❸将山楂糕切成丝，放入黄瓜丝盘内，淋上香油，拌匀即可食用。

特点：此菜鲜艳美观，甜酸适口。

红根拌银芽

原料：胡萝卜150克，绿豆芽200克，香油、精盐、味精、葱花各适量。

做法：

❶胡萝卜洗净切细丝和绿豆芽分别放开水稍煮捞出，凉凉装盘。

❷将香油、精盐、味精、葱花掺兑一起，浇在胡萝卜丝和绿豆芽上，拌匀即成。

特点：本菜色泽清新，脆嫩爽口。

脆皮豆沙

原料：绿豆沙150克，面包75克，鸡蛋1个，面粉、植物油、白糖150克。

做法：

❶把绿豆沙做成10个球，裹一层面粉；面包切成丁；把鸡蛋打在碗内，用筷子搅匀；把裹面粉的豆沙球挂满鸡蛋糊，再滚上面包丁。

❷锅内放油烧至五六成热时，放入滚满面包丁的豆沙球，炸透时取出。

❸锅内放少量清水，放入白糖150克，糖溶化后，由浅黄色起大泡变成深黄色起小泡，能拔出丝来，倒入炸好的豆沙球，离开火口，颠翻均匀，出锅，倒入抹油的盘中即成。

特点：富含高纤维，低脂肪。

鱼香肉丝

原料：猪肉150克，青椒1个，蛋清1个，精盐、葱丝、蒜泥、料酒、淀粉、米醋、酱油、豆瓣酱、白糖、熟猪油各适量。

做法：

❶猪肉切细丝加精盐、料酒、蛋清、淀粉抓浆；青椒切细丝；将米醋、酱油、白糖、湿淀粉兑成芡汁。

❷锅上火烧热，加入熟猪油，烧至五成热时，下入肉丝滑熟捞出，青椒丝也入油滑一下捞出。

❸锅留底油下入葱丝、蒜泥、豆瓣酱煸炒出香味，再将肉丝、青椒丝、芡汁同时倒入，快速翻炒颠匀即成。

特点：色泽红亮，味酸辣甜咸。

珍珠丸子

原料：猪肉馅150克，糯米100克，葱花、姜末、味精、淀粉、蛋清、精盐、酱油各适量。

做法：

❶ 将糯米洗净。

❷ 猪肉馅内放进葱花、姜末、味精、淀粉、蛋清、精盐、酱油并拌匀，盛入大饭勺或碗内，经反复摔制，使肉馅成圆形大肉丸，再外沾糯米粒，上笼蒸半小时左右即成。

特点：香甜可口，营养丰富。

红烧鳕鱼

原料：鳕鱼500克，肥猪肉丁50克，菜油65克，精盐4克，酱油35克，白糖40克，料酒50克，葱段20克，姜片10克，蒜片10克，味精1克，清水250毫升，干辣椒15克，香油10克。

做法：

❶ 将鳕鱼刮净鱼鳞洗净，在肉厚处划上3刀，加料酒25克、酱油10克腌渍一下。

❷ 锅置旺火上，加入菜油烧热后，放入鳕鱼煎至两面鱼身泛黄时，烹料酒加盖略焖，然后，揭盖加酱油、葱段、姜片、蒜片、精盐、白糖、干辣椒和清水及肥猪肉丁烧沸，撇去浮沫，改用小火续烧15分钟，再转旺火加味精烧至汤汁将尽时，淋香油，出锅装盘即成。

特点：低热量，低脂肪。

乌梅粥

原料：乌梅15～20克，粳米100克，冰糖适量。

做法：

❶ 先将乌梅煎取浓汁去渣，放入粳米煮粥。

❷ 粥熟后加冰糖少许，稍煮即可。

特点：生津止渴，敛肺止咳。适用于虚热烦渴，夏季口干渴饮，慢性久咳、久泻、久痢以及孕妈妈产前心烦急躁时食用。

孕妈妈的保健护理

❀ 临产前的 3 个征兆

孕妈妈如今已怀胎第 10 个月了，随时面临生产。一般有宫缩、破水、见红三个征兆会提示孕妈妈临产。

宫缩：子宫收缩，一开始是不规则的，强度较弱，以后逐渐变得有规律，且强度越来越大，持续时间延长，间隔时间缩短。如果宫缩间隔时间在 5~10 分钟，持续 20 秒，就要考虑到医院看医生。

破水：阴道突然流出水来，这是羊水，是因为羊膜破裂从阴道流出的，是一种无色的液体，孕妈妈即使用力憋尿也不能控制。

见红：当子宫颈慢慢张开时，阴道会排出少量带血的黏液。

如果出现生产的征兆，孕妈妈应及时到医院等待分娩。有了生产征兆，还不是正式临产，还有一个过程和一段时间，每个孕妈妈进入临产时间长短不一。

❀ 临产前孕妈妈身体会有哪些变化

当孕妈妈身体出现以下症状时，就说明产期越来越近了。

呼吸顺畅、食欲增加：胀大的子宫开始下降，减轻了对横膈膜的压迫，孕妈妈会感到呼吸困难缓解，胃的压迫感消失，食欲增加。

腹坠腰酸：胎头下降使骨盆受到的压力增加，腹坠腰酸的感觉会越来

越明显。

大、小便次数增多：胎宝宝下降，压迫膀胱和直肠，即使小便之后仍有尿意，大便之后也不觉舒畅痛快。

体重增加停止：有些孕妈妈甚至出现体重减轻现象，这标志着胎宝宝已经发育成熟。

假宫缩频繁：临产前，由于子宫下段受胎头下降所致的牵拉刺激，假宫缩的情况会越来越频繁，出现的时间无规律，程度也时强时弱。

见红：从阴道排出含有血液的黏液白带称为"见红"。一般，孕妈妈如果出现见红，几小时内应去医院检查。

❀ 在家中发生急产怎么办

急产不可预期，通常是指产痛后3个小时内即完成分娩。假如急产发生了，来不及到医院，准爸爸不要惊慌，镇定一些，按照以下步骤一步一步慢慢来：

❶ 如果来不及上医院就发现宝宝已经快生出来了，为了避免在路上生产，最好直接留在家中生产。

❷ 拨打120，请派最近的医生到家里协助生产。

❸ 产妈妈应先躺在床上，不要急于用力，在臀下垫上毯子或毛巾被，避免宝宝太快出生，头撞到地。然后大口喘气，不要屏气用力。

❹ 打开手掌轻轻压住阴道与肛门间，帮助胎头娩出。当胎头娩出后轻轻下压胎头，帮助前肩娩出；再轻轻上抬胎头，帮助后肩娩出。

❺ 因为有羊水和胎脂的关系，宝宝会很滑，应小心用干净毛巾包裹并擦拭。胎宝宝容易失温，要注意保暖。

❻ 宝宝产出后，不要急着自己拿剪刀把脐带剪断。万一剪刀没有消毒干净的话，很容易因为细菌感染导致破伤风，可以等医生过来处理。也可把剪刀自行消毒后剪掉。剪时注意脐带用橡皮筋或绳子在中间绑紧，至少留出离宝宝腹部5厘米以上的距离。

❼ 一般在宝宝娩出后15分钟内，胎盘会伴随一阵子宫收缩娩出。假如没有，不用急着拉出来，等到医院再处理。

❽ 处理完毕之后，宝宝需要作身体检查，产妈妈也要进行后期卫生处理，以防感染，所以应送母子去医院。

临产前排尽大小便

临产妈妈如果带着便意进产房，子宫会受到膀胱和直肠的压迫而不利于子宫口扩大，还可能因为腹压增加而造成临产妈妈不由自主地将大便溢出，污染外阴，对自己和即将出生的宝宝都不好。

因此，孕妈妈在临产前应排尽大便，这样不仅利于子宫口扩大，便于胎宝宝下降，还可避免因外阴受到污染而引起产道细菌感染。如果临产妈妈在临产前大小便不易排出，可通过灌肠和导尿的措施，使大小便排尽。

临产妈妈在分娩过程中，应保持每2～3小时排尿1次的频率，这样孕妈妈才能"轻装上阵"，有利分娩。

怎样预防难产发生

难产，医学术语叫做异常分娩。发生难产的原因很多，但不外产力、产道、胎儿三个因素中任何一个或一个以上异常。

顺产和难产在一定条件下也可以互相转化，如果顺产处理不当，也可能变成难产，反之，难产处理及时，也可以变成顺产。

孕妈妈在妊娠期间必须通过一系列产前检查，妊娠晚期还要作骨盆的内外测量，以便对母婴情况有全面了解。在预产期前2周左右，医生要对产妇的分娩方式作出鉴定，并在事先告诉本人，可以自然分娩或需要试产，如果需要剖宫产也要告诉本人，以便作好思想和物质上的准备。有的需要早入医院在医生指导下待产。

如何预防难产

❶ 营养要适当。避免在孕期吃得过多又不运动，造成宝宝长得过胖、过大，这是导致难产的最大危险之一。
❷ 作好分娩前的心理准备。了解有关

分娩的知识,进行必要的辅助分娩动作的练习,作好心理准备,要对自己自然分娩有信心。拥有良好的情绪、态度是保证顺利分娩的重要举措之一。

❸ 定时作产前检查。这样可以早期发现问题,及早纠正和治疗,并能及早确定分娩方式,避免意外分娩的发生,顺利地度过妊娠期和分娩期。

❹ 分娩前养足体力。孕妈妈注意在分娩前保持正常的生活和睡眠,吃些营养丰富、容易消化的食物,为分娩准备充足的体力。

区分产前真假阵痛

怀孕到了第37周时,孕妈妈会有假性阵痛的表现,即孕妈妈经常会感到腹部疼痛,这种疼痛没有规律性,且可借助改变姿势、按摩或热敷等方式缓解。再经过1～2周后,真正的阵痛才会开始发生。

真性阵痛,是指有规律性的阵痛。其发生时,整个肚子都有硬起来的感觉,且疼痛通常是由下腹部开始,并慢慢波及整个后背部,疼痛程度是循序渐进、越来越强烈的。其规律性可能由20分钟痛一次,渐渐变为15分钟,甚至到8分钟或6分钟痛一次,而疼痛的时间会越来越长,且不论用何种方式都无法缓解。

另外,有一种简单的测试方法可以帮助孕妈妈区别真假阵痛:孕妈妈躺在水温不要过高的浴盆里,假性阵痛会在水中停止,而真正的分娩阵痛则会变得更强烈。

当真性阵痛来临时,孕妈妈最好先平躺,并用手表或时钟测量阵痛的间隔时间,一旦发现阵痛为6分钟或8分钟痛一次时,就应准备前往医院待产。

如何防止产后疤痕刺痒

产妈妈剖宫产后,术后伤口上留下的痕迹,容易出现刺痒的现象,产妈妈要注意正确护理。

① 刀口的痂不要过早地揭，过早硬行揭痂会把尚停留在修复阶段的表皮细胞带走，甚至撕脱真皮组织，并刺激伤口出现刺痒。

② 保持疤痕处的清洁卫生，及时擦去汗液，不要用手搔抓，也不要用衣服摩擦疤痕或用水烫洗的方法止痒，以免加剧局部刺激，促使结缔组织炎性反应，引起进一步刺痒。

③ 必要时，涂抹一些外用药如肤轻松、去炎松、地塞米松等用于止痒。

过期妊娠怎么办

超过预产期2周以上，或者孕期大于或等于249天（不包括受孕前的2周时间）而未能临产，就称为过期妊娠。

导致过期妊娠原因

① 胎盘功能正常。这种情况胎儿会继续妊娠，使胎儿长得过大，致使胎头太硬，分娩时通过产道有困难，造成难产。

② 胎盘功能减退。这种情况下胎儿因缺乏营养而消瘦、皮肤多皱，脑细胞功能也受到影响，可能造成智力低下或神经系统后遗症。

过期妊娠怎么办

不管是哪种情况的过期妊娠，对胎儿来说，都是不利的。所以，孕期的孕妈妈一定要从孕后期开始，密切关注胎儿的状况。

① 从孕28周开始自己数胎动，一旦胎动明显减少，如12小时胎动少于20次，应立即去医院就诊。

② 预产期前后，通过作B超检查，了解胎盘的钙化程度及羊水多少。胎盘钙化3级以上为胎儿过熟，提示胎儿过期，要引起注意。

③ 如果胎儿胎盘情况尚好，胎儿已经成熟，可于41周后进行引产，特别是对于高龄产妇、患有妊娠高血压综合征的产妇，以及胎儿过大的产妇。

月子里要重视个人卫生

妈妈在月子里，个人卫生要重视，一不小心就会引起各种疾病。

月子里，妈妈的会阴部分泌物较多，每天应用温开水或1：5000高锰酸钾溶液清洗外阴部。勤换会阴垫并保持会阴部清洁和干燥。

产后妈妈出汗多，应经常洗头、洗脚，勤换内衣裤，保持体肤的清洁。另外洗澡以淋浴为宜，以免脏水流入阴道内发生感染。

在坐月子期间，妈妈进食次数较多，吃的东西也较多，若不注意漱口刷牙，口腔内细菌很容易繁殖，进而引起口腔疾病。因此，每次吃过东西后，妈妈应当用温开水漱漱口，每天应刷牙一两次，可选用软毛牙刷轻柔地刷动。

月子期间，居室内应经常通风，室内温度不可太高，也不可忽高忽低，尤其是在夏季，更要注意居室温度调节。

月子期间怎样洗头、洗澡

保持良好的个人卫生习惯可以帮助产后新妈妈更快地恢复身体。在月子期间，妈妈们也要经常洗头、洗澡，但前提是要做好防寒保暖工作。

一般，产后2天新妈妈就可以洗头了。不过洗头的时候要注意用指腹按摩头皮，不要抓头皮或者拉头发，水温要适度，以37℃为宜。

月子期间，身体里的一部分在妊娠期积蓄的液体要排出体外，所以新妈妈出汗较多。如果身体允许的话，顺产产后3天，或者剖宫产产后7天就可以开始洗澡了。因为产后身体还较虚弱，所以最好有家人在一旁看护，同时要注意保暖。

孕妈妈洗澡应采取淋浴形式，不可盆浴。若没有淋浴条件，最好能擦洗。

洗好澡和头发后应立即用电吹风吹干头发，另外，洗澡时间不可过长，水温别太高，以免发生昏厥。

孕妈妈做胎教

音乐胎教

给宝宝倾听各种各样的声音

妊娠第10个月时,宝宝的听觉功能发育已基本完成,此时,孕妈妈宜给宝宝听各种各样的声音,以促进听觉进一步完善。孕妈妈可根据不同的情况选取不同的声音,做家务事时可听轻快的《米努哀小步舞曲》;独自一个人冥想时最好听《弥撒曲》或《弥赛亚》等宗教歌曲;整理一天的工作和写日记时听小夜曲类的音乐才够格;忧郁时,与其立即听高兴的音乐,不如开始先听一会儿单调的悲伤的音乐,然后再听高兴的音乐;稍微有点不安时,听旋律一定的弦乐器演奏的音乐能使情绪镇定;不要只听古典音乐,也可听自己喜欢的流行歌曲或歌谣等来调节心情。

这里需要说明的是一般人在欣赏音乐时,往往只满足于感官欣赏,也就是说,仅仅满足于悦耳动听、轻松愉快,其实这是很不够的。音乐是一门艺术,作为艺术欣赏,还需要加入

丰富的感情色彩。在听觉器官接收音乐的同时，不同乐曲会在人们心理上、感情上产生不同的反应，引起各种不同的联想，诗情画意联翩而至，在头脑中凝成生动的具体形象。例如，蓝天、白云和草地上奔跑的小鹿；高山、峻岭，山谷中静静流淌的小溪；夜幕下，月亮时隐时现，摇篮旁幸福慈爱的母亲等。这就是我们所说的"感情色彩"。显然，与单纯的感官欣赏相比，效果更好，更有利于强化胎教的作用。

胎教名曲：巴赫的G大调小步舞曲

轻松、愉悦的节奏，就像胎宝宝即将踏入尘世的脚步声。听着这样优美的音乐，还有什么可以忧虑的呢？

这首乐曲是巴赫于1796年3月创作的，是以"六首钢琴小步舞曲"的标题出版的小步舞曲集中的第二首，由原来为管弦乐队而写的乐曲改编而成。本曲既可用来伴舞，又颇具欣赏性，因此200年来久盛不衰，是通俗名曲中的精品。

小步舞曲原为法国民间流传的一种三拍子舞曲，后来传入宫廷，形成速度缓慢、风格典雅的三拍子舞曲。

小步舞曲旋律优美，中速，节奏平稳，风格典雅、明快、轻巧，让听者的心中产生一种荡漾感。

产前听听音乐可镇痛

听觉中枢和痛觉中枢在大脑中距离很近，通过音乐对大脑的刺激，身体会分泌内啡呔类物质，将听觉中枢调节至兴奋状态，抑制痛觉中枢，使痛感明显降低。另外，音乐可以缓解焦虑，有助于加速分娩的进程。

孕妈妈在产前需要进行音乐训练，以便在产程中挑出自己最喜欢、最熟悉、最能唤起愉快情绪的音乐，起到最佳的镇痛作用。

❶ 挑选速度稍快、节奏均匀、轻松、使用打击乐器的音乐类型，比如克莱德曼的《爱的协奏曲》、巴赫的《勃兰登堡协奏曲》等。

❷ 音乐配合身体运动练习：在音乐的节奏中，用手依次轻拍大腿、腰部、手臂、手腕和头部，活动全身。这是一种比较轻度的运动，所以可采用坐姿进行。

❸ 音乐配合腹式深呼吸：训练时，先慢慢将气吸入腹部，然后再缓慢张嘴吐出。

产前训练至少每周一次，有条件

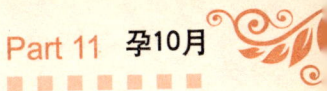

的话也可以一周3~4次,包括音乐配合身体运动练习和音乐配合呼吸练习。

语言胎教

宋代名医陈自明在《妇人大全良方》中说:"子在腹中,随母听闻。"经现代医学证实,宝宝的确具有一定的听觉和记忆能力。宝宝在母腹中能经常听到的是母亲的讲话声。宝宝对母亲的声音感到亲切,最喜欢听,也容易在他头脑中留下记忆的痕迹。因此,不管孕妈妈是否意识到,实际上她已经时时在对宝宝进行语言胎教了。自然,如果孕妈妈缺乏文化修养,语言粗鲁,信口开河,不注意语言美,那么这种无意语言胎教就对宝宝不利了。反之,孕妈妈有比较高的文化修养,语言生动、幽默,注意语言美,那么即使是无意语言胎教对宝宝也很有好处。

孕妈妈用优美的语言和宝宝对话可产生很好的效果,准爸爸在进行语言胎教时也会有审美效果吗?会产生有利宝宝学习语言、促进宝宝良性发育的效果吗?斯瑟蒂克式胎教的成功无疑肯定了这一说法,拥有4个天才女儿的老爸约瑟夫总是这样对妻子说:"宝宝在出生前就已开始学习。到第5个月耳朵就能听见声响,并逐渐能听懂我们的话了。宝宝在你腹中无事可做,一定无聊极了。快!大点声音用温和的语调给她念书吧,对她讲动物、花草,让她了解外边的世界是多么美好。"看,约瑟夫不仅热心于胎教,而且他在语言胎教时充满感情、充满爱心和信心,具有父亲语言胎教特有的审美效果。

事实上,父爱和母爱虽然有所差别,但父亲和母亲对于宝宝的爱是一样真挚、一样浓郁的,都是宝宝急需的。因此,父亲语言胎教产生审美效果是完全可以达到的。当然,由于男性行为和女性行为有所差异,男女语言胎教时产生的情调不可能一样,比如说父亲语言胎教的情调会带上一种男子的阳刚之气,而母亲语言胎教的情调则带上更多的女子的阴柔之气。不要担心这种差异,实际上这种差异对宝宝更好。因为宝宝的教育,包括胎教，既要有阳刚之美，又要有阴柔之美。

朗诵胎教散文——朱自清《春》（节选）

盼望着，盼望着，东风来了，春天的脚步近了。

一切都像刚睡醒的样子，欣欣然张开了眼。山朗润起来了，水涨起来了，太阳的脸红起来了。

小草偷偷地从土里钻出来，嫩嫩的，绿绿的。园子里，田野里，瞧去，一大片一大片满是的。坐着，躺着，打两个滚，踢几脚球，赛几趟跑，捉几回迷藏。风轻悄悄的，草软绵绵的。

桃树、杏树、梨树，你不让我，我不让你，都开满了花赶趟儿。红的像火，粉的像霞，白的像雪。花里带着甜味儿，闭了眼，树上仿佛已经满是桃儿、杏儿、梨儿！花下成千成百的蜜蜂嗡嗡地闹着，大小的蝴蝶飞来飞去。野花遍地是：杂样儿，有名字的，没名字的，散在草丛里像眼睛，像星星，还眨呀眨的。

"吹面不寒杨柳风"，不错的，像母亲的手抚摸着你。风里带来些新翻的泥土气息，混着青草味儿，还有各种花的香都在微微润湿的空气里酝酿。鸟儿将窠巢安在繁花嫩叶当中，高兴起来了，呼朋引伴地卖弄清脆的喉咙，唱出婉转的曲子，与轻风流水应和着。牛背上牧童的短笛，这时候也成天嘹亮地响。

雨是最寻常的，一下就是两三天。可别恼。看，像牛毛，像花针，像细丝，密密地斜织着，人家屋顶上全笼着一层薄烟。树叶子却绿得发亮，小草儿也青得逼你的眼。傍晚时候，上灯了，一点点黄晕的光，烘托出一片安静而和平的夜。乡下去，小路上，石桥边，有撑起伞慢慢走着的人；还有地里工作的农夫，披着蓑，戴着笠。他们的房屋，稀稀疏疏的，在雨里静默着。

……

❀ 光照胎教

怀孕第10个月还应该对宝宝进行视觉胎教，因为孕妈妈这个时期的腹壁、子宫壁已变得较薄，光线易于透过。用不刺眼的柔和光线可以增加宝宝对于明暗的感觉和节奏，以此提高宝宝对光的敏感度，初步促进生物钟的建立，对大脑的发育和成熟有利。具体的做法是：每晚在听音乐之前和之后，用一号电池的手电筒玻璃光罩直贴在腹壁上，约在宫底以下三横指处对宝宝进行照射，每次照射2~3分钟。

情绪胎教

随着妊娠天数的一天天增加，尤其到了妊娠第10个月，孕妈妈身体越来越沉重，开始盼望宝宝早日降生。孕妈妈的这种心理越接近分娩越是强烈，临到预产期，有的孕妈妈会变得急不可待了。是的，熬过了漫长的孕期，着急看看宝宝是什么样的，这种心情可以理解，但不可取。要知道，新生儿所具有的一切功能，产前的宝宝已完全具备。一条脐带，连接了母子两颗心，无论是在情感上，还是在品性上，母亲都无可置疑地影响着宝宝心智的发育。母亲着急，心境不好，也会影响到宝宝在最后一段时间里生活不宁，这实在要不得。

十月怀胎，一朝分娩。分娩到时候自会降临，所以，根本不必为最后的几天着急。10个月都熬过来了，最后这几天，孕妈妈要安下心。要知道，孕期马上就要终止，孕妈妈所能享受的孕育生涯也只有几日之遥，要好好珍惜才对。在孕期的最后一段日子里，教一教宝宝出生后该做的事，给宝宝讲一讲他将要看到的这个大千世界。然后告诉宝宝，父母会爱他、保护他，会给他以安全和保障，父母在热切地等待他的安全降生。给宝宝以信心，教宝宝愉快地降生，这同时也在增强孕妈妈自身的分娩信心，增加分娩的愉快心理。

妻子着急分娩，丈夫又何尝不想早日见到自己与妻子爱的结晶？但是作为丈夫，还是要藏起自己的急切心理，做好妻子的工作，陪妻子愉快地度过分娩前的时光。分娩前，妻子行动不便，丈夫对妻子要多方照料，体贴入微。每日与妻子共同完成胎教的内容，这已到了胎教的最后一课，也是很重要的一课，夫妻一定要把胎教坚持到底。此外，丈夫还需要每日陪妻子活

动、散步，这有利于宫缩，但不可让妻子太疲劳了。

怎样调整分娩前的不良情绪

这个月孕妈妈的心情是复杂的，既有对胎宝宝降生的渴望，也有对分娩过程的担心。所以，孕妈妈必须调整好心态，认真做好孕期保健，配合医务人员，只有这样，分娩过程才会很顺利。

当孕妈妈出现分娩征兆时，一定要保持一个稳定的情绪，一旦宫缩开始，产程启动，不要慌乱，因为烦躁不安会消耗体力，使产程延缓，增加分娩痛苦。应坚定信心，相信自己在医生和助产士的帮助下会安全、顺利地分娩。

在这个过程中，母体产道产生的阻力和子宫收缩相互作用，成为帮助胎宝宝前进的动力，虽然会给孕妈妈带来一些不适，但这是十分自然的现象，不用害怕、紧张。孕妈妈的承受能力、勇敢心理，也会传递给婴儿，是胎宝宝性格形成的最早期的教育。

卸下恐惧分娩的沉重包袱

孕妈妈如果在孕期对分娩产生心理恐惧，可尝试以下缓解方法：

❶ 了解分娩知识。人的恐惧大多是源于缺乏科学知识和胡思乱想。在怀孕期间，建议孕妈妈看一些关于分娩的书，了解了整个分娩过程后，就会以科学的头脑去取代恐惧的心理。这种方法不但效果好，而且还可增长知识。

❷ 用顺其自然的态度对待分娩。无论如何，孕妈妈都得面对这一关，既然那么痛苦、那么勉强也得面对，何不放松一些，抛开一切包袱，来个顺其自然呢？相信孕妈妈所面临的并不会像孕妈妈想象的那么糟糕。相反，还有可能因孕妈妈的思想包袱放下了，分娩反而变得更简单、更顺利了！

❸ 提前熟悉环境。产前可以多去熟悉准备分娩医院的环境，多与医生交流，选择最适合自己的分娩方式，并根据情况让医生指导分娩应该作的准备，如进行呼吸法练习等。

❋ 运动胎教

腹式呼吸

妊娠第10个月时，腹中的空间对宝宝来说已太狭窄。此时孕妈妈最好采用腹式呼吸法给宝宝运送更多的新鲜空气。

腹式呼吸可在任何地点进行，当孕妈妈感到疲劳时，可坐在椅子上，挺直脊背进行深呼吸。姿势要正确，双背挺直，紧贴椅背，双膝与地面成90°角，全身放松，双手放在腹上，想象宝宝目前正居住在一个宽广的空间，然后用鼻子吸气，直到腹部鼓起为止，吐气时稍微将嘴撅起，慢慢地、用力地将体内空气全部吐出，吐气时要比吸气更为缓慢且用力。

为了避免方法错误，必须经常练习。

腹式呼吸法每天做3次以上，要持之以恒。早上起床前、中午休息时间、晚上睡觉前各做一次，尽量放松全身。轻轻地告诉宝宝："妈妈现在就把新鲜空气传送给你！"以这种平静的心情练习，可以达到事半功倍的效果。

据说使用腹式呼吸法分泌微量的激素会使心情愉快，孕妈妈的这种愉快心情也会影响宝宝，使宝宝的心脏感觉非常舒服。

❋ 想象胎教

十月怀胎，一朝分娩。妊娠的过程凝聚了孕妈妈浓浓的爱，在即将见到宝宝的前夕，孕妈妈可通过想象继续向宝宝传输浓浓的情。

孕妈妈先将精神放松，将全部精神集中到宝宝身上，想象自己的眼睛可以透过腹壁和胎盘，看到纤巧而俊美的宝宝在宽阔的羊水中，自由自在地游玩的情景。青白色的细长脐带，从胎盘联系到子宫壁。想象一些小小的氧气泡、维生素和其他各种营养素，正源源不断地通过脐带传输到宝宝身上。

然后告诉自己："我要把所有必需的营养素都传给宝宝，宝宝在我细心的照顾之下，必然长得强壮、俊美。"

接着让想象延伸，让满载深切关

爱的小气泡随着养分一起通过胎盘传递给宝宝，让世界上最宝贵的情感，在宝宝的体内奔涌。不但要想象这股强大的亲情力量流进宝宝体内，而且要确信宝宝能体会到这股暖流，因而觉得安定而温暖。

再进一步感觉，宝宝也通过脐带，将那些代表温馨的小泡泡传送到你身上。

请将你的心情完全浸润在这种想象当中，并吸收这种想象所释放出来的能量，以便牢牢地将宝宝与你联系在一起。

现在你可以休息一下，再发出声音来读这段话："我已充分给了宝宝所需要的精神支援，宝宝在我祈求幸福的心意之下，必能过着圆满、快乐的宝宝生活。"

至此，将专注于宝宝身上的注意力抽出来，闭上眼睛，放松自己，你会觉得全身都充盈着一种幸福的满足感。睁开双眼，周围是温馨的景物和亲密的爱人。

试试看，宝宝是不是与你更加亲密了？

视觉胎教

看一些色彩明快的手绘图书或者杂志，轻快的色彩可以让你心情愉快；可以到离家比较近的公园或绿化好的小区里呼吸一下新鲜空气，看一看蓝天白云、绿叶红花。中国传统上有这么一种观念，妈妈看漂亮的东西多了，生的宝宝就会好看，所以不妨多看一些漂亮宝宝的照片、绘图或画，心里想象即将出生的宝宝的样子，一来可以培养自己的母性，二来可以使出生的宝宝更漂亮。

抚摸胎教

准爸爸和孕妈妈在宝宝活跃时用手轻轻抚摸胎宝宝或轻轻拍打胎宝宝，通过孕妈妈肚皮传达给胎宝宝，形成触觉上的刺激，促进胎宝宝感觉神经和大脑的发育。还可以边触摸，边说话，加深胎宝宝和爸爸妈妈的感情。

准爸爸做胎教

❋ 当好出气筒和调解员

在最后一个月,因为宝宝就要降生了,孕妈妈又是紧张又是兴奋,这个月是孕妈妈情绪最不稳定的几个月之一。所以准爸爸们要作好思想准备,虽然可能工作本来就忙,家里的事情也都归你了,你也很劳累,但是为了孕妈妈和宝宝,还是需要你扮演出气筒和调解员的角色,和孕妈妈、宝宝一起度过这最关键的一个月。

当好安全员

宝宝即将降临的时刻,安全上不能有丝毫的放松。一是孕妈妈的运动安全,本月还是需要孕妈妈出去散散心,呼吸一下新鲜空气的;二是孕妈妈不能负重,上下楼梯最好有人陪伴,坐、躺、卧要舒适。

提前确定生产的医院,最好选择离居所比较近的医院,在预产期前2周就要做好一切准备。

全程参与胎教

和妈妈一起给宝宝念儿歌、讲故事、听音乐。抚摸宝宝,和宝宝对话。

为宝宝的出生作好所有准备

宝宝就要降生了,宝宝生下来的一切"硬件"都需要准爸爸来负责,如分娩医院的确定、产期的安全准备、宝宝房的布置、宝宝生下来穿什么衣服喝什么奶粉等。

❁ 随时准备待命

临产马上就要到来,准爸爸应该随时处于待命状态,保证孕妈妈随时可以找到你。

准爸爸要把自己的工作安排好,如果允许的话可以请几天假去陪伴孕妈妈。要多照顾孕妈妈的思想和情绪,鼓励和帮助孕妈妈树立分娩的信心。

准爸爸可以把紧急时需要打的电话号码和住所等资料做成一览表贴在电话机旁,以便孕妈妈在遇到紧急情况时不至于惊慌失措,内容如下:

联系人	电话号码	地址
待产医院		
准爸爸的公司		
娘家		
婆婆家		
兄妹		
好友		
出租汽车公司(2~3个)		

❁ 和胎宝宝玩精神刺激法

在怀孕后期,准爸爸可以趁孕妈妈不备时给将要出生的孩子买漂亮的衣物，给孕妈妈买一件纪念品，不动声色地放在床头，等发现后得到一个意外的惊喜。在临产时，准爸爸更要多方帮助和鼓励孕妈妈克服分娩时的紧张情绪，坚信分娩顺利。这些有益的刺激，将给胎宝宝日后坚强、自信的性格奠定基础。

实施以上精神刺激法要在孕妈妈毫无心理准备、心情最好的时候，并且这种精神刺激只能是小小的，刺激不能过分，时间应是短暂的，愉悦的心情是浓浓的。

准爸爸陪产好处多

医护人员能提供临产妈妈医疗上的最佳照护，事实上，最完整的照顾源于家属的陪伴与照护。准爸爸陪产可大大增加临产妈妈的信心和安全感，使剖宫产率明显降低。

另外，准爸爸参与分娩活动，除了给临产妈妈提供强有力的支持外，也会加深对生命意义的体会。在陪产的过程中，准爸爸不仅能安抚孕妈妈的情绪，还可以随时给临产妈妈补充饮料和食物，让临产妈妈有力气面对分娩，安心地全力生产。

帮孕妈妈缓解产痛

子宫开始宫缩后，一阵阵腹痛侵袭孕妈妈，会使她难以忍受，心里也很恐惧，身心备受煎熬。准爸爸可以配合孕妈妈做一些恰当的姿势，可以帮助孕妈妈缓解产痛，有助于顺利度过分娩。

❶ 在子宫收缩间歇时孕妈妈分开脚站立，双臂环抱准爸爸的颈部，头部靠在其肩头，身体斜靠在其身上；准爸爸支撑准妈妈的身体，双手环绕孕妈妈的腰部，在孕妈妈的背部下方进行轻柔的按摩。

❷ 在子宫收缩时孕妈妈分开脚站立，孕妈妈将自己的身体背靠在准爸爸或陪护者的怀里，头部靠在其肩上，双手托住下腹部；准爸爸的双手环绕孕妈妈的腹部，在鼓励孕妈妈的同时，不断地与其身体一起晃动或一起走动。

❸ 在床上或地板上放几个松软的垫子，孕妈妈跪趴在垫子上；准爸爸在床的一边，用双手不断地抚摩孕妈妈的后背。

❹ 找一把舒适、柔软的坐椅，孕妈妈面向椅背而坐，胸腹部靠在有柔软靠垫的椅背上，头部放松地搭在其上；准爸爸在妻子身后，一条腿跪蹲下去，并不断地用手按压孕妈妈的腰部。

❺ 准爸爸坐在床上或椅子上，孕妈妈趴伏在其大腿上，双手环绕着抱着准爸爸的腰臀部，使其托着自己的身体，给予一些支持；准爸爸或陪护者轻柔地上下抚摩孕妈妈的腰背部。

Part 12

早教是胎教的延续

婴幼儿早教的相关理念

❀ 智能提升的含义

目前，热衷于儿童早期智能开发的人很多。许多爸爸妈妈很早就教宝宝认字、算术；有的家长还对宝宝进行早期定向培养，比如很小的小孩就在家长的逼迫下学画画、学书法、学钢琴、小提琴等。其实这种教育增强的并不是宝宝的智力，充其量不过是一些知识和技能，但其后果往往会妨碍宝宝正常的智能发育，引起宝宝情感上的许多问题，导致宝宝讨厌学习、身心不健康等问题。

什么是智能？说穿了就是人适应环境的一种潜能。人类之所以能够生存，就是因为人有能够根据环境不断改造自己、探索世界未知数、解决生活中面临的问题的能力。所以，智能不是只表现在读、写、算等技能方面，还包括解决其他各种问题的能力、与其他人友好相处的能力等方面。比如，一个学习成绩好的中学生在上了大学、独立生活后，需要对自己进行正确评价，调整时间，自主地学习和生活，克服不安定的心理，协调同学之间关系以适应大学的学习生活，这也是一种智能，一种自己主动调节心理状态的能力。一个人若不具备这些能力，只会被动地记忆些死的知识，那么他的一生是不会有大出息的。

联合国儿童基金会对早期教育作了这样的描述："早期刺激可以看成是早期教育的一个组成部分。对于0~3岁的宝宝，它更具有生理学—心理学色彩。它是通过节律感（声音、音乐、颜色形状变换、运动物体、时间间隔）、语言、触觉、动作运动的安排等方式进行的。在宝宝早期刺激

Part 12 早教是胎教的延续

训练中，玩具起着极其重要的作用。"

初生宝宝的知识的确是"零"，但吸收学习的能量却巨大得令人震惊；无论你教给他多少资讯，他都可照单全收，就像大海能容纳百川一样。这种能力在出生后的第一年最大最强，第二、三年以后就逐年缓和下来。所以，智能提升一定要抓住这关键的头三年。

真正的智能提升，就是要针对宝宝的年龄特点，按照规律，通过环境和教育的作用，使宝宝圆满地完成每一个年龄阶段的发展任务，在智能、性格诸方面协调发展，成为有较高的认识能力和健康人格的社会成员。

❋ 婴幼儿的学习能力

一个刚出生的宝宝，到底能做哪些学习活动呢？

过去的观念总认为新生儿的大脑是一片空白，既不会说也听不懂，学习能力几乎是"零"。之后，在大人的悉心调教之下，才慢慢地学会一些事。换句话说，宝宝的学习能力是从完全没有逐渐到有，而且是年龄越大学习能力越强。

然而，最近的研究并不认为如此。0岁时因为一切都是无，学习潜能反而是无限的大。此时人的大脑就像宇宙中的黑洞一般，任何物体靠近时都会被它强大的引力吸进去。这种学习优势是随年龄的增长而逐渐减弱的，这刚好跟我们传统的观念大相径庭。

或许你会质疑："难道一个0岁或1岁的宝宝，会比一个6岁的宝宝更容易学会交通规则吗？"这当然不能一概而论。就吸收能力来讲，越小的宝宝的确越旺盛；就分析判断能力来讲，3岁前的宝宝自然会有先天上的限制。了解这种学习层面的差异，我们才不至于产生误解。

❋ 婴幼儿的学习特征

用感官学习

2岁以前的宝宝，只能用感官去研判眼前的状况，没有办法进行抽象思考、逻辑推理等高级的心理活动。

因此，显而易见的，味觉、嗅觉、视觉、听觉、触觉等，是他们认识环境的主要途径。他们用舌头来感觉食物的酸、甜、苦、辣；用鼻子来闻出食物的味道；用眼睛来观察物体的颜色、人的脸孔、家里的东西，乃至光影的变化；用耳朵来听人声、鸟叫声、车声、音乐声；用手来摸、敲、打、把玩各种物品。

认知心理学派的开山祖师皮亚杰在观察过数以千计的宝宝后，也得到同样的结论，他特别把0~2岁这个阶段叫"感觉运动时期"。所以，想要培养0~2岁的宝宝，一定要把重点放在感觉和运动上，让宝宝实际地去看、去听、去摸、去操作，以便得到实际的经验。任何人若想跳过"感官学习"这个阶段，勉强宝宝去作抽象的学习，不但会徒劳无功，还会减低宝宝的学习热忱。

针对0~2岁宝宝的这种学习特性，游戏是这个阶段最好的学习方式。部分家长有一种误解，以为学习就是要宝宝正正经经地坐在那里，然后由大人一样一样地去教。看到宝宝不安分学习的样子，总以为他们学不到东西，其实这样教宝宝会影响他们的自然化、生活化的发展，还是按照每个阶段孩子不同的发展特点来教，才是最好的选择。

会主动学习

婴幼儿的学习是自主的，他们从一出生便能在没有人逼迫、没有人主导的情况下，主动地进行各种学习活动。如果用心观察，就可以发现他们这种主动学习的过程。

一个3个月大的宝宝，表面看起来是安安静静地躺在那儿，实则他正竖起耳朵，专心地在听周遭的声音。这些声音包括人的谈话声、走路声，东西互相碰撞的声音，洗脸、洗澡、刷牙、冲马桶的流水声，还有电话声、炒菜声、狗叫声、汽车的引擎声、喇叭声……凡是在他的听力范围内，他都会很专注地、一次又一次地听。等声音听多、听熟了以后，他又开始学会区分哪些是人的声音，哪些不是人的声音；在人的声音中再继续去辨认哪些是妈妈的，哪些不是。这种分辨声音的过程并没有人刻意教导，他们却在有意无意中学会了。

学习语言更是如此，不管在使用哪一种语言的家庭中，宝宝大多在1岁时就能听懂爸妈的话，2岁时能讲一些片语、短句，3岁时就能顺畅地表达出来。他们会仔细地盯着大人说话的嘴巴，用心地从大人的腔调、表

Part 12 早教是胎教的延续

情、动作去了解语意，并且尝试着去振动自己的舌头、喉咙、嘴唇，努力练习说话的技巧。

再看看他们学爬的样子。宝宝通常不喜欢总躺在同一个地方，他们的内心一直有一种向外移动的渴望。他们会先练习把身子蠕动一下，在床面上努力地向前蹬或向后退。这时他如果不是在狭窄的宝宝床上，也没有被紧抱在手上，而是在宽阔松软的弹簧垫上，那么他便可随心所欲地练习这种动作。慢慢地，他学会了翻动自己的身子，接着又能抬起腹部，一步一步地向前爬去。

日常生活中，大人的一些例行动作，譬如拿碗、舀汤、抓筷子、持杯、套衣服、扣纽扣、用扫把扫地等，他们都会很仔细地观看整个过程，等肌肉发展成熟了，他们就会跟着做同样的动作。许多事我们并没有特意告诉宝宝该怎么做，但他们却能自动自发地学会了。

当宝宝会爬、会走时，他们学习的范围就更加广泛了。他们会像一个忠于勤务的搜索兵一样，积极地游走于各个房间的各个角落，展开一连串的探索行动，摸一下沙发，推一下桌椅什么的。

每一个宝宝内心都潜藏着神秘的心理本能，靠着这种本能，宝宝会在所接触的环境中，主动地展开学习、工作，并努力地发展自己的智能，以适应人类生活。在整个过程中，主导者并非大人，而是宝宝自己。

刹那间的专注力

0～3岁的宝宝在学习上还有一个特质，他们的注意力是专注而短暂的。他们时常在左顾右盼中，瞄一两眼、听一两下。别以为他们不专心，这是他们埋藏的学习特征。为配合这个天性，我们给宝宝看图画书、图片、文字等，也应用一晃而过的方式，在刹那间完成。

不只是看图画书，任何事物他们都是用这种昙花一现的习性在进行学习。他们的大脑好像一块强而有力的磁铁，一遇见铁质的东西，就能立刻吸取过来一样；也正因为他们能够"快而无量"地吸收新资讯，所以才能很快地适应生活。

反复学习

0～3岁的宝宝最需要做的潜意识学习活动，是大量地看图画书、图片、文字、数点，听大量的名曲、儿歌等。这些活动要每天有规律地做，就好像三餐进食一样，让宝宝习惯性

地接受；他的大脑也会配合这种规律自动调适，时间一到就会准备学习。

反复练习也是这个阶段的学习特征之一。0～2岁宝宝没有什么创造性的活动，他会针对自己中意的题材，不断地重复学习。这种重复学习可能会使大人生厌，但对宝宝而言却是一种乐趣；同一首歌他们喜欢一遍一遍地听，同一本书也是喜欢一遍一遍地看。不明就里的爸爸妈妈总认为这样做会妨碍他们的学习，因此一味地拿新材料给他们，但宝宝却总是采取排斥的举动。我们来作个简单的实验便可以发现这个事实：你摆两本书在宝宝面前，一本是念过好几遍的，一本是全新的，让他自由选择一本的话，他十之八九会选择很熟悉的那一本。

这种对旧有经验作重复反应的行为，正是他们的天性之一。通过多次的重复反应，他们才能建立良好的神经通路，就像一个篮球选手必须常常练习投篮，一个棒球手必须时时练习挥棒一样。

我们对宝宝做智能提升活动，是为他未来的学习做储存各种资讯的准备工作，家长别期望宝宝在0～3岁期间就能表现得超人一等。这就跟农夫种田一样。农夫大多在初春的时候深耕土地，以便能提供作物一个肥沃的生长环境，在这个时候是看不到任何成果的；但等到播下种子，就会因为有良好的滋养，而迅速生长起来。

相反地，有些爸爸妈妈不知道趁宝宝还小的时候用心诱导，等宝宝大了才发现他的学习能力很差，学科样样不如人，那时才忙着为他找家教、送他上补习班，但宝宝没有坚实的学习能力做后盾，不论怎么加强终究是很吃力的。与其如此，倒不如未雨绸缪，及早为宝宝的将来作好准备。

早期教育多早才算早

许多家长在宝宝刚刚会说话时就教唱儿歌、背诗等，进行早期教育，以期早日开发智力。其实，这还不算早，在宝宝处于婴儿期，只知道吃和睡的时候就应该进行智力开发了。

婴儿期宝宝和妈妈接触最多，这一重任自然落在妈妈身上。日本医学博士高桥悦二郎对此进行研究后发现，正规的早期教育，应始于母婴间的4种交流。

Part 12 早教是胎教的延续

触觉交流

母婴间的触觉交流，最常见的是妈妈为宝宝授乳。因为，授乳已不单是为宝宝提供生长发育的营养，而且为宝宝大脑的触觉产生和发展提供条件。宝宝以其最为敏感的口角、唇边和脸蛋，依偎着妈妈温暖的乳房，能在大脑中产生安全、甜蜜的信息刺激，这对其智力发育起着催化作用。妈妈经常抚摩、拥抱宝宝所产生的肌肤接触，也会获得同样的效果。高桥的研究发现，一生下来就失去上述交流的宝宝，在成长过程中会表情冷淡、发育迟缓、性格孤僻而难以与同龄儿和睦相处。

视觉交流

宝宝出生1个月左右，视网膜已经形成，但中心凹尚未发育成熟，故其可见距离不会超过40厘米，可见区限于45°，几乎只能见到眼睛正前方。不过，此时他们对于人脸，特别是人眼已有识别能力。妈妈在授乳时，总会发现宝宝边吃边用眼睛直视着自己的眼睛，这是宝宝情感发育过程中的视觉需要。因此，这种视觉交流，宝宝可在吃奶速度和进奶量上，达到所需要的标准。如果失去这种交流，其吃乳时会频繁转身摇头，甚至烦躁不安。当然，除授乳以外，平时多与宝宝作对视交流，大多会得到宝宝甜蜜的微笑，从而有益于其心理健康发育。对于人工喂养的宝宝，妈妈在使用奶瓶授乳时，更应有这种视觉交流。

嗅觉交流

生物学研究证实，人类在视觉相当发达后，嗅觉便开始退化了。但是，宝宝的嗅觉却相当灵敏。刚出生几天的宝宝，便能闻出气味的好坏。在试验中，如果把浸过母乳的布片靠近宝宝一端，宝宝会顿时止哭而做出寻乳的姿态。由于宝宝能嗅出是不是妈妈，故高桥提出，婴儿期由妈妈陪睡可产生良性刺激，有利于其智力发育。他指出，那种不停更换陪睡者的宝宝，心理常处于紧张状态，睡眠时间和质量均大幅度下降。这对其身心发育不利，严重者可导致宝宝发育迟缓和幼儿期心理障碍。

听觉交流

研究表明，宝宝出生1周后，即能分辨出人声或物声。这是因为，宝宝自出生起，便有声响需求，并能从各种声响中产生"诱发效应"，从而

很快以声音辨别是不是妈妈。可别小看妈妈与宝宝间毫无意义的"对话",细心的妈妈会发现,在对宝宝说话时,他会动手动足,一副满足的模样。更重要的是,多与宝宝"对话",可使大脑正处在急剧发育中的宝宝很快牙牙学语,为日后语言发展奠定良好的基础。事实上,缺乏母婴语言交流的宝宝,发语均迟于有母婴语言交流的同龄儿,且发语不清,表情不活泼。

由此可见年轻妈妈和宝宝的密切接触与交流多么重要。养儿育女绝不是一件简单的事,身为现代爸爸妈妈是相当辛苦的,尤其是当我们想把宝宝教养得出色一些时。千万不要因为快节奏的生活等,忽视了身边的宝宝。别忘了,对你完全依恋、相信的宝宝,是多么需要妈妈带他认识这个充满爱的新世界啊!

爸爸妈妈来互动:0~6岁宝宝的成长期,对个人的未来成长及发展,具有深远的影响。宝宝天生的潜能,必须在学龄前开发才能得到尽情发展。一旦错过这段黄金时段,也许会被埋没。爸爸妈妈们,你已经没有时间也没有理由再等了,无论你的宝宝处于哪个年龄阶段,从现在开始早教对你的宝宝来说都是最合适的。

❀ 宝宝的资优倾向

我的宝宝智能发展正常吗?有没有资优儿的倾向?有没有成为神童的可能?

这是许多年轻爸爸妈妈想要知道的。由于资讯取得不易,一般家长只能和同龄的宝宝作比较。那么,我们应该从哪些方面来了解宝宝的智能水准呢?实际上,由爸爸妈妈亲自从平日生活中,作全面而完整的观察和评估才是最可靠的。

一个资质优异的宝宝,在婴幼儿阶段会有什么重要的行为、能力和倾向呢?下述的现象可供家长作参考:

在还不会说话以前,甚至是初生期时,就很会用肢体、脸部表情来传达他的感觉和需求。会说话以后,遣词用字也很流利,而且变化多端富创造性。能说出较长、较复杂的句子,对看过的事、物能正确地描述,也能纠正别的宝宝错误的用语,并懂得用

Part 12　早教是胎教的延续

说话技巧影响别人。

在视觉上，很早就会凝视某个定点一段时间，对书本和图片表现高度的兴趣和学习能力，能耐心地看书。

在听觉上，能听懂一般口头指示并照着做，也能正确地复述听过的故事。歌曲听过几遍后便能哼唱，诗词朗诵几遍后便能牢记。

有敏锐的观察力，屋内摆设稍有变动便能察觉，做事、生活规律稍有改变也会发现。有强烈的好奇心，喜欢学习新事物，勇于尝试一些看来困难的事。个性非常独立，自己能做的事就自己做，不依赖别人。富幽默感，对有趣的、奇怪的事情感兴趣。有强烈的自我意识，会维护自己的需求和想法。有充分的自信心和领导能力。记忆力很强，经历的事物能记得很清楚。

喜欢玩排列、分类、组合、拣先的游戏。同一项玩具或工具能创造出多种不同的玩法。活动力强，精力旺盛，比同年龄宝宝睡得少，喜欢拆解、组合物品。喜欢和大人交谈，喜欢和较大玩伴一起玩。

对文字、数字、时间感兴趣。喜欢玩文字游戏，很早就会组合文字，且符合正确的文法。会主动学习新字而且拿来应用，会自己阅读。对时钟、日历感兴趣。

有良好的基本概念，富于理想和讲求完美，比一般宝宝有较多的正义感和道德感。知道一些因为、所以的因果关系，喜欢提出问题，并且希望得到答案。能做一对一的计数。注意力特别集中，学习新东西的速度很快。

❋ 如何培养资优的宝宝——神童的培养

古今中外都有关于"神童"的记载，人们常把这些智力非凡的宝宝称为天才。中国科学院心理研究所近来调查了22.8万个宝宝，智力非凡的宝宝占3%左右；智力不正常宝宝占3%～4%；智力居中的人数最多，可见神童是存在的。那么，这些神童是如何练就的呢？

天赋潜能要在良好环境中才能发展，一个资优宝宝，也就是我们所说的神童，其形成显然跟遗传、环境两大因素有密切关系。这就好像栽培植

物一样，品种再好的幼苗，在培植期间也要肥美的土壤、充分的阳光、适宜的水分来帮助它成长；宝宝也是这样，不论天分多高，都需靠教养环境配合才能发展出来。

在环境因素中，最重要的是爸爸妈妈的教养观念和教养态度。爸爸妈妈如果用下列这些符合资优教育原理的方法来调教宝宝，将可大幅提高宝宝的智能：

重视宝宝的感受和需求。宝宝不管是高兴、生气、饥饿、口渴、尿湿或疲倦、不舒服，都会用肢体语言或脸部表情、啼哭等方式告知大人。我们应敏锐地积极回应，细心照顾，让宝宝知道他很被重视、很被关爱；宝宝有了这些感觉，才能进一步充分发展他的智能。

要相信宝宝有高度的潜能，把宝宝当成一个很有发展性的人来看待。当我们把宝宝当资优宝宝来教养时，他真的很可能成为资优宝宝；当我们认为宝宝的资质很平庸时，他也果真优秀不起来。宝宝常从爸爸妈妈对他的看法中评估自己，并构成自我概念的一部分，也无形中影响了他未来的发展。

勤于训练宝宝的动作技能，例如翻身、爬行、走路、跳跃、跑步、攀登、滚翻、投掷等，这些动作表面看来似乎跟智能发展没有关系，实则是智能发展的根基。因为每做一个动作，都会使宝宝的脑细胞大量活跃起来。

对宝宝提出的问题，要认真而耐心地回答。对不知道的问题绝不可随便敷衍，要郑重其事地去查书，正确而详尽地回答他的每一个问题。这样做不但满足了宝宝的求知欲，也让他感觉自己的问题很受重视，间接鼓励了他再发问的兴趣和勇气。

培养宝宝主动探索环境的能力。宝宝经由亲身操作所获得的知识最可靠，大人不宜作过度的引导，而应让宝宝依自己的意愿和成熟度，自由地展开各种探索活动。毕竟我们不能永久地教导宝宝，给他一条鱼不如给他一支钓竿，培养宝宝自动自发的探索能力是根本之道。

每天要有和宝宝单独相处的时间。在这些时间里可以和宝宝看书、说故事、吟诵诗歌、做游戏等。

鼓励宝宝多和其他宝宝一起玩，多和成人交谈，见到熟人要打招呼，让他能从小学会和别人建立和谐的关系。

多启发宝宝的创造思考力。例如利用旧物品玩游戏、即兴编故事、玩假装游戏等。宝宝其实是很有创意的，只要我们不从中干扰，他们经常会提出一些我们意料之外的构想。

多带宝宝到超市、百货公司、博物馆、公园、儿童乐园、动物园、美术馆、音乐厅、展览会场、风景名胜等地去。这种环境教育往往有潜移默化之功,宝宝虽然不是每样资讯都能了解,但在实地的耳濡目染中,却可感受到科学、艺术、运动、音乐等气息。

培养阅读兴趣。多准备些图书,把家里布置成一个书香环境,每天按时读书给宝宝听,培养他阅读的兴趣和习惯。

培养宝宝独立的心性。把宝宝当成独立自主的成年人,尽量尊重他的意见和想法。让他对自己有充分的信心,但也要求他对自己的行为负责。

对宝宝有合理的期望。不拿宝宝和别人比较,不求宝宝样样精通,处处比别人强。容许宝宝依照自己的兴趣和进度去自由发展。

❀ 影响智力发育的因素有哪些

中枢神经系统损伤对宝宝智力的影响

脑组织受到直接或间接的损伤,会影响宝宝的健全发育,并使智力发育受到影响。影响的程度取决于脑组织损伤的程度。因此,加强妈妈孕、产期保健,积极防治宝宝早期易致中枢神经系统损伤的疾病,以利于其大脑的健全发育,对宝宝日后智力的正常发育十分重要。

爸爸妈妈的文化程度与职业对宝宝智力的影响

爸爸妈妈的文化程度与职业作为构成家庭智力环境的基本因素,对宝宝智力发育起着不可忽视的作用。爸爸妈妈不仅通过自身的文化素质对子女产生潜移默化的作用,还通过对子女教育的形式与投资产生影响。爸爸妈妈的职业对宝宝智力发育的影响,主要是由其文化程度决定的。因此,提高宝宝爸爸妈妈的文化素质,对宝宝的智力充分发展是十分有利的。

心理行为偏异对宝宝智力的影响

儿童心理行为偏异对宝宝智力发育是不利的,此类问题的发生率达50%以上，应引起足够的重视。心理行为偏异是由多种因素造成的，主要可归为两大因素，即宝宝自身的因素和环境因素。因此需从这两方面入手，采取综合措施，积极防治。

及早发现智力发育异常儿

宝宝的智力发育是否正常，在婴幼儿时期就可以发现。老人们常常称赞那些不哭不闹、不给大人添麻烦的宝宝为"乖"，殊不知这正是宝宝行为障碍的表现之一。这种乖是他们对周围事物缺乏兴趣、注意力和反应能力较差的表现。由于家长们的误解，致使这些宝宝在早期没有及时得到训练，直到宝宝上学后才发现跟不上学习进度，智力存在问题。但随着年龄的增长，用训练来提高宝宝智力的方法则越来越难以奏效。所以早期观察宝宝的智力发育情况非常重要。

婴幼儿智力障碍的行为表现主要有：

各种生理功能（听觉、视觉、嗅觉、咀嚼、运动等）发展晚，社会活动能力（注意他人谈话、对外界事物反应）落后。

另外，智力低下的宝宝多表现为多睡和无目的地多动。

除了观察上述行为以外，对于2岁以上的宝宝，心理医生可以用心理测验的方法来测查宝宝的智力发展水平。

爸爸妈妈要及时发现问题，但不要主观断言宝宝将来会很聪明，或寄希望于他们长大会聪明，这样会耽误最佳的训练时间，以致影响一生。

玩耍在智能提升中的重要作用

英国儿童教育专家提出：对宝宝的早期教育应从娱乐和游戏开始。他们的研究资料显示：宝宝入学前几年间所学的东西，比一生中任何时候都要多，学得也快，且绝大部分知识是在玩耍中学到的。

Part 12 早教是胎教的延续

英国支持儿童玩耍全国志愿委员会协调人安娜·卢尔卡斯基的观点更为鲜明：玩耍同正式教育一样重要，没有机会进行各种玩耍的宝宝，在感情、身体以及成年后的社交与科学研究方面的发展速度，远不如拥有这种机会的同龄者。此说已得到美国科学家一项试验证实：让100名宝宝玩一种带有铜腿的红盒子，盒的顶部有一个直立的棍子，拨动棍子，盒子的四壁就会出现图画。5年后，常玩此玩具者显示出较多的创造性和好奇心，而不常玩这种玩具的男孩在所有方面都没有强烈的好奇心和冒险精神。至于不常玩此玩具的女孩则表现出一些个性问题，在适应社会方面遇到一些困难。专家们的解释是：好玩是人的天性，在人生的最初几年间尤其如此。玩耍时宝宝的大脑敏锐度显著增强，对渗透于其间的知识特别容易接受，对智能的激发作用最强，因而可收到事半功倍的效果。

当然，这种玩耍的种类和质量在这一效果中起着核心作用。为此，爸爸妈妈应该做到：

❶ 要主动热情地参与，使宝宝玩有所得。成年人对宝宝能起到"催化"作用，为宝宝提供玩耍的素材与方式，在宝宝产生新想法时给予鼓励与帮助。英国早期教育专家蒂娜·布鲁斯建议："大人应观察并帮助宝宝，开拓其视野，放任自流是错误的。"当然，大人不能包办代替，应尊重宝宝的创造精神。

❷ 要教给宝宝玩耍的规则，培养其自理能力，帮助其养成良好的玩的习惯。

❸ 要有合理的时间安排，不能因玩耍而影响吃饭、睡眠等正常活动，确保宝宝身心全面发展。

关于玩耍的种类和方式，可根据宝宝的年龄选择或交替进行。专家们推荐如下几种：

感官刺激型：如看颜色形态、听声音、尝味道等使宝宝得到感官方面的锻炼，进而刺激大脑的发育。

运动型：跳、蹦、追逐、打闹是对肌肉、骨骼、手眼以及四肢协调最好的运动，可促进宝宝包括大脑在内的全面发育。

语言表达型：如朗读、唱歌、绕口令等既是声音的锻炼，又是语言的练习。对周岁以内宝宝亦可进行。

竞赛型：如引导宝宝进行赛跑、捉迷藏等，对宝宝的体格、智能与心理发育都很有意义。

智力型：如讲故事、猜谜语、玩智能玩具等，这对智力发育的促进有着不可取代的作用。

和宝宝玩的过程，也是让他掌握新的技能的过程。一步一步地教宝宝完成一些有价值的任务，比如包礼物、使用瓶子开盖器等。完成这些有意义的活动所获得的成功，能让宝宝获得满足感。这时不需要你的表扬，他就已经自我感觉非常好了。教他切面包片，打开鸡蛋放进烤箱里，然后，让他把自己做好的早餐端到餐桌上，他会觉得非常自豪和幸福。

出生后应巩固胎教成果

在宝宝出生后，妈妈如果把曾用于胎教的实物，再次摆在他面前，这时他在胎内学过的东西，就会逐渐反馈回来，并将作出令你吃惊的反应。所以，宝宝出生后，妈妈仍然需要重复之前的胎教内容，不要让宝宝把这些美好的记忆忘掉。

❶ 给他读读过的故事，听听过的音乐。把那些在孕期说给胎宝宝听的小故事，再一次说给宝宝听，以加深他的印象，说不定他还会露出满意的表情呢！还有那些胎教音乐，在宝宝出生后，妈妈可以继续放给宝宝听，这样有助于唤醒宝宝最初的记忆。

❷ 让宝宝看到在胎儿期"看"到的物品。孕妈妈在教宝宝数数的时候，可以把曾经用于胎教的实物拿出来，比如闪光卡片、玩具等，摆放在宝宝的面前。这样他在胎内学过的东西有可能会慢慢地反馈回来，也许会作出令你吃惊的反应呢！

Part 12 早教是胎教的延续

智能提升的主要内容

智能是在特定的文化背景下或社会中，解决问题或制造产品的能力。智能不是智力测验的得分，而是一种实践能力、解决问题的能力。

根据多元智能理论，我们每个人拥有8种以上的智能：身体运动智能、语言智能、音乐智能、数理逻辑智能、空间视觉智能、人际关系智能、自我认识智能、自然观察智能。正如每个人的长相和个性皆不相同，每个人的智能组合也不相同，表现为有人用手便利，有人善于诗文，有人唱歌出色等。而人的各种智能水平的差异正是造成人的差异的重要原因，所以你就是你，我就是我。因此，对宝宝的评价不应当是谁更聪明，而应当说是谁在哪方面更聪明，评价应该是多元的。传统的智商（IQ）测验只反映了宝宝在数学与语文两方面的能力，因此，按照 IQ 得分来评价宝宝，对每个宝宝来说都是不公平的，同时也会埋没很多有独特天赋的宝宝。

理解多元智能意味着更多地关注个人的特征。想象一个人除了写诗或解决几何问题外，什么都不会，将是怎样的情形。每天的日常生活像开车或烹饪，一个人需要多方面的能力才能应付，单一的智能让人很难适应生存。

早期教育的重要性就是抓住每一个智能发展的关键期，顺强补弱，因材施教。

通过开发宝宝们所有的智能，使他们成为生活中的成功者。爸爸妈妈和幼儿教育者必须认识到在宝宝身上表现出的不同能力。有的宝宝语言智力多点，有的宝宝音乐智力多点——关键是大人要让宝宝们表现他们自己。如果宝宝们有机会学习他们所喜欢的

领域，并在不强的领域发展，他们将在更多的方面发展成为智者，而不再是单方面的智者。

❄ 语言智能

定义：是指有效运用语言文字的能力。是人类最早表现出来的智能。

特征：说话早，对声音和单词的意思很着迷。在讲故事、背诵古诗词，学习儿歌、谜语、绕口令等方面均表现良好。

开发宝宝语言智能的最佳时机

4岁是言语发展一个重要的里程碑，在这一年中宝宝的言语发生了翻天覆地的变化。

4岁时，绝大部分宝宝基本能念清普通话中的韵母，但对声母发音的正确率相对较低，一部分宝宝的错误较多集中在 zh、ch、sh、z、c、s、l 等辅音上。此时，宝宝对语音的意识也明显发展起来了，他们开始自觉地、有意识地对待发音。你会发现他们有时喜欢纠正、评价别人的发音；并且特别专注自己的发音，他们会有意识地重复练习，或故意回避难发的音，或为自己的错误申辩。

4岁左右是词汇量飞跃发展的时期。在词汇量不断增加、词类不断扩大的同时，宝宝所掌握的每一个词的含义也在逐渐确切。如4岁的宝宝知道不仅自己是儿子，而且爸爸也是爷爷的儿子。随着宝宝交往范围的扩大，4岁的宝宝能够独立地讲述事情，但仍具有情景性，而且在游戏中当遇到困难和疑惑时常出现自言自语的现象。

4岁是语音口腔定型期，与讲不同方言的人接触能学到比较地道的口音，这一时期是学习母语和外语的关键期。因此，要提高宝宝的语言文字智能，爸爸妈妈等成人要提高自身的修养。成人在日常生活中要尽力规范自己的发音，注意自己的措辞，与宝宝一起惟妙惟肖地描述周围的人和事物，为宝宝创造交往和活动的机会，让宝宝充分地自由表达。

"人生识字聪明始。"宝宝识字后就可以大量阅读，提早认识外部世界。而3～4岁的宝宝已经有了口语的基础，同时也具备了一定的智能，

Part 12　早教是胎教的延续

完全有能力在游戏、唱儿歌、讲故事的过程中自然识字。对宝宝来说，这是一件令人兴趣盎然的事情，不应有任何负担。

❄ 运动智能

定义：指运用全身或身体的某一部分，解决问题或创造作品的能力。它分为身体运动智能和用手智能。

特征：能协调肌肉动作，举止优美而恰当，表现出运动天赋。能惟妙惟肖地模仿他人的动作。喜欢从事各种体育运动项目。

宝宝运动能力发展的3项规律：

运动能力从整体动作到分化动作：最初的动作是全身性的、笼统的、散漫的，以后逐渐分化为局部的、准确的、专门化的。

从身体上部动作到下部动作：宝宝最早的动作发生在头部，其次是躯干，最后是下肢。其顺序是沿着抬头—翻身—坐—爬—站—行走的方向发展。

从大肌肉动作到小肌肉动作：一般而言，从出生到4岁的宝宝的运动发展大概分为：原始反射支配、步行前、步行、粗略运动、调整运动5个时期，其动作发展顺序大约是：俯卧抬头、翻身、蠕行、坐、爬行、站、步行、攀登、跑、跳跃、滚翻、单脚立跳等。

❄ 数理逻辑智能

定义：指有效地运用数字和逻辑推理的能力，以及有效地进行科学分析的能力。

特征：着迷于数字、顺序、序列和计数。常常问一些不着边际的问题。甚至在很小的时候就能很好地集中精力进行计算，往往数学很好并擅长解决难题。

提高数理逻辑智能有哪些具体方法

❶ 学习分类法。即把日常生活中的一

些东西根据某些相同点将其归为一类，如根据颜色、形状、用途等。爸爸妈妈应注意引导宝宝寻找归类的根据，即事物的相同点。从而使宝宝注意事物的细节，增强其观察能力。

❷ 认识大群体与小群体。首先，应教给宝宝一些有关群体的名称，如家具、动物食品等，使宝宝明白每一个群体都有一定的组成部分。同时，还应让宝宝了解，大群体包含许多小群体，小群体组合成了大群体，如动物—鸟—麻雀。

❸ 了解顺序的概念。这种学习有助于宝宝今后的阅读，这是训练宝宝逻辑思维的重要途径。这些顺序可以是从最大到最小、从最硬到最软、从甜到淡等，也可以反过来排列。

❹ 建立时间概念。宝宝的时间观念很模糊。掌握一些表示时间的词语，理解其含义，对宝宝来说，无疑是必要的。当宝宝真正清楚了"在……之前""立即"或"马上"等词语的含义后，宝宝也许会更规矩些。

❺ 具备基本的数字概念。不少学龄前宝宝，有的甚至在 2～3 岁时，就能从 1 数到 10，甚至更多。与其说他们是在数数，不如说是在背数。因此，爸爸妈妈在宝宝数数时，不能操之过急，应多点耐心。让宝宝从一边口里有声，一边用手摸摸物品，逐渐过渡到用眼睛默数。日常生活中，能够用数字准确表达的概念，爸爸妈妈们应尽量讲得准确。同时，还应注意使用"第一"、"第二"、"第三"等序数词。也可用日常生活中的数字关系，帮助宝宝掌握一些增加、减少的概念。

❻ 形成基本空间概念。成人们往往以为宝宝天生就知道"上下左右、里外前后"等空间概念，实际并非如此。爸爸妈妈可利用日常生活中的各种机会引导宝宝，比如："请把勺子放在碗里。"对于宝宝来说，掌握"左右"概念要难些。

音乐智能

定义：音乐智能是指对节奏、音调、旋律、音色的敏感度。其中包括察觉、辨别、表达、欣赏和创造音乐的能力。

特征：很小就表现出在音准方面的特长。能模仿声调、节奏和旋律，一段曲子只要听一两遍就能记住并唱出来。

开发音乐智能的最佳时期

多元智能理论认为，音乐智能在人类个体天赋中是最早出现的。并且，童年期是一个人音乐智能发展的决定性时期。尤其是3～5岁，是发展宝宝对节奏和音调敏感性的关键期。因此，从小培养宝宝的音乐智能，不仅有利于宝宝的学习和智能发展，还是他们今后人生道路走得精彩纷呈的需要。

❋ 空间视觉智能

定义：指针对所观察的事物，在脑海中形成一个模型或图像，从而加以运用的能力。

特征：能够用大脑里的眼睛来"看"物体，甚至能想象它旋转起来是什么样子，喜欢在头脑里把图画、物体甚至事情的进展视觉化。在一个城市，或多层建筑里很容易就能找到路。他们注意细节，只看一次就能把东西画在纸上。他们喜欢画画，喜欢复杂的拼图游戏或设计火箭、建筑或雕塑。

具有高度空间视觉智能的宝宝的特点

对色彩有敏锐的感受力，喜欢对颜色进行搭配。

喜爱绘画和各种不同的色彩、图形，能将文字转换成图画，较早地表现出绘画的兴趣和才能。善于用多种颜色和形状的组合来表达画的主题。

喜爱空间感、视觉刺激、整体化的呈现。

能将构思转换成立体图形。在脑海中从不同的角度透视一个物品。

具有比较清晰的方位概念，如上下、前后、左右。

喜欢想象，经常玩想象和装扮游戏。

喜欢玩拼图、迷宫、堆高积木及其他建筑类玩具。

人际关系智能

定义：人际关系智能是指察觉及分辨他们的情绪、感受、企图、目的，并与别人合作、保持良好关系、表现同情和关怀的能力。

特征：从小就能理解别人的感受，能很好地与人交流，并能轻易地成为小伙伴中的领导者。

如何发展宝宝的人际关系智能

❶ 寻找关注点。关注点是指有意地去发展理解他人的能力。对年幼的宝宝来说，爸爸妈妈如果通过和宝宝交流来培养他们的意识的话，就能达到这样的效果。这是开始发展人际智能的一种良好的途径。当他人对动作和情感作出反应时，可问宝宝："为什么他会这么做呢？""还有别的方法可以解决这个问题吗？""为什么那些人不能在一起很好地工作？""是什么使他成为领导者的呢？"这些问题可以帮助宝宝开始理解人们那些反复无常的行为（有时，在看电视和电影的时候问这些问题，考察他们的个性，比谈论现实中的人物会更简单些）。

❷ 多让宝宝练习。所谓练习，顾名思义是指：给宝宝一些情境，练习"人的技能"，即人际智能。宝宝需要学习怎样和他人相处，需要学习如何成为一个领导或员工。让宝宝置身于这些问题发生的情境中去，让他们参与俱乐部或其他社会组织，有助于这些技能的发展。

❸ 为宝宝找玩伴。这是很简单的事，一个日托中心或一个操场的角落就能给宝宝找到不少的玩伴。

❹ 让宝宝同时担任领导者和被管理者的角色。有些宝宝比较特别，有在角色间串来串去的倾向。宝宝需要熟悉领导者的角色，同时也要习惯被人领导，这是很重要的。爸爸妈妈经常希望宝宝扮演领导者的角色，而不演其他角色（有时宝宝也是这么希望的）。事实上，成为一个好的领导者最好的准备就是先成为一个好的被管理者。

❺ 运用电影引导宝宝思考和理解人类行为。当我们去思考电影或电视中角色的思想行为时，这些角色经常显示得比现实生活中的更夸张，更富有讽刺意味，他们的动机也更明显。看看男女主角的表演，然后想

Part 12 早教是胎教的延续

想这些，不管是杰克·查、西尔富斯特·史泰龙、哈利·波特，还是梅格·瑞恩，他们都能给宝宝提供一条简单而又安全的途径去发展他们的人际智能。

❻ 运用文学给宝宝提供观察和推测办法。给宝宝念完故事，爸爸妈妈可以问："你为什么觉得他会这么想呢？""在这种情况下你会怎么想呢？""你曾经这么想过吗？什么时候？"当宝宝更大些时，可以要求宝宝谈谈书或故事中的那些和他们最相近的角色，然后可以和他们分享一下处世的方法。

❼ 和宝宝分享你自己的个人经历。宝宝常常不理解为什么他们的爸爸妈妈的感受会那么特别，他们的行为那么特别（大人们通常不向宝宝解释自己的行为）。不管这种表现是表达对别人行为的失望、对自己行为产生的挫败感，还是由于学成了一些东西而感到高兴，爸爸妈妈都需要退回去和宝宝们谈谈为什么他们会这么想、这么做（不要用一本正经的口气和宝宝说这些，爸爸妈妈必须记住：对年幼的宝宝来说，自信的分界线经常是很不明显的。不管怎么样，注意这几点，可以帮助宝宝从爸爸妈妈的经验中学到东西）。

❋ 内省智能

定义：指个人对自己的了解和认识、对自己的情绪和感受的认识与调节，以及自律、自我规划的能力。

特征：喜欢独处、独立性强，从小就有自己的主意，正确地了解自己，能很好地规划自己的事情。

如何发展宝宝的内省智能

❶ 让宝宝学会面对反馈。尽管所获得的反馈并不总是他们想要的，但这是学习的一部分，并且是有益的。事实上，不积极面对反馈的人总是以自我保护的形式封闭自我：他们不想听到别人在说什么，他们不愿意让自己的感情受到伤害。因此，爸爸妈妈们能做的就是让宝宝懂得一个人的成长是需要依靠外在反馈的。对此，最行之有效的方法是树立行为的榜样。

❷ 和宝宝共同搞一些互动活动，爸爸

妈妈可以参与到活动中帮助宝宝发展他们的内省智能。不过，爸爸妈妈必须一开始就为宝宝创建一个良好的、安全的、舒适的环境，让宝宝能够以多种形式讨论这些问题。

❸ 爸爸妈妈相互交流关于成人行为的自我反省。如：相互交流那天你做了哪些成功的事、受到了哪些挫折等。这些将生动地让宝宝知道这样的思考和交流是可以接受的，甚至是期望的。因为这是成长的一部分（交流的"表现"可能涉及一些其他智能，像拉小提琴或是打羽毛球，或者它可能是某人的一项工作，或者它甚至也代表着一个人在一个新的社会团体中表现得怎么样）。

❹ 和宝宝谈论其他人的行为。有必要让宝宝将自己与他人作比较，从而了解他们自己做得怎样。毕竟，只有当我们将自己与他人作比较的时候，我们才会知道自己是胜出还是落后。爸爸妈妈们可以通过了解宝宝，再进行分析，有针对性地帮助他。帮助宝宝既不要过分批评，又不要过分肯定。

❺ 给宝宝反省的机会。内省智能的一个重要部分就是从错误中学习，从一个人的行为表现中获得知识，这样的话就不会再犯同样的错误了。我们应该鼓励宝宝将自我反省的内容写下来，包括坚持写日记，也可以通过画图来捕捉所感所为。爸爸妈妈可以要求宝宝与他们分享所写的内容，但这应该取决于宝宝自己的意愿。不管是什么样形式的自我反省都是有意义的。

❀ 自然观察智能

定义：指对周围生活环境的各个物种的认知与喜好，包括植物、动物、天文、地理等都有诚挚的兴趣、强烈的关怀。

特征：从小就表现出对植物与动物的强烈兴趣，喜欢探索大自然的奥秘。

记忆能力的开发与培养

记忆是一种比较复杂的心理过程，是过去经验在人脑中的反映。记忆在宝宝生活中起着重要的作用。如果没有记忆，就没有日常生活经验的积累，也不可能发展宝宝的思维、情感意志等；如果没有记忆，任何感知觉都将消失得无影无踪，人们永远只能处于新生儿的状态。

人的记忆潜能是巨大的，其潜能能否得到充分发挥，关键在于记忆方法是否具有科学性、有效性。因此，应该教宝宝掌握一些记忆方法。

联想记忆法

这是一种利用联想来提高记忆力的方法。它要求我们在培养宝宝记忆力的过程中，重视培养宝宝的联想能力，引导宝宝展开相关的联想进行有效的记忆，学会自己进行联想记忆。

直观形象记忆法

实验研究证明，直观形象记忆法是帮助宝宝提高记忆力的有效方法之一。它要求我们根据宝宝直观形象记忆的特点，充分利用直观教具帮助宝宝记忆。

例如，教宝宝记忆地球是圆的，自西向东运行，地球上有海洋和陆地等基本地理知识，可以拿地球仪做教具，并通过操作指点，教宝宝学习这些知识，通过直观形象来识记。

另外，还可以把直观形象记忆法同游戏活动结合起来，让宝宝在玩的过程中学习新知识。据说维纳小时候就有一大堆玩具，如小电话机、万花筒、幻灯机、小型电动马达。小维纳经常摆弄这些玩具，在玩的过程中，直接获得了许多浅显的科学知识，为以后的学习打下了良好的基础，同时激发了他强烈的求知欲，最终使他成为举世瞩目的科学巨匠。

重复记忆法

这是一种适合宝宝的记忆方法，它通过不断重复的方式让宝宝来进行巩固识记。重复识记虽然是一种单调的活动，但小宝宝并不会对此产生厌倦情绪，因为小宝宝本来就喜欢重复。一个简单的问题，他会翻来覆去地问上好几遍；同一个故事，他可百听不厌。反复感知事物，能让宝宝"温故而知新"。比如，在重复一个故事的时候，可以逐步深入地给宝宝提出一些问题让他回答，甚至讲了一段后停下来，让宝宝根据以前的印象接着讲。

多种感官参与记忆法

在记忆过程中，让多种感官参与记忆，能有效地提高记忆效果。

有人曾作过有关试验：让三组记忆水平相当的被试者分别用三种方法识记10张画的内容。第一组，只告诉他们画中的有关内容；第二组，让被试者看这10张画；第三组，让被试者看这10张画，并给他们介绍画中的有关内容。过了一段时间后，测试被试者记忆效果。结果发现：第一组只记住了60%；第二组记住了70%；第三组记住了80%。

在培养宝宝记忆力的过程中，要让宝宝用多种感官参与的方法来识记。例如，教宝宝识字的时候，可以让宝宝边看、边读、边写，加强识记效果。

歌诀记忆法

一般来说，有节奏、押韵的材料比较容易被记住。可以选择一些宝宝容易理解的儿歌或诗歌让宝宝背诵，开拓宝宝的知识面，从小培养宝宝对歌诀识记的兴趣。为了让宝宝记得快而又有兴趣，可以将一些事物编成儿歌唱读，使印象记忆和形象记忆结合起来。例如：粉笔会画画；鸭子水上划；耳朵会听话等。宝宝大点之后，可以把某些知识用歌诀的形式传授给宝宝，并在此基础上引导宝宝，与宝宝一起把某些难记的知识编成便于识记的歌诀进行记忆。

关于提高记忆效果的方法有很多，不一一列举。总之，家长要注意从宝宝的生理、心理特点出发，指导宝宝有意识地运用一些恰当的记忆方法，加强记忆力的锻炼。让宝宝在实践的过程中掌握记忆方法，提高记忆水平。

关注感觉统合

这些问题是怎么回事

看起来聪明、灵活，但坐在书桌前，就是这么的不安定，姿态上东倒西歪，颈部无力，头部稳定不住，致

使注意力无法作较长时间的集中，耐心严重不足。

这种宝宝在幼儿园或小学低年级时，学习的表现上或许还没有太大的问题，但越长越大以后，抽象思考越是重要，必须应付越来越多的思考题目时，就显出应付无力了。特别是人际关系和生活常规，这些越是复杂的社会适应技巧，就越会让他手忙脚乱了。

由于这种长期连串的挫折和自我责备，这些宝宝变得自暴自弃、情绪不稳、脾气古怪了。

宝宝这种类型的现象大多是感觉统合不良所引发的学习困难，小时候表现得活泼灵敏、颇富小聪明，但到了初中、高中、大学就越来越无法应付了。

当然也有的宝宝比这个要严重多了，怎么练习发音就是发不好，唇部僵硬、舌头打结、发音模糊不清、词汇经常出错、语句组句更是颠三倒四、沟通对话能力相当的差。

特别在握笔和写字时手指无力，字形歪七扭八写不到格子内，动作慢，要花上比别人多好几倍的时间和努力，才能做完功课。

看书眼睛容易酸，阅读经常跳字跳行、错误百出，严重时甚至无法认字，致使信心低落，学习情绪恶劣。这一切的困难也大多是感觉统合不良惹的祸。

什么是感觉统合

感觉统合也称为知觉运动，这是人类高层次的脑部运作。通过大脑的组织架构、神经体系和身体感官的协调，从简单到复杂，直接感应发展成综合性的思考，这便是感觉统合的过程。

简单地说就是：我们的眼睛、耳朵、皮肤、鼻子、舌头等，都是感觉接收器。当这些接收器感受到刺激时，会将刺激转变成电流传送给脊髓和大脑。大脑接收到这些感觉信息以后，会进行统合整理的工作，而产生认知、学习、动作、情绪、思想等行为。这个统合整理的工作要是做得很顺当，便能产生良好的适应行为；要是做得不顺当，便会造成适应上的困难，即所谓的感觉统合失调。

感觉有 6 种——视、听、嗅、味、触及平衡感，这六感也是我们通常所讲"七情六欲"中的六欲，这是人类和环境互动的基本反应，也是人格情绪发展的基础。

感觉统合越完整，情绪、人格的发展才能健全，七情奠基于六欲，六感完整，喜、怒、哀、乐、爱、恶、欲七情的健全发展自然便没有问题了。

感觉统合不足是小家庭后遗症

不论在东方或西方，小家庭都是近30年才有的制度。由于缺乏这方面的实际经验，过去或目前的教育、制度和方法，都未考虑到小家庭下宝宝成长环境的巨大变化，因此造成了在早期学习过程中的缺憾。

几乎从怀胎时候的母体开始，现代妈妈肚子里的胎宝宝，已面临严重的不利条件。

小家庭分工上的不足，使妈妈在怀孕时几乎无法有足够的休息，工作上的忙碌、焦虑，行动上的姿势不佳、运动不够，都会影响胎位的正确变动，进而影响平衡能力的学习。抽烟、喝酒、浓茶、咖啡等刺激物，会引起脐带毛细血管的萎缩，影响营养的输入，造成胎宝宝大脑发展上的不足，引起出生后触觉学习不良的现象。

怀胎期间，已经是先天不良了，出生后，妈妈很快恢复工作，初生的宝宝又无法受到传统妈妈的细心哺育。

小家庭使兄弟姐妹减少了，家中可模仿的对象不多；都市生活更使邻居的友伴也不见了。现代的小孩大多是陪伴着大人和电视机长大的。人类是群居动物，但大多数宝宝在0～3岁间缺乏这方面的足够经验，有的更到6岁左右才首次接触到同龄的宝宝。

另外，现在有很多宝宝是由祖父母带大的。过去养育我们还算成功的爸爸妈妈们，到了照顾孙子的时候，反而因小家庭及都市生活的环境巨变，局限了他们的经验，使他们一直在太松或太紧的管教上打转，无法和宝宝有良好的沟通，因而影响宝宝幼儿期的正常发展。

另一项危机来自居住的环境。都市生活使居住空间大为减少，我们小时候在沙堆上滚动、跳跃，在庭院玩水、玩沙的童年，现代的小宝宝再也享受不到。所以现在宝宝身体发展期间，应有的运动完全不足。

现代家庭很少使用可以强化平衡感的摇篮，又使得现代宝宝普遍欠缺平衡能力。新近流行的宝宝车床及学步车，都不是为宝宝设计的，而是站在妈妈的立场，在没有时间照顾又不必担心宝宝危险的需求下使用的，这对成长中的小小身躯是非常不利的。

知道原因后，接下来的工作是补救和治疗。爸爸妈妈可根据宝宝的情况有针对性地选择感觉统合游戏来跟宝宝玩儿。

感觉失调现象

好动而很难安定下来：好动不安不见得都是感觉统合失调，周围的环境或大人的误导也可能产生此种现象。但如果所有可能因素一一过滤后仍然找不出原因时，感觉统合失调经常是好动的最主要原因。

动作不灵活：运动期发展不良的宝宝，动作大多不灵活。这些宝宝在学习折纸和使用剪刀方面特别困难，甚至不会翻筋斗，跳高和跳箱也较差，不敢玩秋千、走平衡台。

语言发展迟钝：语言的发展包括发音技巧、词汇的认知及语言相关逻辑的使用习惯等，属于比较知性的层次。不过发音涉及听觉的辨识能力，唇、舌、声带的使用技巧，词汇的认知更必须靠视、听、嗅、味、触的综合作用。感觉统合不佳，经常会影响语言能力的发展。

讨厌被抚摸：平常的身体接触都受不了的宝宝，人际关系的发展将严重受阻。其他如洗头发、洗澡、抓痒、剪指甲或换衣服都会反抗，这种情形通常会引发注意力不集中、耐心不足等现象。触觉过于敏感或过于迟钝都可能造成感觉统合失调，所以笨手笨脚、懒惰、涣散等现象都得小心观察。特别是缺乏痛觉或味觉等不平常（极端偏食或咬指头）的情形，有必要作较详细的追踪。

极端或异常的害怕：宝宝由于缺乏经验而害怕是很平常的，对某种虫类或动物特别害怕，也许只是幼年经验或情绪发泄而产生的，不用特别担心。但有些同龄宝宝很容易做到，而你的宝宝却极害怕尝试的，就要加以观察了。例如讨厌摇晃、不敢爬高、无法顺利下楼梯、不敢去游乐园玩、怕旋转木马甚至旋转椅都不敢坐等。如果还有重心不稳、情绪特别不安定、身体不灵活等现象，就明显有感觉统合不佳的症状了。

反应迟钝：有时候身体固然还算灵活，但对高度的恐惧迟钝、转圈圈根本不会晕，对痛的感觉也较少，甚至有自虐现象的，可能也是脑神经中枢感觉统合不良的原因。反应太极端或反应不良经常是一体的两面，对某件事情反应太极端的，在另一方面常又太迟钝。

学习障碍：学习跟不上虽令人头痛，但有些爸爸妈妈认为宝宝本来就不该有太大的学习压力，因而疏忽了异常现象。认字有困难，可能是掌控

阅读的视觉不成熟所致；无法写字，有可能是大小肌肉发展不良或手眼协调不佳的症候；眼球运转困难，也会是因为注意力分散及耐心不足。

宝宝感觉统合失调的表现

好动不安，注意力不集中；

看似聪明，却胆小不敢表现；

容易跌倒或撞墙；

笨手笨脚，容易受挫，缺乏自信；

固执、脾气暴躁；

黏人、爱哭、性情孤僻；

挑食、偏食，餐饮习惯不佳；

怕别人碰触身体，容易吵架；

眼睛容易酸，讨厌阅读；

毫无原因惧怕某些学科，心理障碍多；

自言自语，无法和人沟通；

咬手指或无法戒除奶嘴；

爱旋转游戏，久不会眩晕；

写字无法在框内，笔画经常颠倒；

发音不佳，语言发展缓慢；

坐立不安、姿势不良、无法安静。

行为表现与游戏建议：

宝宝的行为表现	问题根源	建议的游戏
怕生、害羞、依赖	触觉	用各种触觉材料按摩；摇摇花生球、羽毛或毛刷刷身
情绪不稳定、易怒	触觉	弯腰垂臂向前走；大龙球压身
说话不清楚、口吃、言语表达困难	口部肌肉张力	随音乐摇摆；各种吹和吸的游戏；细嚼慢咽训练口腔肌肉；打舌响等舌头灵活游戏；模仿怪腔怪调
容易分心、注意力不集中、过于好动	平衡系统	毛毯裹身再抖开；俯卧大龙球够物；玩球投篮
抓不住东西、不会用筷子或剪刀	手眼协调	推动大球走；穿珠

（续表）

运动神经较不发达、晕车、怕高、习惯踮脚尖走路	前庭平衡	抛接球；荡秋千；上下跳跃；攀爬；旋转游戏
动作较慢、记性不好	初级反射整合不良	玩黏土；俯趴大龙球；大人提脚宝宝用双手走路；弹跳时够物
视觉焦距较差、追视能力较弱	空间感	弹簧床；弹跳运动；转椅等可旋转的活动
过于安静	听觉	随音乐做毛巾荡船
怕吵、爱咬指甲、不喜欢剪头发或剪指甲	触觉防御	玩土、沙、泥、水；触觉球触身；用手指在身体上画或写让宝宝猜

Part 13 新生儿的早教

Part 13 新生儿的早教

新生儿的成长发育

❈ 身体发育

体重

一般刚出生的宝宝的平均体重为3~3.3千克,正常范围为2.5~4.4千克。

接下来,宝宝会以每天30~40克的速度增长,到宝宝第2个月时,宝宝的体重基本会增长1千克。

身长

刚出生的宝宝的平均身长为50厘米,男、女宝宝有0.2~0.5厘米的差别。正常新生宝宝之间,身长也略有差异,但差异较小,一般在0.3~0.5厘米之间。

头围

刚出生的宝宝的平均头围在33~35厘米之间。由于新生宝宝平均体重在增加,平均头围也相应增加,最新统计显示,新生宝宝平均头围已达35厘米。

另外,宝宝头围的增长速度,在出生后头半年比较快,但总的变量还是比较小的。从新生儿到成人,头围相差也就是10~20厘米。

❈ 动作发育

抓握

新生儿一出生,就具备了抓握能力,即碰到宝宝的手掌时,宝宝会握紧拳头。这种反应到1周岁后才消失，可以用来检查和判断宝宝的神经系统发育是否成熟。

惊跳

这是一种全身动作，在新生儿躺着时最清楚。突如其来的刺激，例如听到较大的声音，宝宝的双臂会伸直，手指张开，背部伸展或弯曲，头朝后仰，双腿挺直。这种反射一般要到3～5个月时消失，如果不消失，则有可能神经系统发育不成熟。

行走

宝宝天生就有行走的反射能力。托住新生儿腋下，让脚板接触平面，宝宝就会做迈步的姿势，好像要向前走。这种反射会在第8周左右消失。

游泳

新生儿一般在出生后，不论顺产还是剖宫产，48小时后就可以下水游泳。这是宝宝与生俱来的本领。

感知发育

视力

新生儿一出生就具有视觉能力，他们能够看到周围的东西（刚出生的宝宝可看见前方20～25厘米远的东西），甚至能够记住复杂的图形，分辨不同人的脸形，喜欢看鲜艳、动感的东西。

听力

胎儿在母体内就具有听的能力，并在出生后3～7天逐渐增强。新生儿对噪声比较敏感，听见较大的响声可能会眨眼，或用哭声表示抗议。另外，新生儿不仅听力较好，能记住他听到的一些声音，还能将头转向发出自己熟悉的声音的地方。

社交

新生儿天生就具有与外界交往的能力。出生后的一声啼哭，与妈妈对视等，都是宝宝与外界交流的开始。比如，当妈妈说话时，正在吃奶的新生儿会暂时停止吸吮，或减慢吸吮速度，听妈妈说话。这说明宝宝较喜欢妈妈的声音。此外，新生儿一般在出生第10～20天时学会笑。

心理

宝宝刚刚离开温暖的子宫，来到

Part 13 新生儿的早教

这个全然陌生的世界,内心中充满了不安,非常需要父母的安抚和关爱,以此建立对这个世界的安全感。在新生儿阶段,最关键是要及时满足宝宝的各种需求,饿了及时喂,尿了及时换尿布,烦了马上抱,哭了立刻哄——需求得到及时满足的宝宝,会对家长和这个新世界产生信赖和认同,也会对自己充满信心。

新生儿的营养保健

❀ 一定要让宝宝吮吸初乳

"初乳"一般是指母亲生产后2~3天或稍晚一些(5~7天内)所分泌的乳汁。初乳成分浓稠,量较少,呈淡黄色。

常言"初乳滴滴赛珍珠",以此形容初乳的珍贵。那是因为初乳除了含有一般母乳的营养成分外,更含有抵抗多种疾病的抗体、免疫球蛋白、乳铁蛋白、溶菌酶和其他免疫活性物质。这些

初乳早开好处多

免疫球蛋白对提高新生儿的抵抗力，促进新生儿健康发育，有着非常重要的作用。同时，还有助于胎便的排出，防止新生儿发生严重的下痢。所以，妈妈一定要珍惜初乳，在产后头几天让宝宝多吮吸。

❋ 记得给宝宝补充鱼肝油

给新生宝宝添加鱼肝油能够补充维生素D。维生素D可促进钙的吸收，如不给宝宝补充维生素D，吃下的钙片是吸收不了的，只能随大便排出体外。所以，专家建议宝宝从出生2周开始添加鱼肝油，但是要在规定的剂量范围内服用，同时适当补充一些钙粉。但如果人工喂养，配方奶喝得较多，也可以不补充钙粉，只补充鱼肝油。

另外，早产儿、双胎儿、人工喂养儿、冬季出生的宝宝，更容易缺乏维生素D。所以，对于这类宝宝，要特别注意尽早添加鱼肝油。

宝宝每日需要维生素A 1000～1500国际单位，而维生素D需要量为400国际单位。市面上浓鱼肝油制剂很多，父母和医生都要仔细看说明书。按维生素A和维生素D的比例一般可分为2:1型、3:1型和10:1型。2:1型的浓鱼肝油每毫升含维生素A 10000国际单位，维生素D 5000国际单位，所以父母选此类鱼肝油只要每日喂食宝宝3滴即可。3:1型的浓鱼肝油胶囊每粒含维生素A 1800国际单位，维生素D 600国际单位，通常每两日喂食宝宝1粒即可。10:1型的浓鱼肝油胶囊每粒含维生素A 10000国际单位，维生素D 1000国际单位，此型容易造成宝宝维生素A和维生素D过量，不适合婴幼儿

使用。

注意：服用鱼肝油过程中，要观察宝宝的大便，发现有消化不良现象时应适当减少用量，待宝宝适应、大便正常后再逐渐增加。

新生儿的智能开发

语言能力训练

经常温柔地跟宝宝说话

家人平时要多和宝宝说话，不用在乎他是否听得懂，重要的是他能听到家人给他发出的不一样的声音和语调。妈妈做家务时还可给宝宝哼哼歌，或放一些节奏较慢的音乐给他听。

经常温柔地跟宝宝说话，不但能增强亲子之间的感情交流，这种早期语言训练，还对宝宝将来学说话很有作用。

让宝宝多接触声音

与宝宝说话，让宝宝听音乐，或者爸爸妈妈唱歌、念儿歌给宝宝听等，都能增强宝宝的语言能力，还能增加父子或母子之间的感情，并能激发宝宝愉快的情绪。

精细动作能力训练

训练宝宝的抓握能力

宝宝一出生就有抓握的本领，如果妈妈用两个食指从宝宝的小拇指伸入手心，宝宝会很自然地抓住妈妈的手不放，这就是医学认为的新生宝宝几种先天反射中的"握持反射"。根据这种能力，妈妈可用花环棒、笔杆、筷子之类的物品让宝宝试握。但要注意，别伤到宝宝。

训练宝宝的握持能力可以在出生20天以后进行，一般等到宝宝睡醒时训练最好，这时容易引起宝宝的握持反射。刚开始时，妈妈可以训练新生宝宝的一只手，在宝宝能够握持妈妈的手指后，再训练新生宝宝双手握持。

触觉能力训练

多抚摸宝宝

新生儿最早出现的感觉是皮肤感觉。妈妈要多抚摸宝宝，可以发展宝宝的触觉。触觉的正常发展，对于新生宝宝大脑的发展和全身动作的发展十分有利。

妈妈可以每天在宝宝吃饱后清醒的情况下，做下面的动作：

❶ 让宝宝仰卧，双臂放在体侧。
❷ 妈妈用手指轻轻抚摸新生宝宝的脸，抚摸的动作要缓慢，要非常轻，一边抚摸一边唱儿歌。
❸ 妈妈用手指轻轻抚摸新生宝宝的脖子，抚摸的动作要缓慢，要非常轻，一边抚摸一边唱儿歌。
❹ 尽量抚摸到宝宝的全身肌肤，如手、脚、背、小肚子等。

大动作能力训练

"行走"能力训练

宝宝一出生就有"行走"的能力，这种先天的能力会在宝宝出生后56天左右自然消失。所以，妈妈应及早地、

Part 13 新生儿的早教

充分地利用宝宝的这一能力并加以动作训练，可使宝宝提早学会走路，从而促进脑的发育成熟、智力发展。

训练宝宝"行走"能力的方法：托住宝宝的腋下，用两个大拇指控制好头部让他的光脚板接触平面，他就会做协调的迈步动作。从出生第8天开始到第56天结束。每天4次，每次3分钟。于喂奶后半小时进行。

抬头训练

妈妈竖抱宝宝，使宝宝头部靠在自己的肩上，然后妈妈不要用手扶住宝宝头部，让宝宝的头自然立直片刻。每日4~5次。可以促进宝宝颈部肌肉张力的发展。

俯腹抬头训练

宝宝空腹时（吃奶前），将他放在妈妈或爸爸的胸腹前，自然俯卧，妈妈把双手放在宝宝脊部按摩，并逗引宝宝抬头。也可将宝宝俯卧在床上，用玩具逗引宝宝抬头片刻，边练习边说："宝宝，抬抬头。"同时用手轻轻按摩宝宝背部，使宝宝感到舒适愉快，背部肌肉得到放松。这个训练可以训练宝宝头、颈部肌肉，还可使宝宝扩大视野，智力得到开发。

蹬脚训练

将宝宝仰卧于床上，妈妈将几件发响软塑玩具放于墙边，并用一块有一点硬度的板挡立在软塑玩具前面，使宝宝在无意识的随意踏蹬中，逐渐引发有意识的用力踏蹬，从而训练宝宝双腿的灵活性及交替蹬踢能力。

❋ 适应能力训练

培养宝宝有规律的生活

对于新生宝宝，其适应能力的训练可从培养宝宝有规律的生活开始。

妈妈对宝宝"爱不释手"，吃饱以后还要把宝宝抱在怀里，摇着、晃着、拍着，或者是习惯于让宝宝含着乳头或空奶嘴等，都是不好的习惯。妈妈一定要注意在宝宝睡觉前不哄、不拍、不抱、不摇，更不要让宝宝吃东西、含奶头。到了该睡觉的时候，

把宝宝放到床上自己睡。如果宝宝难以入睡，妈妈可以放点轻柔的催眠曲，使宝宝建立起睡眠的条件反射。等到养成按时入睡的习惯后，就可以不再放音乐了。

社会交往能力训练

看一看

妈妈抱着宝宝，面对面说话，宝宝看着妈妈的脸。妈妈把脸移向一边，让宝宝的眼睛随着妈妈移动，左右来回移动两三次。或妈妈抱着宝宝，让爸爸在房间里走动，同时对宝宝说话和微笑，宝宝的视线会随着爸爸移动。这个训练能增加宝宝与亲人间的情感交流，并能提高宝宝的视觉能力和注意力。注意，移动的速度不要过快。

熟悉环境

宝宝出生15天后，妈妈每天可将宝宝竖抱片刻，使宝宝能看到房间内各种形态的物品，并向宝宝介绍这些物品以及周围的景物。宝宝会对自己生活的这个环境感到熟悉。

和家人多接触

家人要经常和宝宝亲切地说话，向他露出微笑，一边说话一边抚摸他的小手、小脚、小指头、手掌、手背、手腕，这就是在和宝宝做游戏了，宝宝会很开心。对于刚出生的宝宝来说，只要宝宝醒着，家人就要陪在宝宝身边照顾他，和他交流。

视觉能力训练

看黑白图形

黑白图非常适合用来刺激训练宝宝的视觉发育。妈妈可以直接在A4纸大小的白纸板上，绘上黑白图案，为宝宝做早教用具。

图片距离婴儿眼睛25厘米左右，并要上、下、左、右慢慢移动，不要把图片固定在一个位置上，防止发生斜视。让宝宝看这些图片时，每次时间不要过久，最好是在宝宝眼前慢慢移动图片，趁机让宝宝眼睛跟着图片转，趁机加强颈部运动，锻炼协调能力。

情商培养

多逗宝宝笑

笑是宝宝愉快情绪的表现，让宝宝经常展开笑容，将使宝宝更容易开放心理空间，接受、容纳更多的外界信息，并且乐意接近他人，有利于培养良好的情绪、情感。所以，父母学会逗笑宝宝，对宝宝特别有益。

如何逗笑宝宝

❶ 多向宝宝微笑，或给以新奇的玩具、画片等激发其天真、快乐的反应，让宝宝早笑、多笑。

❷ 用手帕盖住宝宝的脸，几秒钟后，迅速扯下手帕，同时，发出喵的叫声，宝宝的眼睛会一亮，接下来就是咯咯直笑。

❸ 妈妈可以动一动脑筋，在实践中摸索出更多让宝宝咯咯笑的办法。

快速回应宝宝的啼哭

宝宝哭的时候妈妈应快速回应宝宝，比如抱抱宝宝，宝宝饿了就给宝宝喂奶等。快速回应宝宝的啼哭，结果是最终使宝宝的啼哭减少。在出生头几周里得到妈妈更多回应的宝宝，在以后与人的沟通能力更强。在出生头几个月里，妈妈适当地回应宝宝的啼哭，宝宝长到第18个月时，语言和认知能力发展会更好。